Flying Solo:Single women in midlife

# 女たちの単独飛行

## 中年シングルをどう生きるか

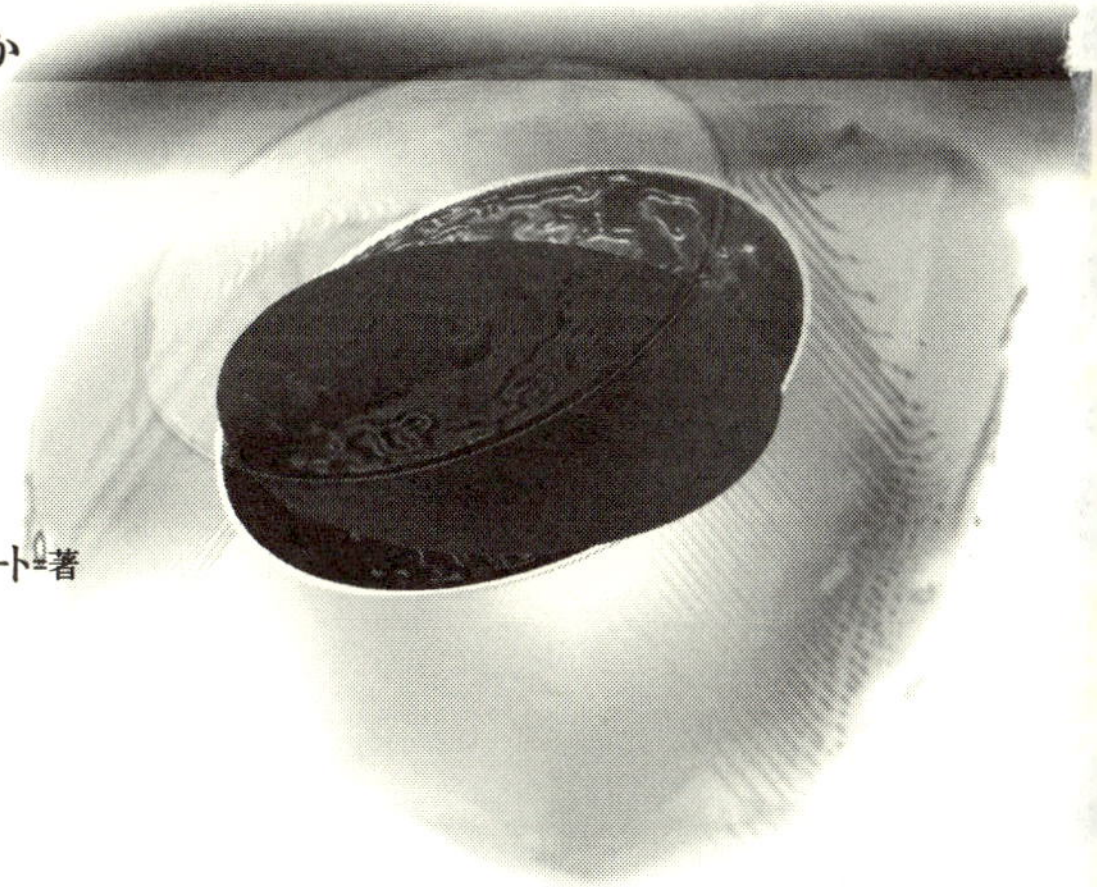


C·M·アンダーソン S·スチュアート=著

S·A·ディミジアン=協力

平野和子=訳



新曜社

わが娘マリアに。あなたとその同世代の少女たちみんなが、もっと自由になり、どんな夢でも見ることができ、どこへでも、いつでも、自分が選んだ誰とでも、飛べるようになることを祈って。

キャロル・M・アンダーソン

母に。そしてもしも選択の自由があると知っていたなら単独飛行を選んだであろう母と同世代のあらゆる女性たちに。そして私の飛行を愛で支えてくれた友人たちと家族に。

スーザン・スチュアート

地図のない土地に向かって一緒に飛び立つ熱い意欲を見せてくれたチャックに。そして新しい目的地を夢見る勇気を愛をもって与えてくれた家族に。

ソナ・A・ディミジアン

# 謝辞

このプロジェクトは、ピッツバーグ大学医学センター幹部の支援がなければ、成し得なかったでしょう。精神科部長デヴィッド・カプファー氏ならびに西部精神科研究所・診療所の運営委員会のご支援に感謝の意を表します。また、長年の師であり友でもある保健科学部の副科長、トマス・P・デートル氏に対しても、この構想に励ましをいただき、いくつかの章の草案に目を通していただき、完成が危惧されたときに、勇気づけてくださいましたことに感謝申し上げます。また、医学センター所長のジェフリー・ロモフ氏には、遠方に出向いて女性たちへのインタヴューを行なうにあたり、必要な資金のご支援をいただき、誠にありがとうございました。

ピッツバーグのジュリー・スクライマ、メリンダ・シュレイブ、ジョイス・ホーマの各氏、ノースキャロライナのベニー・ハーン、リンダ・デーヴィス、ヘレン・ヨーダー、スーザン・ヴァンソンの各氏に対しても、忍耐強いご支援をいただいたことに感謝申し上げます。

ノートンで編集の労をとってくださったスーザン・マンロー氏に対しても、特別の謝意を申し上げなければなりません。当初よりこのプロジェクトに熱意をもって接してくださり、草案や改訂の繰り返しで遅延したにもかかわらず、変わらぬ熱意を持続してくださいました。原稿の整理にあたってくださったマーガレット・O・ライアン氏には、細部に目を通していただき、本書に述べるメッセージに細やかな配慮を賜りました。パトリシア・デイツ氏の主宰する男女対象の「単独飛行《フライイング・ソロ》」ワークショップが、本書のタイトルにヒントを与えてくださいました。厚くお礼を申し上げます。

私たちの家族や友人にも感謝したいと思います。この問題に取り組む時間が増え、共に過ごす時間を犠牲にしてしまいましたが、そのおかげで、当初に計画、約束した時間の2倍ほどで、完成させることができました。

最後に、そしておそらく最も重要なことでしょうが、多くの女性が貴重な時間を割いて、聞かせてくださったお話や経験が本書を構成する土台となりました。ありがとうございました。私たち自身が多くの女性に触発されたように、いま単独飛行をしている女性たち、単独飛行の道を選択しようとしている女性たちも勇気を与えられることでしょう。本書に登場した女性たちは、私たちのために未知の領域に新たな航路図を描いていく真の先駆者です。

# 女たちの単独飛行■目　次

装幀——難波園子

# 序章

男性のいない女性は自転車をもたない魚のようなもの
——グローリア・シュタイナム

結婚していても、していなくても、ボーイフレンドがいても、いなくても、自身の内面に築いたもの以外に、ほんとうに身を守ってくれるものはありません。
——ギルダ・ラドナー

知り合いの女性、エヴァは、最近、小さな町から大都市へ移り住みました。現在、45歳の彼女は、専門職に就いて成功し、大勢の友人のネットワークをもち、やさしい家族もいます。さまざまな領域に興味を抱き、楽しみ多い各地をしばしば旅行しています。その彼女が大都会の喧騒や犯罪にさらされるような生活に移ったのはなぜなのか、尋ねてみました。エヴァは大都会のスピードや興奮、文化の豊かさ、おいしいレストランのことなどにはあまり触れず、ただ、「私は独身なの」と言っただけでした。彼女が口にしなかった思い、それはおそらく誰もがそう考えているだろうと想像したのでしょうが、自分は独身だから、まず男を見つけることが最優先の課題だということでした。

『女たちの単独飛行《フライイング・ソロ》』は、エヴァのように、自分は独身だから落ちこぼれだと思いながら、鏡を見ては「——この夢さえ叶えば」とつぶやいている、そんな女性のために書いたものです。不幸ではないのに、不幸の烙印を押されていると信じ、かたわらに夫がいないのに満足している自分はどこかおかしいにちがいないと思い込んでいる女性のために書いたものです。法律に違反しているかのように、あるいはタブーを侵しているかのように感じ、自分は生活に満足していると話しても、既婚者には同意してもらえず、不審そうに眉をひそめられると思っているシングルの女性のために書いたものです。さらには、エヴァの結婚した姉妹たちのように、不幸な、生きがいのない結婚の罠にはまったと思っている女性たち、離婚すれば、男性を見つけることができず、孤独で惨めなものとされるシングルライフを心配するあまり、不幸な結婚生活の罠から脱け出せない女性たちのために書いたものです。

近年、映画やテレビのショー、雑誌などで、シングル女性、とりわけ中年あるいは中年に近づいた女性の陰鬱な絶望感が描かれ、そうした不安感が不滅のごとく描かれてきました。ニュース番組では、ヘルスクラブや美容整形、デートクラブに集まる女性が記録的に増えている話題を特集しています。彼女たちは王子さまを見つけて「以後幸せに」暮らせるチャンスが増えることを期待している、というのです。映画やテレビ番組に描かれるシングル女性は、結婚市場から取り残された哀れな女性として――自分の不幸や惨めさを隠すために、絶望して舞台裏を徘徊し、あるいは権力に取りつかれた亡者のように、金と名声という空しい報酬を手にすることだけに夢中になっている女性の姿です。実際、あらゆるメディアや文字情報が特徴的に描くシングル女性は、どこか欠陥のある、うちひしがれた孤独な、満たされない姿です。

1980年代末に、私たちはこうした否定的なイメージを、実際によく知っている多くのシングル女性や、私たち自身のシングル女性としての経験と比べてみるようになりました。そこに描き出された姿はまったく異なるものでした。私たち自身、打ちひしがれてはおらず、知り合いのシングル女性にしても同じでした。その人生はメディアに共通して描かれる狂気じみた、惨めな姿とは似ても似つかぬものでした。活動的かつ生産的、しかもシングル女性の多くが満足感を抱いていました。中年の時期はチャンスが薄れるどころか、可能性が広がる時期でした。精神科の医学書や社会学の文献を見直しても、つねに同じ結論に達しました。シングルであることが女性にとってマイナスとなることは滅多になく、その肉体的、精神的な健康にけっして障害となるものではない、ということです。現に、多くの研究からも、シングルであることが、さまざまな面で極めて利点のあることが実証されています。これらの研究結果や統計はそれ自体で説得力があります。しかし、それ以上に重要なことは、そうした研究結果が私たち自身の経験や私たちが日々接触するシングル女性の生活経験を裏づけている、ということです。

大衆文化に現れるシングル女性のイメージと私たちが知っているシングル女性を見て、そこに矛盾があることにますます興味をそそられた私たちは、成功し、上昇気流に乗り、ひとりで快適な飛行をしているシングルの友人や同僚に何気ない話をしてみました。彼女たちはインタヴューの申し入れを快諾し、最初から熱心に応えてくれました。昼食をともにしながら、あるいは週末に、あるいは仕事が始まる前の早朝から、はたまた子どもたちを寝かしつけたあとの夜間に、たっぷり時間を割いて会ってくれました。そのうえ、この女性たちは自分の友人や同僚にも声をかけ、プロジェクトに誘ってくれました。こうした会話を通じて、シングル女性についての文化的なイメージは、実は、文化がでっちあげた神話なのだという思いを強めました。

多くの女性が、憂鬱、惨めさ、絶望を感じたときもありましたが、それが彼女たちの生活を綴る支配的な感情だったわけではありません。多くの女性が最初から自立した生活へと踏み出したわけではありませんが、もてる資力の限りを尽くし、生きがいのある、意義深い人生を築き上げていました。それぞれに、不利な要素を克服した話、自立と忍耐を目指した話、冒険と喜びにさえ満ちた話をしてくれました。社会があたかもシングル女性の前提であるかのように決めつけてきた役割から勇気をもって脱し、自分たちがどんな役割を望み、自分たち自身でどんな役割を創造できるかを明確にさせました。古くから抱いていた夢や幻想と折り合いをつけ、約束を叶えてくれなかった夢や幻想を手放したのです。自分の運命を嘆くこと、夫を探すことに時間を費やすのでなく、愉快な人生を送ることにせっせと時を過ごしています。世に言われる絶望や哀れさに満ちたものでなく、自分たちの成功や満足感を描く本が出版される話を喜んでくれたことに、私たちは勇気づけられ、聞かせていただいたさまざまな話が本書の土台となりました。

女性や家族について、アメリカの文化に広く受け入れられ、深く信奉されている次のような信念があります。

◉家族は、伝統的に定義されてきたように、女性が暮らしていける唯一の健全で、満足感を与える、理想的な状態である。
◉結婚はすべての女性の夢であり、夢であるべきである。
◉子どもを産むことはすべての女性の最高の天職であり、女性の最も神聖な義務であると同時に、生きがいでもある。
◉立派な女性とは、自身の欲求をいかなるときも、いかなる状況のもとでも、優先させることのない、無私の女性である。

このプロジェクトに着手したとき、こうした信念に挑戦する意図があったわけではありませんでした。

率直に言って、家族問題のセラピストである私たちは、結婚や家族のあるべき姿を支えるために、ときにはひどい矛盾に逆らいながら、その道の専門家として生きてきたので、こうした基本的な前提に疑問を呈することにそれほど関心がありませんでした。しかし、女性たちへのインタヴューを続けるうちに、紋切り型に描かれる中年のシングル女性の姿はひどく誇張され、多くは作り話だという確信を深めました。もちろん、不幸な身の上のシングル女性もいますが、既婚女性にしても同じなのです。おそらく、シングルの身になることは、それほど破滅的な出来事ではなく、シングルのままでいることには、これまで認められなかった利点があり、結婚という「籠」に「卵」をたくさん入れて、多くの期待をかけることは、すべての女性にとってそれほどすばらしい考えというわけではないのでしょう。私たちは次のように、自問自答してみました。独身女性は必ず不幸だという広く信奉されている信念は、「画一的」であるために、この上なく大きな嘘ではないだろうか、と。

これから本書に登場する女性たちは、幸せを得て、安全を保障され、成功したと思えるためには、必ず結婚するか、少なくとも男性と一緒に暮らさなければならないという信念に挑戦しています。彼女たちの物語は結婚を犠牲にして独身を賛美しているのではなく、むしろ、生涯を通してであれ、成人後の大半にわたってであれ、シングルでいることが、女性にとって理に適ったプラスの選択肢でありうることを示しているのです。彼女たちは世間一般の潮流に逆らって上流へと心地よく泳いでいけることを学び取りました。世間には、まるで十戒ならぬ十一戒があって、「汝、30歳を過ぎて、独身では幸せにはなれぬ」と戒めているかのようです。彼女たちは自分で生き方を決め、そうすることで、より幅広いチャンスと経験の舞台への扉を開きました。自分自身の個性と目標に「適した」生き方を生み出したのです。そして、独身のおかげで、結婚していれば自由にできなかったであろう選択が可能だったと強く信じています。彼女たちの話は、すべての女性に、自分の信条、希望、夢、人生について自ら選択する勇気を与えてくれます。

このように、本書に登場する女性たちは、ほかのシングル女性や既婚女性にとってさえもモデルとなれる資格を備えています――シングル女性も既婚女性も、今日、そうしたモデルを求めています。現在の統計によると、多くの女性は生涯のかなりの部分をひとりで過ごすことになるようです。今日、女性の結婚年齢は遅くなり、離婚率は増え、夫よりも何十年とまではいかないまでも、何年も長生きする例が多いのです。シングルでいることはこのようにかなり共通して経験する状態なので、有利な点を否定し不利益を述べ立てる神話の中にシングルライフを覆い隠し続けるのは無意味なことです。この新しい世界に自分の居場所をうまく見つけたシングル女性のモデルは、自立して生きていこうと苦闘しているすべての女性にとって欠かせないものです。

シングル女性の明るいモデルは、一人身にならないかもしれない女性にも深いインパクトを与えられるでしょう。女性は、たとえ親密な関係を必死に求めようとは思わないとしても、そうした関係に満足感を見出したいと願うものです。ほかの女性たちが自分ひとりで幸福な生活を築き上げているのを知ることは、既婚の女性たちに、夫との関係に対する自分の意見や願望、要求をより真剣に受け止めてもらい、日常の責任をより平等に分担できるような関係を築く勇気を与えてくれます。シングルでいることがすなわち惨めではないと知ることで、毎日のかかわりから、どちらがゴミを出すかという問題にまで至る、あらゆることを話し合ううえでも、女性はよりよい立場に立つことができるのです。

## プロジェクトに登場する女性たち

1990年から1992年にかけて、私たちはおよそ90人の女性と話をしました。いずれも、結婚の経験がないか、離婚したか、未亡人になった女性で、その人たちの話が本書の土台をなしています。大部分の女性が40歳から55歳という年齢層にあり、この層を中年と定義しました。これより若い女性やもっと年配の女性数人ずつにもインタヴューを行ない、女性が自分の中年期をどのように見据え、あるいは振り返っているかという視点で調べました。彼女たち全員が数年、数十年、あるいは生涯にわたって独身で暮らしています。多くの女性が男性と一対一の、献身的な関係を分かちあっています。しかし、別居して独立した家計を維持していれば、私たちは〝単独で飛行する女性〟の仲間に入れました。インタヴューに応じた女性のそれぞれが、シングルで中年の女性についての理解を深めさせてくれましたが、彼女たちの話の一定の部分に焦点をしぼって、細かく書き記しました。そうした経験がきわめて典型的なものであったり、すべての女性に関心のある問題について特別にはっきりした意見を述べていたりするからです。

このプロジェクトにとりかかったとき、「成功している」中年のシングル女性を見つけ出すことから始めました。つまり、高額のサラリーをとり、すばらしいオフィスを構え、立派な家に住み、また高学歴で、高い地位にあり、多忙なスケジュールをこなしている女性を連想させる条件でした。しかし、成功したシングルと見なされる女性の名を挙げてもらううちに、かならずしも私たちの初めの定義と合致しない女性たちがいることに気づきました。活動的で積極的、自分で選んだ生き方に満足していても、かならずしもよい暮らしをしているとはかぎらなかったのです。堅実な経済状況と高い地位は、女性が成功を遂げたと感じる必要条件ではなかったわけです。こうした女性たちは、この上なく深い意味での成功をしていたのです。つまり、自分自身も自分の生き方も、これでよいと思っているのです。離婚している45歳のジーンは、私たちが改訂した成功の定義の真髄を次のように表現しています。

最初に、インタヴューしたいと言われたとき、びっくりしました。私は経済的にそれほど成功していると思っていないからです。3階の屋根裏部屋を借りている身です。成功している女性と言えば、弁護士とか、研究者だと思っていました。最初は、そういうふうに思っていたのです。しかし、いまでは自分の生活に満足している人のことを言っているのだとわかってきました。

プロジェクトを始めたころ、この満足感という要素は定義しにくい曖昧模糊としたものでした。女性が自分の生き方をどう思っているかを測るのに、さまざまな調査手段やアンケートを利用することもできたはずですが、私たちは女性の主観的な評価を聞いてみることにしました。満足感についての表面的な定義に合わなくてもよいと考え、女性たちに対して完璧に形の整った調査やアンケート調査をする必要はないと決めました。それよりも、女性たちに自分の生き方について話してもらうこと、そして私たちが一緒に過ごしながら感じた印象を拠り所とすることに決めました。実際に、10段階の尺度で自分の人生の満足度を測ってほしいと頼みましたが、その際に判断基準となるものは何も示さず、やはり自分の主観的な捉え方のほうが意味があると思いました。ジーンと同じように、本書のためにインタヴューした女性たちは自分の生き方がよいと思っていました。もっとも、どのようにしてシングルライフを送るべきかと苦闘している女性もいたことは確かです。

インタヴューの対象にしたのは、アメリカの東海岸、南部、中西部、西海岸の都市の出身で、学歴、所得水準、職業、ライフスタイル、家族状況などさまざまな面を代表する女性でした。伝統的に女性の職業とされる分野で働いている女性、最近まで男性が圧倒的に多かった分野で仕事をしている女性、経営者や監督官の女性、あるいは秘書など、さまざまでした。大部分が白人ですが、黒人の女性もいました。中年のシングルでレスビアンの女性は調査に含めませんでした。レスビアンの女性が直面する問題のなかには共通の部分もありますが、彼女たちの経験は質的にまったく異なるからです。もちろん、重要な違いのひとつは、レスビアンの女性がシングルで中年という烙印《スティグマ》に加えて、同性愛を嫌悪する社会の重荷をさらに背負っていることです。しかし、私たちの目的にとってさらに重要なことは、本書の大部分が、伝統的な性別役割のために、結婚や男性との親密な関係が当然という情況にあって、女性が晴れ晴れと心豊かに生きていく難しさに焦点をしぼっていることです。レスビアンの女性も、もちろん、こうした伝統的な役割と期待の影響を受けていますが、彼女たちがいい関係を築こうとする努力に当たる世間の風はきわめて異質のものです。こうした違いを論じることは本書の目的からはずれますが、私たちのプロジェクトを機に、この特殊な女性グループの独特の経験を調査するきっかけになればと願っています。

# 著者たちの経験について

**【キャロルの話】**

私は結婚や家族問題のセラピストを10年余り務めてから、36歳のとき大学院に戻りました。博士論文を仕上げることと、精神疾患の患者を抱える家族に関する10年越しの研究をまとめるのに忙しかったので、40代を迎えたこともほとんど気づかないほどでした。昼も夜も研究に追われていましたが、楽しくてしかたがありませんでした。最初は、自分自身の生活について考えずにすむように仕事に没頭していたのかもしれませんが、それなりの成果があったことをとても感謝しています。中年になって、セラピストとしての仕事に取り組み、本を書き、研究をしながら過ごすほど楽しい日はほかにありません。ですから、青春や子育ての時期が過ぎてしまったことを残念に思っているわけではありません。とにかく忙しすぎたのです。素敵な男性が私の生活に入ってくれば、その関係を受け入れるつもりでしたが、仕事に熱中しすぎていたのと、はにかみやだったせいもあって、時間をかけて男を探すことはしませんでした。空いている時間には、どうしても「やりたいこと」のリストに挙げていた面白いことに夢中になっていました。友だちをつくり、本を書き、旅行をしていました。小さい子どものころから、「世界を見てみたい」といつも思っていたことを覚えています。45歳になったときには、ヨーロッパ、アジア、南米の各地を旅してまわり、カリブ海の島々にも行きました。ペルーの山にも登り、地中海のクルージングも楽しみました。

私は別に不幸ではなかったので、人生を劇的に変えたいとは思いませんでした。やがて、いろいろな出来事があって、私の世界は変わりました。中年になって起きた変化は、年老いた母の衰えとともに種が蒔かれたようでした。母の衰えは80歳代の後半に急激に進み、肉体的にも精神的にもぼろぼろになった母を私は姉妹とともに介護しなければなりませんでした。母はすでにアルツハイマー病にかかっていたうえに、癌に冒されていました。それまでひとり暮らしで、自立した生活を必死に守っていた母がにわかに潤いを失い、しぼんでしまったように見え、方向感覚をなくして、うろうろしているようでした。ガストーブをつけっぱなしではないか、転んで腰の骨でも折っていないか、家族の助けを必要とする事態が起きていないかと、真夜中に急に心配になることがたびたびありました。とつぜん、私自身の老いを意識するようになったのです。それまであまり考えたこともないことでした。自分の時間は無限にあるようなつもりで行動していたのです。

母が亡くなる1年ほど前、こうした老いという現実に触れ、死ぬかもしれないという恐れをきっかけに、私は自分の目標と仕事を見直し、人生とその意味を新たに見つめ直したいという気持ちになりました。人生は短く、くだらないことをやっている暇はないとはっきりと自覚しました。また、私たちの誰もがいともたやすく傷つけられ、損なわれ、生活が一挙につぶされてしまうことに気づきました。母の死を目のあたりにして、自分でコントロールできることがいかに少ないか考えさせられました。「人生とは何か計画を立てているときに起こるほかのこと」だと言ったリリー・トムリンの言葉を考えました。私の人生は喜びや悲しみを残してそのプラン通りに過ぎ去ってゆきました。時間は短いと思える一方、残る時間をどう過ごすかは、自分で選ぶ自由がある、と気づきました。

やがて転機が訪れました。母の死から間もないある日、子どもの精神的なヘルスケアについて本を書いている男性から、私が働いている病院のシステムについてインタヴューを受けました。インタヴューの最後に、家族がいなくて寂しくないか、何気ない質問をされました。子どもを産まなかったことだけが悔やまれると言いますと、彼は、遅すぎることはなく、彼自身国際的な里親のことを調査しているところで、59歳以下の里親希望者を募集していると教えてくれました。私はすぐに、里親になることこそ、これからの人生でやりたいことだと思いました。24年間、毎日12時間から14時間働いてきましたが、それをいやだと思ったことはありませんでした。ペーパーバック小説に書かれているよりも、ずっと多くの冒険をしてきました。ただ、それまで経験できないのが残念で、ぜひとも経験してみたいと思っていたことは、母親になることでした。そこでそれ以上考えることもなく、即座に南米生まれの子どもの里親になることを申し出ました。そして3年前に、チリの南端まで行って、7歳の可愛い女の子を娘マリアとして連れてきました。マリアは英語がひとこともわからなかったので、私の生活は思った以上に彼女にかかりきりでした。知人たちが子どもを大学にやり、孫たちの写真を友人に見せたりしているというのに、私は初めて母親となるための勉強をしていたのです。それはガラパゴス諸島へ航海し、あるいはアンデス山中をトレッキングするのに匹敵するほどの冒険でした。子どもをこんなに愛せるということ、これほどまで喜びを感じられるとは、夢にも思っていませんでした。マリアはひょうきんで可愛く、賢いのです。もちろん、親のひいき目で言っているわけではありません。

人生で最も楽しく、心配もない時期は高校時代と大学時代だと言う人がいます。私が13歳のときに父親が死んだためか、あるいは私の思春期の思い出がいつもなぜか不安と入り混じっているためかもしれませんが、思春期を心配のない時期と思ったことはありません。それどころか、高校時代は不確かさと惨めさにあふれていました。当時、私は非常に伝統的な考え方をしており、結婚して母親になる以外の人生は思い浮かびませんでした。ひたすらシンデレラを演じたいと思っていましたが、私にとっての問題は、王子さまにどんな資質を求めればよいのか、あの物語に書いてないことでした。考えてみてください。あの王子さまについて私たちはどんなことを知っているでしょう？　ダンスができて、足に特別な執着をもっているということだけです。それでも私は何年間か、王子さまになれそうな人を探していました。いつも「堅実で」、女友だちとおしゃべりに興じては、そのとき付き合っている男の子と結婚したらどうなるかと、結婚式の計画を立ててみたり、苗字を書いてみたりしていました。もしかすると私にとって鍵となるかもしれないことは、花嫁になることは素敵だと思ってはみたものの、結婚式後にどんな生活になるのかあまり考えたことがなかったことです。結婚という筋書きの詳しい部分はいつも祭壇でのキスで終わっていました。妻となり、母親となることはわかっていても、その詳しい部分について考えることは、私たちの描く夢には含まれていませんでした。

職業についての夢もありませんでした。大学に進学するつもりでしたが、そこを職業に就く準備の場所と考えるよりも、むしろ興味のあることを学ぶ場所、面白いことがあって、特別な人と出会える場所と思っていました。何かになろうという特別な夢や計画もありませんでした。大学2年のとき、大学病院の児童精神科でたまたまアルバイトをしました。15歳のときからアルバイトをしていましたが、生まれて初めて、働くことも学校も楽しいと思いました。専攻の学科を英語から児童の発達心理に変更して、卒業後、児童の宿泊治療センターに就職しました。上の学位をとろうとは考えていませんでしたが、1年間働いたあと、その仕事に不満を感じて学問の世界に戻ることに決めました。1960年代の半ばに社会学で修士の学位を取得して卒業後、社会の病弊について何かしたいと考え、デトロイトの街で問題を起こした青少年やさまざまな悩みを抱える家族の問題に取り組む仕事に就きました。3年間、一所懸命に働き、1967年の騒乱のあと、イエール大学で仕事に就いたのはキャリアへの野心があったわけではなく、むしろ、街のギャング相手の仕事を辞めたいと思い、おそらくもっと重要なことには、素敵な男性と出会いたいと思ったからでした。

イエール大学に入って間もなく、仕事そのものを目的とすることに最終的に方向転換をしました。さまざまな家族と一緒に仕事をすることには意味があり、私の得意な分野でした。それでも、自分は結婚しないだろうという思いが頭によぎったのは、ずっとあと、おそらく40歳を過ぎてからでした。何年間も仕事にどっぷりつかっているうちに、理想の男性を探す時間がますますなくなり、そのうえ、職業に打ち込むことは仕事中毒にかかるようなものです。私が出会った男性の数もタイプもひどく限られていました。興味をそそられる男性は私と同様に仕事に惹かれ、その職業へ導いた夢や使命に満足感を求める傾向がありました。深い関係になるのはたやすくても、私の生気のない社会生活の改善によい兆しとなるとは思えませんでした。結婚相手になりそうな男性は私の生活を彼自身の生活に合わせることを期待しました。そのうちに、私が出会った男性の多くが結婚しました。プロポーズしてくれる人がいなくなったわけではありませんでしたが、男性が問題の解決策になるとは思えませんでした。誘いを受けると、最初は素敵なロマンスのように思えても、仕事や友人とつきあう時間が奪われるので、関係が薄れていき、ほっとする時期が必ず来てしまうのでした。私は「八方美人」が苦手でした。あまり積極的ではない男性ハントへの興味は次第に薄れ、仕事が私の生活の最も重要な部分となりました。よい収入を得たいと考え始めたことがこうした展開に輪をかけました。高収入のおかげでいろいろな楽しいことができ、私が求めるライフスタイルが与えられ、れっきとした大人としてのアイデンティティを確立できました。

いま、私は54歳のシングルマザーですが、それを不幸だとは少しも思いません。すばらしい人生を送っています。娘がいます、仕事にも成功しています、高収入を手にしています、そして本当にすばらしい友人たちがいます。私にとって大切な意味をもつ興味深い男性もいました。現に、多くの友人の結婚生活より長続きしている関係ももっています。最近、客として姿を見せる男性は少なくなり、ある男性との関係から次の関係までの「不応期」は長くなりました。あらゆることが等しければ、男性と関係をもつのがよいと思います。しかし、最近、そばに男性がいるのは素敵だけれど、いなくても別にかまわないと思えるようになりました。私の人生はどちらでもうまくいきます。中年になってとくによいことは、誰かの期待に沿わなければという圧力を受けることなく、自分の期待に沿いさえすればよいのであり、やましさを感じることなく自分の夢を追い求め、自分らしくいられることです。女性が自分自身のために生きていける、そういう時代に生きているのはすばらしいことです。

**【スーザンの話】**

子どものころ、私は本が好きで、大きな夢をもっていました。いつもさまざまなヒーローと一体化し、ヒーローが男で自分は男でないことなど少しも考えませんでした。近所でお芝居をやるとき、ロビンフッドであれ、アーサー王であれ、あるいは「美女と野獣」の野獣であっても、いつもヒーローの役をやりたいと言い張りました。男になりたいとは思いませんでしたが、とにかくヒーローやカッコイイ暴れん坊になりたくて、脇で喝采を送る側にはなりたくなかったのです。

思春期になると、夢をみることをほとんどやめてしまいました。多くの若い女性と違って、私は誰かの奥さんという役割の練習も滅多にしたことがなく、結婚式について夢をめぐらした記憶もありません。夢見ていたのは男性とのロマンティックな出会い、でも、それには「以後幸せに」という結末はありません。情熱的な抱擁のあとはただ冷めていくものでした。母が失望したり、怒りをかみしめていたりすることがよくありました。ですから、母を見て、誰かの奥さんになるのはあまり魅力的な選択肢ではないと思いました。問題は、郊外でのきわめて限られた経験のなかで、妻や母親以外に私がなれそうな役割はオールドミスの学校の教師しかない、ということでした。高校の英語教師で、50歳代の独身で機知に富む、知的な男性に憧れた記憶があります。しかし、その先生の教室以外での生活は想像できませんでした。

実際にデートをするようになり、伝統的な女性らしい態度で男性に合わせようとするうちに、私には苦手の役回りだとわかってきました。それほど美人でもなく、男性に愛嬌をふりまくことも苦手で、それに自分は出会った男の子より頭がよいと思っていました。ですから、あまりデートもせず、たいていうまくいかないと思いながら時間を過ごしていました。高校時代を通して、私はグループのはずれにひっそりと隠れるようにしながら、本を読み、自分のことを惨めだと思っていました。落ちこぼれのような気持ちを抱くのはよいことではありませんでしたが、夢がないのはもっと悪いことでした。

大人の女性になること自体がわけのわからない、気の滅入ることのように思えました。そこにぴったりとおさまらなければ、完全な敗北です。結婚して母となるという誰もの夢をみることができなければ、希望はもてません。夢がなければ、希望もありません。自分の不幸や憤りを秘密の切り傷のように、心の内に留めていました。母は何の助けにもなりませんでした。あきらめたような態度で、「男の世界だから」としか言いませんでした。問題が私にあるのではない、ということなど思いもつかず、誰かの妻となるか、何にもなれないという以外に選択肢があることも考えませんでした。私のお気に入りの夢物語は、家出して、カストロの革命に加わり、もしかしてチェ・ゲヴァラの情婦になることでした。そこにかかわる政治のことは何もわかりませんでしたが、この計画は私が想像できる「典型的なもの」よりも、ずっと魅力があるように思えました。振り返ってみると、私は伝統的な女性のアイデンティティのほうへ動いてきたにちがいありません。もはやチェ・ゲヴァラになりたいなどと思わなくなったからです。

大学でも、引き続いて優秀な学業成績を収めていましたが、私のためにとデートの場を整えてもらっても、違和感を覚え、うんざりしていました。再び本の世界に沈潜していましたが、今度は見返りがありました。通っている小さな女子大で、ひとりの知的存在として自分のアイデンティティを確立することができたのです。デートに名指しされたり、婚約することよりも、もっとまじめなことに思いをめぐらす女性でした。文学や哲学、神学、歴史といった魅力的な世界を発見するうちに、憂鬱さは表面的には消えました。多くの友人ができて、みんな私の学問の才を賞めてくれました。しかし、大学の教授になること以外に、どこかで適応していけるとは思えませんでした。友人の誰もが卒業後は結婚することを考えていました。卒業式の4日前に、私はニュージャージーを出て、大陸を横断し、カリフォルニアに行くことを決意しました。それほど親しくなかったクラスメイトがカリフォルニアの婚約者の許に行くというので一緒に行ったのですが、理由はほかに何をすればよいかわからなかったことと、何か未来が開けると思ったからでした。

カリフォルニアに着いて間もなく、ロサンゼルスの南西部で公共福祉の担当官の仕事を見つけました。それを職業として身を立てるつもりはなく、結婚相手が決まるまでの腰掛け仕事のつもりでした。結婚すれば幸せになれると思うよりも、そうするしかないというあきらめに似た気持ちで――ちょうど保釈中の人が、自由な暮らし方がわからず、遅かれ早かれ違反をして捕まることがわかっているような、そんな気持ちでした。ベティ・フリーダンの『新しい女性の創造』が出版されたとき、ひどく安心感を覚えました。女性の役割とされていたことからはずれた女性がいること、夫や子どもに夢を求めない女性もいること、私のようにほとんど夢をもたない女性もいることを知り、とても嬉しくなりました。物心ついてからずっと私を苦しめてきた、わけのわからない感情がふいに所を得て、意味をなしてきました。結婚しないでも（少なくともすぐには）自分の人生を何とかできるのだと決意し、大学院への入学手続きをとりました。私の「保釈期間」は延長されたのです。伝統的に女性の仕事とされたものを選びましたが、それでも私にとっては大きな一歩でした。ロサンゼルスの南西部が私の政治哲学を永遠に変え、ソーシャル・ワークへの道を進むことで、自分は価値のある目標に向かって努力しているのだと思えるようになりました。思春期以来私に付きまとっていた陰鬱さは、少なくとも当面は薄れていきました。

大学院にいたのは1960年代の末、私がこれこそ世界だと思っていた全体がばらばらに崩れ始めたころでした。それを怖いとも感じ、喜ばしいとも感じました。心の一部は街へ出よと命令し、一部は自分を安全に守ってくれる男性を見つけよと命令しました。結局、両方を少しずつ試みました。気が小さすぎて、革命的なことはできず、暴力は信念に反することでしたが、反戦運動の気安い仲間や自分が住んでいる町を捉えたあらゆることに反対する運動の同志になるのは、好きでした。シングルでいることがすばらしいと思う時期があったとすれば、60年代の末でした。しかし、時代の興奮にもかかわらず、ふさぎの虫がまた戻ってきました。自分は結婚していないから「傷もの」なのだという思いを払拭できませんでした。心にぽっかりと穴が開いたような寂しさを感じ、その穴は結婚すれば間違いなく埋まるのだろうと思っていました。

そのころには、私の青春時代を傷つけた痕は消え、私はまずまず魅力的な女性になっていました。明るく、知的で、やさしい男たちと出会うようになりました。大学で出会った男たちよりもずっと魅力的な男たちに思えました。しかし、いつも選ぶのは「はずれの」男で、私にとって惨めな結果に終わるものばかりでした。セラピストの助けを借りて、私は満足できる唯一の道が結婚することであるなら、気楽に付き合えて、無難な男性を意識的に探すべきだと決心しました。いったん結婚しようと決意してみると、すでに私は28歳になっていて、素敵な男性はすでに誰もが結婚してしまっていたように思いましたが、そんな男性を見つけるのはそれほど難しくはありませんでした。見つけた男性は、私の機知や知性に怖気づくどころか、そうした資質の故に私に惹かれたのでした。もちろん、彼も私と同様に、結婚恐怖症的な面がありました。もし私がいまのように自信をもち自己認識をもっていたなら、大恋愛をして、友人としての関係を続けていたでしょう。しかし、私は自分が変わりものでないことを証明しなければなりませんでした。私は結婚を迫り、彼は私を失うよりはと、結婚に同意しました。しかし、私にとって、2人の関係はつねに、私の母のようになりたくないという思いと、社会で認められる存在でいたいという気持ちとの、難しい妥協の日々でした。彼は生来の自覚せざるフェミニストでしたから、私が自由や自律の多くをあきらめなければならない、ということはありませんでした。時代の潮流の中で、私たちは、それが何を意味するかはっきりわからないままに、従来のしきたりからはずれた結婚生活をしようと躍起になっていました。私は自分の仕事や、自分に向いていることを自由に求めることができたし、彼が忙しいときは、ひとりで休暇をとることもしばしばありました。しかし、正直に言えば、お互いに自由であろうとするために自立性を尊重することと、勝手に2人の関係を無視してもよいということを、はきちがえていたのだと思います。それでも、結婚生活は12年続いて、解消したときは死別したような感じがしました。

離婚の痛手を克服するのに長い時間がかかりましたが、自分は何と自由なのだという思いに我ながら驚きました──結婚によって重荷を負わされたという思いをしたことがなかったので、結婚という束縛から解放されたというよりも──幸せになるためには結婚しなければならないという思いから解放されたという感じでした。そのころには私は中年に達し、女性はこうあるべきだという他人の定義を満足させなければならないと思わなくなっていました。私は結婚したし、男性に**選ばれた**ので、もう何も証明する必要はなくなっていました。別居してから数年後に、私は夫に電話をかけて、もう離婚してもよいと告げました。結婚しているという考えにしがみつく必要はもはやなくなっていました。お互いに気持ちよく離婚の手続きをすませ、以後ずっと友人として付き合っています。

いまの生活が20代や30代のときよりも楽しいとは言いません。あの時期は確かに面白いことも多く、中年になって望んでいた以上の自立心と自信と能力を達成するのに必要な時期だったからです。しかし、中年期がどれほど幸せで、どれほど気楽でしかも興奮を誘うか、わかっていなかったと言わなければなりません。いま、目の前にさまざまな選択肢が開かれているのは、私がシングルで、誰かと一緒に生活していくためにどこで、どのように妥協していくべきか考える必要がないからです。証明してみせる必要があるものはもう何もないとわかっているので、気楽です。私の心に開いていた穴は消えました。

**【ソナの話】**

22歳のときにこのプロジェクトに参加しました。最近、大学を卒業し、研究助手としてキャロルと一緒にインタヴューを行ないました。キャロルはこのプロジェクトを進める助手を探していたのです。細かいことはいささか曖昧でしたが、キャロルと会ってみてその人柄が気に入り、彼女のこれまでの仕事をすばらしいと思いました。私自身の目標も当時はまだはっきりしていなかったので、この仕事を引き受けることに決めました。少なくとも、これは興味をそそる、よい経験になるでしょうし、次にどの方向へ進むかを決めるよい機会になると思ったからです。シカゴの家に戻って、一緒に暮らしていたチャックと相談しました。そしてトレーラートラックに荷物を積んで、ピッツバーグに引っ越しました。その数週間後から、このプロジェクトで仕事を始めました。

それから3年半ほどが経ち、短期間の仕事と思っていたことが重要な人生経験となりました。中年のシングル女性についてのプロジェクトが20代そこそこの女性、それも男性と深いかかわりをもっている女性に、そのような興味を抱かせるとは奇妙に思えるかもしれません。現に、私も、そのような問題が果たして社会性のある、意義深いことなのだろうか、中年女性の生活や苦闘など時代遅れで、影の薄い、退屈な問題ではないだろうかと思いました。しかし、まもなく私は、このプロジェクトに参加することは単に興味をそそり、意味があるだけではなく、ある面で私をすっかり変えてしまうことだとわかりました。

このプロジェクトにかかわった最大の贈り物は、この本で紹介する女性たちへのインタヴュー経験から得られました。彼女たちから多くのことを学びました。何よりも重要なことは、たくさんの選択肢があることを教えられ、人生で何をしたいかを考えるきっかけを与えられたことでした。そのうえ、このようなプロセスが始まるうちに、家族から強さを受け継いでいることも認識できました。

母は、私が6歳のとき離婚して以来、妹と私を育ててくれました。父親とは親密な関係を保って定期的に会っていましたが、私たちを育てる日々の責任は母が背負い、シングルマザーとして多くの苦難に直面してきました。このプロジェクトに携わるまで、自分の子ども時代を考えるとき、どうしても否定的な面に目を向けてしまいがちでした。困難や他人と違うという感覚が私の記憶に暗い影響を与えていました。しかし、この本に登場する女性たちと会っているうちに、私自身の過去への見方が変わり、母から、とりわけ母のシングル女性としての経験から多くのことを学んだことに気づいたのです。

母は、28歳のときから常勤の仕事をするかたわら、大学院に通い、私たち姉妹を育ててくれました。たとえ資力は乏しくても、多くのことを成し遂げられることを母は教えてくれました。自分に責任をもつことも。そして、自分のことは自分でする能力があるという自信をもたせてくれました。母が私たちのために力を尽くし、愛してくれたおかげで、自分は特別の、重要な人間だという信念が心の内に浸透しました。母のおかげで、私は大事な、やりがいのある仕事を希望し、それに値するかどうか危惧することもありませんでした。自分の暮らしや幸せを誰かに頼ろうなどと、想像したこともありません。

50歳の誕生日を迎えようとしている母は、いまなお勇気と独立心のお手本です。3年前、母は本書に登場する多くの女性のように、中年のルネサンスを始めました。新しい仕事に就いて、ライフスタイルを変えることを決意し、ペンシルヴェニアから、知人がひとりもいないマイアミに移りました。海岸沿いに家を買い、サラリーのよい新しい仕事を確保して、いままでになく幸せそうに見えます。新しい友だちもでき、毎日海で泳ぎ、ひとりで世界各地を旅しては、いままでできなかったちょっとした贅沢——新しい服、音楽会、毎週のマッサージ——を味わっています。

このプロジェクトがどれほど私の態度や人生を変えてくれたか感謝していますが、だからと言って、その経験がたやすいものだったというわけではありません。家族から学んだプラスの教訓を認識したことで気が楽にはなりましたが、多くのチャレンジを解決してくれたわけではありません。私はインタヴューに応じた女性たちよりも一世代若いので、女性にとって幸せな人生を送り、職業で成功し、男性とかかわり、子どもを育てる道が1つしかないなどと考えたこともありませんでした——それでも、そうした幅広いライフスタイルで幸せを感じている多くの女性と出会えたことは、ものすごいことでした。そのライフスタイルの多様性からつくづく認識したのは、私の将来について選択できるのは私だけだということです。独力で生きていきたいと思う人にとって、結婚し、医学校へ行き、博士号をとり、別の国に住み、公園のレンジャーとして働き、パン屋さんで働き、BBホテルを経営する、それを全部一度にやりとげるのは生易しいことではありません。私には多くの選択肢があるということ——そのどれを追求するかはまだ確かではありませんが——は、まったく選択肢がないのと同然にも思えました。ときに、妻となり母となる運命が石に刻まれているかのように育てられた女性に出会って、羨ましいと思ったことがありました。

加えて、このプロジェクトに参加したことで、当初、チャックとの関係が緊張しました。相手に合わせすぎることの代償や伝統の力をいやというほど認識したので、私はそのような関係のパターンに警戒の目を注ぎました。インタヴューした女性が大人になりたてのころにそうだったように、知らず知らずのうちに、自分の存在を失って相手に合わせていることを認めざるを得ません。しばらく、チャックと私はあらゆることについて論争していたように思います――そんな葛藤は非常に不愉快でした。自分自身のニーズと好みをより一層認識し、それを口に出すことの重要性に気づきましたが、論争をしたときは、警戒感を抱きました。私の友人たちがボーイフレンドや夫とそんなに議論しているとは思えず、それは、私たちが妥協しがたく、「仲が悪い」という兆ではないかと恐れました。

しかし、時が経つうちに、私の人生はもっと心地よい均衡のとれたものになりました。さまざまに変化する夢を次々に追っていけると悟り、大学院への入学を申請しました。チャックと私は意見の相違を解決する訓練をしてきました。意見の不一致にも価値があるとわかるようになりました。知り合いの多くの夫婦よりも争う場合が多いでしょうが、そういう時を大切に思えるようになり、キャロライン・ハイルブランの言葉にあるように、「……よい結婚のしるしは、何でも議論し合えて、挑戦し合えること――法律や政策になるものは何もない」という事実を大切に思っています。

私は以前ほどロマンティックでなくなったように思います。安易な答えや「以後幸せに」という言葉を信じていません。そのことを少し残念に思うこともありますが、このプロジェクトに参加した経験から学んだことを世間の常識によってなしくずしにされたくありません。私は、自分自身に、自分の選択にそして夫との関係について以前よりも安心できるようになり、将来がどうなるか楽しみにわくわくしています。

# 第1部

## 離陸——自動操縦と過剰な荷物のジレンマ

# 第1章　思いのほか楽しい単独飛行

飛び上がりたい衝動を感じたとき、這いつくばってなどいられません

——ヘレン・ケラー

女性がひとり、居間にいます。脚の骨を折って身動きできません。46歳、独身で少々太りすぎ。アメリカの文化は、彼女は幸せのチャンスを逃した女性と決めつけます。結婚という黄金の指輪をはめられなかったからです。若さを失い、希望も失っています。彼女にインタヴューをしたなら、その惨めな生活についてうらみつらみを耳にすると思うでしょう。彼女は不幸せで、満たされない身だと簡単に想像してしまうでしょう。ところが、何か必要なものはないかと、またひとり友人がかけてきた電話を聞き流して、彼女は10段階の尺度で測ると、自分の人生は9・75だと私たちに言いました。「10に足りないのは、何ですか」と尋ねました。ひょうきんな笑い声を立てて、「もう少しやせていればいいのに」と彼女は皮肉っぽく言いました。

ミート・グレイス、独身で、中年という女性に対するアメリカ文化の2つの偏見を高々と乗り越えた女性です。グレイスは自身で選択をして、力を享受しています。仕事の面でも、家族の面でも積極的、友だ

ちにも恵まれ、孤独も楽しんでいます。18年前に離婚して、2人の子どもを独力で育て、伝統的に男性が支配してきた分野のキャリアで成功を収めています。その一方で、友人たちを着実に支援し、地域社会に息吹を与えています。どのようにして、彼女はそれだけのことを成し遂げたのでしょうか？

グレイスはわずか5歳で母親を亡くしたあと、祖父母に育てられました。母親が亡くなっていたにもかかわらず、彼女は家族のもとで育てられたと思っていました。祖父母と、近くの町に住んでしばしば訪ねてくる父親が、彼女が格別な存在であることを教え、また彼女がアフリカ系アメリカ人であるために、生涯、人一倍努力しなければならないことを教えてきました。こうした困難に立ち向かって立派に育つための幼児期からの鍛錬が、後年、人種差別のみならず、女性差別とも闘わなければならないとき、「大いに役立った」と、彼女は言います。

私はいつも高い自尊心をもっていました。その気になれば、何でもできるといつも思っていました。「そんなことできないわ」と言う女性がたくさんいます。ジレンマに陥ったら、どうやってそれを解決するかを考えるだけです。解決できないとは、思いませんでした。

グレイスは高校をすぐれた学業成績で通してきましたが、卒業して、思いがけない壁にぶつかりました。将来性のある若い黒人女性が利用できる奨学金がなく、さりとて大学に行ける家庭環境でもありませんでした。学校のカウンセラーは、特別の訓練と教育を受ける手段として軍隊に入ってはどうかと薦めました。「それは名誉ある職業とは見なされていないから」という理由で、家族は反対しましたが、グレイスは空軍に入隊しました。軍務についているとき、結婚して、２人の子どもをもうけました。

結婚したてのころはお互いに協力し、助け合っていました。そのうちに、私が女性だからやるべきことがあると当てにされるようになり、夫が肉体的な暴力をふるう事件が起きました。夫が暴力的になった日、私は出ていくことを決意しました。肉体的な暴力を我慢する気はなく、家を出ました。

振り返ってみて、グレイスは悪い状況をできるだけ早く脱け出すことができたのは幸いだったと思っています。それ以来、彼女は夫との暴力的な関係の罠にはまったと思っている多くの女性と、公私両面で知り合いになりました。彼女が離婚に踏み切れたのは、経済的に独立していたことが大きな理由でした。言うまでもなく、家族が育ててくれた高い自尊心も役に立ちました。

グレイスが夫の許から離れてまもなく、祖母が亡くなり、その整理をするために生まれ故郷に戻りました。故郷には家族や友人の力強い支援があると悟って、そのままそこで暮らすことにしました。現役の仕事から去ったことは、すなわち、新しい仕事のみならず、新しい専門職をも見つけなければならない、ということでした。一生の仕事となったものをどのようにして見出したかは、現在中年を迎えている多くの女性がキャリアを「たまたま」開発した方法の典型でもあります。

私は郵便局へ応募申請をしたのですが、誰かが警察署への申請書をくれたのです。「もちろん、あなたにはすべて資格が揃っているし、女性だって雇ってくれるだろう」と言われました。書類を送ってきたのはある男性で、冗談でそうしたのです。

グレイスはその年の夏に応募用紙を提出し、以来、17年間、警察署に勤務しています。最初は、2人の小さい子どもを育てながら、交替勤務をするのがとても大変で、家族や友人の助けがなければ不可能だったでしょう。それでも、グレイスは頑張り続けて、市で初の女性警視長になりました。この達成についても、ほかの多くの成功についてと同様に、彼女は謙遜しています。

時代のおかげだと思います。60年代から70年代にかけて、働く女性にとって大きな変化がありました。ですから、いろいろなことで女性初の経験ができたのです。私の力でというより、私が過ごした時代のせいだったと思います。

グレイスは、市の警察で女性最高の地位に上りつめただけでなく、ほかにも多くのことを成し遂げました。里親になり、数々の組織のために時間と才能を進んでつぎ込み、社会の変革を促してきました。子どもたちがよりよい人生のスタートを切れるように力を尽くし、女性の権利を促すために活動し、虐待される女性や子どもを保護、支援する態勢を整えました。こうした活動を市から認められ、数多くの賞を受け、表彰されました。最近、ペンシルヴェニア州の「優良女性」という栄誉を授けられました。

グレイスがこのように人々を勇気づける貢献をしてこられたのは、自分の時間にできることを自由に選んで実行できたからでした。こうした自由こそ、グレイスが最も価値あると見なす単独飛行の利点です。

私の人生はとても充実していると思います。さまざまなグループと活動していますが、夫がいたら、時間の点からも、そのうちのいくつかをあきらめなければならないでしょう。夜遅くまで起きていることもできるし、部屋の掃除、洗濯などの家事を気にしないでもすみます。何日も何日もベッド・メーキングをしなくても、誰にも気づかれずにすみます。

喜びを奪われたと感じるどころか、グレイスは深い達成感を味わっています。そしてシングル女性としての経験を、次のようにまとめています。

寂しいとは思いません。実際、1日の時間がまだ足りないと思えるほどです。誰かと親密な関係ができればよいと思います。しかし全体として、自分はこれでよい、と思っています。何か欠けているとは思いません。夜ベッドにつくと、すぐに眠れます。充実した1日を過ごすからです。充実した人生だと思います。

## 選択の問題——女性にとって自立性の重要性

グレイスのような中年のシングル女性は、自分たちが満足していることを私たちに知ってもらいたいと思っていますが、結婚という制度を廃止しようという革命的な意図をもっているわけではありません。男性とのよい関係が多くの喜びと満足を与えてくれることを十分に承知しています。実際、ほかのすべてが等しければ、彼女たちの多くは自分が愛し、尊敬する男性と結ばれることを歓迎するでしょう。しかし、自立した生活を確立するために懸命に努力してきたこれらの女性たちは、単独飛行に伴う思いがけない多くの喜びを価値あるものと見なすようになりました。

私たちがインタヴューした女性たちは、シングルであることの利点を独自の流儀で語っています。グレイスのように、シングルであることが職業面での成功と直接結びついていることを強調した人もいます。専門職としての目標を追求するために若いときからシングルでいることを意識的に選んだ人は少ないですが、それまでの人生を振り返ったとき、成功が自分たちにとって大きな意味があったこと、そして家族の責任も負っていたなら、仕事の面で同じように成功し、同じような満足感を得ることは不可能だったであろうことは明らかだとしています。

やや意外ですが、自分ひとりで子どもを育てた女性のなかにも、シングルであることと、親業を生活の優先項目にできるかどうかということとのあいだに、同じような関係があることを論じた女性がいました。配偶者を助けになる力と見るより、時間を奪うものと見ているようで、シングルであるがために、子どもたちの世話に限られたエネルギーを集中できたと述べた女性もいました。一度結婚したことがある女性は、再婚による利点（特に経済的な面での）があると認める一方で、その関心を分断されるという感情的な代償をはらう可能性があることにも気づきました。

子どもたちの父親とはまったく関係がなくなっていたので、私にとっては誰とデートするにしても、子どもたちを可愛がってくれることがとても重要でした。私はいわば一括取引でした――離婚して子どもがいる人は誰でもそうだと思いますが。気に入った男性がいて、一緒にいるのが楽しいと思っても――そういう例は3回ありました――その男性が子どもを好きでないとわかったので、関係を断ちました。私の一括取引の要件に合わなかったのです。

ひとりで暮らしてきた歳月の利点を、仕事や親業といった重要な優先事項の点からではなく、気ままにテニスをしたり、魚釣りに行ったり、ベッドでポテトチップスを食べたり、夕食を簡単にすませるといった、日常生活のささいな面から述べた人もいました。こうしたささやかな自由は、私たちの誰もが心に抱いているノーマン・ロックウエル描く家庭生活の温かさや安定さと比べたとき、つまらないことに思えるかもしれません。しかし、それらは、何人かの女性が特別に価値ありとした、シングルライフの共通する性質を明らかにしています。つまり、自由、独立、そしてとりわけ、自分の行動を自分で決められることです。ハイディは、長いあいだ幸せな結婚生活を送ったのですが、未亡人としていま感じている自主独立の楽しさを明らかにしています。

私は、自分自身のボスであり、自分のことだけができるのが気に入っています。これを買いたい、あれが買いたいと思ったとき、自分で決められるのが最高です。自分で義務を負い、自分で支払いをし、自分の生活に責任をもっています。椅子にどっかり座って、「これは私のもの」だと言えるのはよい気分です。

日々の、ちょっとした多くの選択ができる自由は、まとめるとはるかに大きな恵みになります。自分の意のまま、優越感にひたれます。これはシングル女性が最も大切に思う恵みです。
女性も、男性と同じように千差万別、独立と自主性を十分に欲しいという人もいれば、他人に従い、サポートしてもらうことに満足する人もいます。女性の自主独立を求める欲求は、その生き方とともに発展していきます。中年になるころには、多くの女性が他者との関係や協調を楽しむ一方で、自分の生活を動かす力でありたいとも願います。ハンナは、成功して経済的にも安定し、上昇気運に乗っている女性ですが、セラピーによって自分の生活を自分でコントロールしたいと思っている気持ちが明らかになったことを話してくれました。

セラピストから、男性と一緒に暮らしていたころを思い出してごらんなさいと言われました。「そういう状況に身を置いてみてごらんなさい。よい関係にあったころも想像してごらんなさい」と。そこで私は、ニューヨークで一緒に暮らしていた男のことを考えました。日曜日に『タイムズ』を買い、町をドライブしてしゃれたレストランに朝食を食べに行ったときのことを思い出してみました。「彼にどんなことを言いたいか、考えてごらんなさい」とも言われました。何も思いつきませんでした。いつまでもずっと考え続けていたので、セラピストは部屋の外に電話をかけに行き、そして帰ってきたので、私は「何を言いたいか、思いつきました」と言いました。「どんなこと?」「私の車です。私は車を運転したいのです」

インタヴューに応じた女性の多くが、結婚や再婚をすれば、生活を自由に操るいわば運転手の役にとどまれる機会をあきらめなければならないと感じていました。親密な関係に入ること、ことに正式な結婚をすることは、ひとり暮らしでようやく勝ち取った自主独立を脅かされるのではないかと恐れていました。ジャミーは次のように説明しています。

自由がなくなるのではないか、と思います。自分で決めることを断念しなければなりません。あの選択の問題です。関係をもつと妥協しなければなりません。これまでの人生の多くの場で、女性が結婚を選択するのを見てきましたが、それはほかの選択肢を奪われることだとわかりました。なぜなら、結婚すると、相手が望むことをしなければならないからです。相手の男性の生き方をしなければならない、あるいは少なくとも自分の運命をすっかりあきらめなければなりません。

テリーも、同じような気持ちを話してくれました。

自分自身で選択したことに、それがよくても、悪くても、責任を負います。もはや自分以外の誰にも指示されることはありません。そしてある面で、それを有効に活用しています。結婚していたり、もっと伝統的な関係に置かれていたら、不可能だったと思われることを実際にし、選択してきました。

こうした女性は、自立していることによって、伝統的な結婚の仕組みとは相容れないと多くの人が信じる自由を経験できます。この自由があるからこそ、彼女たちは自分が本当に何をしたいのか、何が必要なのかをはっきりと考える機会を得て、他人の意見に左右されずに、自分自身の欲望や目標をもとに生活を築いていこうとします。結婚の経験がないアーティストのジェシーは、自分には何がないかを自覚すると同時に、自分で選んだ選択肢が自分のために役立っていることもわかっています。彼女は『サタデー・イヴニング・ポスト』の表紙でかつて見た姿とは異なるものが自分の人生に必要だと説明しています。

> 外から私の生活を見る人は、惨めな暮らしだろうと想像するにちがいありません。お金もあまりないし、連れ合いもいないし、子どももいません。しかし、いろいろと欠けているように見えるかもしれませんが、私の人生を完璧なものにするのに、お金もいらないし、連れ合いもいらないし、子どももいりません。

リアは、２人の小さい子どもの父親とは結婚しておらず、子どもを育てるために大学教授の職を捨てて、家庭に入ったのですが、次のように断言しています。「私は自分自身の声に十分に耳を傾けて、自分が本当に望むことをやっていく術を身につけました。『これこそまさに自分が望んだこと』だと言えるので、私は幸せなのだと思います」。ジーンは、単独飛行の喜びについての女性たちの気持ちをうまくまとめて、こう言っています。「要するに――シングル女性でいるという、より困難な道を選ぶ理由は――他人のではなく、自分の生き方をしたい、ということです。自分の人生は自分の手中にあることを知り、自分の人生を望む方向に進められると知ること、それが価値のあることだと思います」

## ひとりで飛ぶ自由を見つける

シングルで中年であることのプラス面に喜びを感じ取る能力は、かならずしも簡単に、すぐに培われるとはかぎりません。女性の自分自身とその生き方に対する捉え方は、若さや美貌、結婚をロマンティックに理想化する文化の価値観に汚されてきました。しかし、インタヴューを通じて明らかになったことは、女性は伝統的な期待から生じる障害物を、たとえときには厳しく辛い過程であっても、克服できるということです。ひとたびそれを克服してしまえば、独力で生きているという考えを大切に守り、大きな報いと満足感をもたらすように、生活を「自分流にあつらえる」方向に進めるのです。そのようにするなかで、彼女たちは、シングルで中年であることが文化に根づいた神話に巣くう恐ろしい双頭のドラゴンではないことを実証しました。実際、女性たちは、その恐ろしい動物を真正面から見つめると、意外にもおとなしいものだとわかったと、報告しています。

ひとりで飛行する女性は、独身で中年を迎えることに対して、アメリカ文化の否定的な側面がもつ下降気流や乱気流から、どのようにして脱することができるのでしょうか？　自分たちの生活をこれでよいと認識し、祝福さえできる能力をどのようにして培うのでしょうか？　インタヴューした女性たちの話によると、中年になるとひとりでの飛行は難しくなるどころか、容易になるというのです。中年期は、女性たちが、それまで自分たちの生活を導いてきた前提や期待、態度がよいものだったという評価を促される時期なのです。要するに、女性は、自分たちの態度は自分自身に逆らう無意識の偏見のしるしではないかを、検証してみることが必要だというのです。どうやら、彼女たちは、アメリカ文化の神話を額面どおりに内面化し、そうするなかで、単に自分たちのライフスタイルが文化的な理想に倣っていないからという理由で、自己卑下に陥りやすくなる可能性が高いのです。

インタヴューした女性の多くがトラウマの残る離婚などの試練をきっかけに新しい方向へと「飛躍」したのですが、ゆっくりと徐々に移行した人もいます。多くの女性は中年であることに慣れていくために、「ヤッピーな」仕事に就いたり、まったく新しい友人グループを得たりする必要があるとは思いませんでした。スポーツカーやしゃれたマンションを、あるいはエリザベス・アーデンの化粧品を購入しなければならないわけでもありません。男性が男性であるが故に問題の種であるかのように、男性との親密な関係をあきらめなければならないと思ったことさえありません。そうではなしに、彼女たちの満足感の鍵は、ある種の考えを捨てることだったと、話してくれました。一つは、男・結婚・母親になることがセットになってはじめて女性が幸福になれるという考え、もう一つは、若さと美しさが女性の一生を決めるという考えです。ひとりで暮らすことに満足感を見出す術は簡単ではありませんが、それは内なる変化、見方や態度を変えることから始まると、彼女たちは説明しました。重要なことは、自分にとってどんなことが意味あるのか最善の判断を下せるのは自分自身だと認識し、自分の生き方、とりわけシングルで中年であることについてどう思うか、自分で判断する力があると認識することです。

態度をこのように変えることがいかに重要であるか、いくら強調してもしすぎることはありません。ジーンは次のように説明しています。「私は自分の生き方を別の目で見直さなければなりませんでした。それはスカイダイビングを習うとか、17歳の男を誘惑するということでもありません」。サンディも、同じようなことを言いました。

自分の置かれた状況について「これは私が望んだものではない」と文句を言うことは、誰よりも簡単なことです。そしておそらく私たち誰もがときにはそうしなければいけないのかもしれません――しばらくのあいだは。しかし、それからは、もうお遊びではありません。これはドレス・リハーサルではないのですから、私は前向きの道を選びます。その道なら、もっと面白いところに行かれます。

女性が、どのような考えで生きていくのかを選択するプロセスが始まると、劇的な変化が起こります。私たちが会った女性たちは単独飛行の方法をどう身につけていくかをエネルギッシュに、熱心に説明しました。ジェシーは、自分の生活が外から見て寂しそうに見えたかもしれないと前に述べた女性ですが、自身がまさしく変身を遂げたことを次のように語りました。

私はいつも、来年は結婚しているかしら、と思っていたようです。それが、ここ数年前からすっかり変わって、すべてがうまくおさまるようになりました。自分がなぜいまのような選択をしたか、納得したのです。その時点で自分の気持ちを祝福したい気持ちになりました――それはいままでにあまり経験したことのない気持ちです。

シャノンも、同じように祝福の気持ちを口にしました。

私は42歳の時にはシングルの生活を始めようなどとしませんでした。自分にとってもまったく思いがけないことでした！　しかし、自分がシングルで、幸せだというのは本当にすばらしいことだと思います。ここ数年の喜びは「ああ、これでよいのだ。私の人生は豊かで充実している」と思えることです。

サンディもまた、自分の人生が「豊かで充実している」ことに気づいて驚いたといいます。

離婚したあと、「これからの人生に何の楽しみもない。苦しさと寂しさがあるだけだ」と思いました。ところがいま、一面クローバーの咲き乱れる野原にいるような気持ちです！　私は一人立ちするのです！

この女性たちは、もはや女性はいかに生きるべきかという社会的な処方箋に縛られてはいないので、自分自身の物語を自由に書けるようになりました。もはや他人の意見や期待に脆くも屈することもないので、さまざまな方法で生きがいのある人生を築き、色とりどりの糸を使って豊かな、ときにはきわめて独特な模様に織り上げていくことができます。その結果、彼女たちは目の前に途方もなく多様な選択肢が広がるのを感じています。離婚した48歳の女性、モーガンが感嘆の声をあげたように、「ウァオ、なんてすばらしいのかしら、世界全体が私の前に広がっている。もう誰にも邪魔されない！」のです。テリーも同じような言葉を口にしました。「世界はこの大きなキャンディ・ストアのようなもの。それに飽きることはけっしてないわ。見えるものは何でも見たいし、できることは何でもやりたいわ」

# 第2章 「魚は泳ぐもの、鳥は飛ぶもの」

魚は泳ぐもの、鳥は飛ぶもの
そして、わたしは死ぬまでひとりの男を愛するもの
でも、あの男を愛さずにはいられない……

彼は怠け者だと言われ、のろまだと言われても
わたしはおバカさんだと言われても、それは承知のうえ
わたしはあの男を愛さずにいられない……

彼は好きなだけ遅くならないと帰ってこない
彼がいない家はわたしの家ではないの！
わたしはあの男を愛さずにいられない！

——「あの男を愛さずにいられない」『ショーボート』から

シングル女性がひとりで幸せを感じるチャンスを何よりも邪魔する考え方は、「魚は泳ぐもの、鳥は飛ぶもの」というものです。最近の社会的な変化によって、ひとり以上の男性を愛することが受け入れられ

るようになりましたが（女性が順次にそうする場合に限ってですが）、誰もが心の底では、女性が幸せな満ち足りた人生を送るには、男性を捉まえ「なければならない」と本能的に信じています。この本能的な必要条件を否定することは自然の摂理に反することである、と。この考え方は、親から子へと代々伝えられ、アメリカ社会の神話に等しいものになりました。この神話のせいで、10代の少女はダンスパーティに誘いがかからないと、深い絶望に陥り、母親は娘が30歳になっても結婚しないと、育て方に失敗したと思ってしまいます。エヴァが、都会への引越しの理由を説明するのに、「私は独身だから」とだけ言った、その意味を私たちが理解したと想像したのも、この神話のせいでした。この神話こそが、女性を自己憐憫と、自己不信、自己批判の泥沼に陥れてしまうのです。

ひとりで大空を飛行し、それを楽しむためには、「本当の」女性は必ず結婚したいと願うものであり、それゆえ性格的に問題のある女性や心理的トラブルを抱えた女性だけがシングルでいるのだという双子の信念から、女性が解放されなければなりません。これは「魚は泳ぐもの」という神話を大切にする社会では、容易なことではありません。インタヴューに答えた女性たちによると、彼女たちがあえて自分の生活に触れて、シングルライフの独立性をどれほど評価し、どれほど楽しんでいるかを話しても、「負け惜しみ」と受け取られるというのです。あるいは幼児期の家族関係が病的に閉鎖的だったか、破滅的な喪失感を味わってひとりの男性に尽くせなくなった女性の強がりや自己弁護だとされるのです。年齢を重ねるにつれて、彼女たちの口にすることは、結婚や再婚の乏しいチャンスに「面目を失わないための無意識のレトリック」として、一顧だにされない場合が多いのです。自立性を重視する発言を額面どおり受け取ってくれる人は、ほとんどいないように思えます。世間の見方に押されて、女性には自立性は重要でないとか、適応できる女性なら結婚しても必要な独立性はすべて経験できるはずだと、私たちは信じるように仕向けられてきました。インタヴューに応じた女性たちは、それが可能だとしても、大変な努力を要することだと感じていました。結婚という枠組みが彼女たちが大切にするようになった独立性や自由の尊重と相容れないことを、しばしば感じてきたからです。アメリカ社会における結婚の歴史や現在の仕組みと、それが女性の人生に及ぼす影響を検証すると、女性が結婚について慎重な見方をするのには、れっきとした理由があることがわかります。

## 結婚しているとなぜ飛ぶのが難しいと思うのか

アメリカ文化の中心となってきた伝統的な価値観は、妻となったら夫と子どもの欲求に合わせていかなければならない、というものでした。女性運動によって、女性も常勤の仕事をもつことが認められるべきだとする考えが支持されるようになりましたが、女性は伝統的な結婚という仕組みを壊さずに仕事をやりくりすべきだという考え方は根強く残っています。ビジネス・スーツにエプロンをかけ、ハイヒールのままストーブのまわりを飛び回りながら、「わたしはベーコンを買ってフライパンで焼き、夫に男であることを忘れさせない」と歌う快活な小娘――つまりは「状況をうまく管理できる」女性という意味――は、仕事と家庭を両立させようと奮闘する「状況」そのものだと、多くの女性が感じています。

結婚という制度における女性の役割の歴史を見れば、結婚して思いどおりの生活のできる可能性が昔から排除されてきたことが明らかです。比較的最近まで、女性は誰それの娘とか妻とか母として以外に、ほとんど存在感がありませんでした。夫や父親の所有物であったために、女性には法的な権利が与えられていませんでした。実際、ひとたび結婚すれば、女性の影は薄くなり、夫との関係で身分が特定されるだけでした。1854年、バーバラ・レイ・スミス・ボディチョンは、既婚女性の法的権利について、『既婚女性と法律』と題するパンフレットに次のようにまとめています。

> 男性とその妻は、法律上、ひとりの人間である――妻は独身女性としての権利すべてを失い、その存在は夫に完全に吸収される。夫は妻の行動に対して民法上の責任を負う。妻は夫の庇護のもとで暮らし、その状態は庇護物《カヴァチュア》と呼ばれるものになる。
>
> 　女性の体は夫に所属し、夫の管理下に置かれる。夫は人身保護令状によって自分の権利を行使できる。結婚前に妻の個人財産だった手持ちの現金、銀行預金、宝石、家庭用品、衣類などは無条件に夫のものとなり、夫は妻と同居しているか否かにかかわらず、それらのものを意のままに譲渡あるいは処分することができる。
>
> 　子どもの法律上の保護権は父親に属する。正常な精神の父親の存命中、母親にはその子どもに対する権限が、幼児期の限られた権限を除いて、いっさいなく、父親は適切と見なせば子どもを連れ出し、あるいは他人の手に渡すこともできる……。
>
> 　夫と妻が共犯とされることはなく、その理由は、共犯とは2人の人間が存在しなければ成立しないからである。

結婚した女性には、自分の持ち物、金銭、子どもに対する権限はおろか、自分の体と心に対する権限もありませんでした。妻は夫の気分次第で処分できる財産と見なされていました。夫から肉体的な暴力を受けた妻に、法的な遡求の権利はなく、ましてや夫に同意しないだけの妻に遡求権はありませんでした。19世紀のある女性が総括していますが、「〔結婚した女性は〕別人の存在の中に完全に吸収されるので、法律は女性を考慮に入れませんでした」

19世紀、イリノイ州の長老派牧師の妻だったエリザベス・パーソン・ウエア・パッカードの話は、こうした抑圧された恐ろしい現実を例証しています。エリザベスは、夫の教会の信条と対立する宗教観を述べたあとで起こった出来事を次のように綴っています。

1860年6月18日の早朝、起きて沐浴の準備をしているとき、夫が2人の医師——ともに夫の教会のメンバーで、私たちの聖書クラスのメンバー——と、見知らぬ紳士——じつは警官のバーゲス——を伴って戸口に近づいてくるのが見えました。パジャマ姿を見られては困ると思って、私はドアに鍵をかけ、大急ぎで着替えをしました。しかし、着替えを始める間もなく、何と、夫は斧で窓を壊して、部屋にむりやり入ってきたのです！　そして私は、裸も同然の姿を隠すために、ベッドにもぐりこんだ瞬間に、思いがけない客たちを迎えるという状態でした。3人は私のベッドに近づくと、医師が私の脈をとり、質問もせずに私を気狂いだと言いました……。

夫はそれから私に、「法律の形式」にすべて則っていると告げ、直ちに衣服を着て、精神病院に入院するためジャックソンヴィルに行けと命じました。私は抗弁し、裁判もせずに入院させるのは違法だと抗議しました。しかし、むだでした。夫は法律で守られるのは夫だけで、私は守ってもらえないこと、そして夫は州の法律に従って、そのような行動をとるのだとして、命令に従うように強要しました。

精神病院に入れられると、夫の助けを受けられない限り、どんな人の助けも借りることができません。病院に入れた人が申し出るか、その同意を得た場合でなければ、患者を退院させることができないという法律があったからでした。しかも、夫はけっして私を退院させようとしませんでした。

こうした過去に目を向けるなら、今日の女性が結婚という枠内で容易に自己を確立できない理由がわかります。つい数十年前まで、妻は夫と別個の人間とは見なされていなかったのです！　今日でも、夫の名前だけを書いて、妻を意味する"et aux"（ほか）を書き添えることは、譲渡証書や担保証書に多くの例を見ることがあります。今日の女性は１８００年代の女性のように法律のくびきに苦しむことはありませんが、そうした法律の基礎にあった価値観や前提は、無意識の期待として受け継がれ、男女双方の行動や態度にいまなお影響を与えています。

今日、労働力として進出する女性の数は増え、伝統的に男性が支配していた専門職にも進出し、その人生計画に職業を織り込むことに対する文化的な支援体制もできています。けれども、過去30年間に劇的な変化があったにもかかわらず変わらない面もまだ多いのです。女性の職場での地位は相変わらず低く、給料も安いのです。金は力なりで、男女の賃金格差は、週給の額をはるかに越える影響を及ぼします。収入が低いために、全体的に女性は権限をそがれた地位に置かれ、経済的にも結婚を必要とする女性が多いだけでなく、家庭での交渉力も低いのです。53歳の離婚した女性、マキシンは次のように回想しています。

夫は何かと要求ばかりする人で、私のことをいろいろと批判しました。一度彼に言ったことがあります。「何かまずいことがあるといつも私を批判するのに、よいことをしたとき何も言わないのは、どういうわけ?」彼は鋭い口調で言い返してきました。「そういうことになっているからだ!」それで私は彼の言うとおりだと思ってしまいました。彼のほうが何でもよく知っていると思っていたからです。結局のところ、夫は外へ働きに行き、何十万ドルも稼いでくれたからです。

女性の稼ぎのほうが相変わらず少ないので、家族単位として生き残るには、個人的にも、仕事の面でも、夫より妻が多くの犠牲をはらうほうが「意味をなす」のです。女性がキャリアを志向するにしても、その仕事が家事の責任や夫の計画の邪魔にならない範囲内に限られがちです。結婚によって夫婦がそれぞれはらう犠牲に大きな差が生じ、子どもや育児の問題が発生すれば、その差は一層大きくなります。女性は育児の責任を担うために、職場での仕事を減らすことを期待されますが、それは女性の給料のほうが少ないからでもあります。

同じような理由づけは、転勤の問題にもあてはまります。たとえ常勤の女性であっても、夫が職場を変える必要が生じたとき、それを受け入れるのが「理に適っている」とされます。夫のほうが高い職位にあり、給料も高いのが通例だからです。おまけに、キャリアでの成功は男性にとってのほうが重要と考えられがちです。女性が相手に合わせるべきだという前提は婚姻関係だけに限られません。たとえば、ジャミーの例を見てみましょう。彼女は、別の州出身の医師と最近、関係をもつようになりました。カリフォルニア州の終身居住者として、ジャミーの生活はやりがいのある、しかも融通のきく仕事と幅広い友人の輪を中心に成り立っています。2つの州のあいだを往復する必要が生じて、この関係を続けるのが難しくなったとき、ジャミーは家族や友人から、パートナーを中心に据えて、そのニーズに合わせた生活をすべきだと強要されました。

周囲の人から、いろいろと言われるようになりました。「あなたは自由なのだから、メイン州に行けるでしょう」と。そこには、女性である私がここでの生活や友人、そのほかのことをあきらめて、男性のもとへ行くべきだという期待がありました。

魚は泳ぐもの、そして鳥は飛ぶもの。女性が折れなければ、夫婦の関係はだめになるのです。

私たちの親の世代のころ、職業上の業績や自立性という面で女性が失うものがあっても、「死が2人を分かつまで」という保障や約束が守られることによって、ある程度償われていました。女性がこうした生涯にわたる約束を得ていたときには、職業上の技能や雇用記録をもつ必要はありませんでした。しかし、90年代にかけて、おかしなことになりました。死が分かつまで結婚生活が続くという期待は変わらないのに、女性の行動は劇的に変化しました。現在42歳の離婚した産科医、ミケーレイの例を考えてみましょう。ノースダコタの小さな町の厳しい宗教的な環境で育ったミケーレイは、大学を卒業して、「面倒見のよい」夫を見つけ、「すべてはうまく行くだろう」と期待していました。ミケーレイは医学校進学に必要な科学コースを大学で履修しましたが、大学3年次に「申し分のない男性」と結婚するために、目標をあきらめることにしました。難しい決断ではなかったのですが、結局、それが彼女の運命でした。

ミケーレイはそれから長いあいだ、夫に（そして夫の運命に）従って過ごし、夫の学業計画を第一にして、夫が大学に通うあいだは臨時の仕事にも就きました。開業医の手伝い、銀行の秘書、タイピスト、不動産屋の手伝いなどのほか、殺虫剤の製造会社で働いたこともありました。夫のキャリア開発を助けているあいだ、ミケーレイが自分のキャリア開発について真剣に考えたことは一度もありませんでした。

私は結婚生活で、ありとあらゆることをしました——ばかばかしいと言えるほどでした。家事はすべてひとりでこなし、車の整備もしました。大学院に通う夫は語学が苦手でしたが、私は得意でしたから、翻訳の手伝いもしました。統計の宿題も手伝いました。結婚生活はこのようにあるべきだという暗黙の了解事項でした。私の務めは、夫が勉強を続け、昇進を果たし、元気で暮らせるように陰で支えるだけでした。自分の与えられた仕事に疑問を抱いたことはありません。当時は、それをおかしいと思わなかったのです。

ミケーレイは夫の欲求に合わせ続けていました。自身の90パーセント以上を結婚生活に捧げているうちに、ある日、夫が姿を消してしまいました。ギャンブルで負った数千ドルの借金を残していきました。ミケーレイは打ちのめされました。それまでひとりで暮らしたことがなく、将来についての明確な計画を考えたこともありませんでした。大学は卒業していましたが、31歳の、このときまでの10年間の職歴といっても、単発的に関連性のないつまらない「小さな」仕事をこなしただけでした。結婚生活のために相手に合わせることに献身してきた結果、雇用市場で求められる条件に対する備えも、資格もありませんでした。夫に捨てられてショックを受け、暮らしを立てる術もなく、おまけに夫の残した借金も払えず、ミケーレイは自分の選んだ道について、いまさらのように疑問を抱きはじめました。結婚が身分の安定と方向性が与えてくれたので、それがいかに幻想に満ちたものであっても、疑問を抱いたこともなく、ましてや結婚をやめるという選択肢など考えたこともありませんでした。いま、ひとり残され、立ちすくんで、はじめて彼女は夫の欲求と夢だけに目を向けてきた「安定した」歳月に、自分がどれほど高価な犠牲をはらってきたかを悟りました。そこに来るまでに、自分の夢を失い、また自分で選択した生き方もできるし、そうすべきだという意識もなくしていました。

　ミケーレイの物語が生々しく示したパターンは、私たちが信じたいほどには変わっていません。インタヴューに応じた女性の多くは、パートナーの要求に応えるために、それまでの関係のなかでどれだけ「相手に合わせてきたか」ということにショックを受けたといいます。自分の側で折れていたために、どっしりとした樫の木ではなく、柳の木のようになってしまっただけでなく、言いなりになって、ただの土くれにすぎない存在になっていました。彼女たちはこうした過去の関係を失ったことを嘆くよりも、それまでの歳月に自分たちが失ったものを嘆きました。結婚は性的、感情的な親密さを与えてくれると同時に、経済的、社会的な利点も与えてくれるかもしれません。しかし、ここに挙げた女性たちの物語は、自身の自立性を重んじる女性にとって、結婚がいまなおリスクの多い制度であることを示しています。

## シングルで生きる――正当な選択か、それとも病的な自己防衛のメカニズムか

大衆向のメディアは、ミケーレイの話のような教訓をフェミニストの不平分子や男性との関係で被害を受けやすいヒステリックな女性が広める話として、片づけてしまいます。多くの女性が結婚生活や親密な関係のもとで問題を抱えることなく、自身の目標や夢、アイデンティティをもち続け、それをもとに行動しているという議論を展開して、ミケーレイのような女性は「相互依存的」「画一的」あるいは「面倒な関係に巻き込まれて」いるか、「依存的な人格欠損」といった感情的な問題を抱えていると主張します。

このような「説明」がまかりとおり、歓迎さえされるのは、それが混乱する不安定な変化の時代に、おなじみの、一見安全な伝統的秩序を守るものだからです。何世紀にもわたって、女性は家族関係のあらゆる領域を育て、維持する責任を課せられ、受け入れてきました。現代の関係に取りついている共依存的な行動という明らかな病弊は、女性が表明している不満に都合のよい説明を与えてくれます。また、関係を良好に保つ責任を――したがって、その破壊の責任も――女性だけに負わせる伝統を都合よく続けさせてもいます。今日の家族の苦境の責めを女性だけに負わせるのは誤りで、不公正であるのみならず、女性を勝ち目のない状況に放置することになります。結婚生活に耐え切れず、あるいは、虐待を重ねアルコールに依存する男性と離れられないと、女性の側に非があるとされ、共依存的だとか、愛しすぎる女性といっ

たレッテルを貼られます。そして、女性がこうした適応不能な、気の滅入る、危険でさえある関係をやめるなら、社会の骨組を揺るがすと責められるのです。数百年ものあいだ存続してきた関係を変えられないのは、女性自身に何らかの欠陥や欠点か、診断可能な心理的欠陥の結果だと信じこまされるのです。家族関係の建築家たるべき女性が、こうした圧倒的な圧力のもとで結婚に耐えられないとき、問題は制度にあるのでなく、彼女たちにあるとされます。それは古くからの文化の価値観や、結婚した相手の男性とはほとんど関係がないというのです。問題は女性自身が愚かな選択をし、愛しすぎ、ノーと言えないこと、そして、彼女たち女性が怒り、あるいはあやふやな態度をとることが問題なのだと。俗流心理学は、結婚という制度そのものに手をつけず、報われない関係にはまった女性たちを泥沼に追い込む加勢をして、ミケーレイのような女性にとっての基本的な問題が、結婚のよってたつ基礎構造そのものにある可能性を曖昧にさせてしまいました。こうして、離婚することや独身のままでいることが、女性にとっての有効な解決策と認められず、相も変わらず失敗の象徴とされるのです。

　悲しいことに、女性の人格的な問題がいかに現代の社会的混乱の原因となっているかを描く本が売れるのは、家族の絆を守るという責任をつねに進んで受け入れる女性が、そうした本を買うからにほかなりません。こうした本は女性を不当に責めるかもしれないとしても、「解決策」を示してくれるようにも思えるからです。決定的に不安定な社会風土の中で、いかにして安定した満足のいく関係を維持するかという、複雑で、しばしば不可思議な問題を解決すると称するものに——たとえその「解決策」によって問題の責任をより一層背負わされるとしても——飛びつこうとする女性を責めることはできません。

　こうしてまたも女性は個人的な相違や、多くの女性を不幸にする真の理由を曖昧にさせる状況に置かれます。女性のアイデンティティを支援し育てる結婚とそうでない結婚との重要な違いは、そこにかかわる女性の性格だけにあるわけではありません。男性と女性が2人して結婚生活を築き上げ、どんな態度や行動が相互に受け入れられるかを決めるのは、暗黙の、ときには無意識の、役割の期待です。理想の世界では、結婚は真の妥協の基礎のうえに成り立つものであり、したがって女性が親密さ、交わり、安定という利点を享受するために、自己を失う必要はないのです。結婚がパートナー双方を支えるか否かを決める決定的な要素は、男女に関する硬直的で不平等な役割を規定し、深く根を下ろしている文化的な価値観の影響にカップルがどう対処するか、なのです。

今日の結婚で「万人の自由と平等」を守ることは難しいことであり、それを守れるカップルもいないわけではありませんが、多くの場合、不可能です。パートナーに合わせて、伝統的な結婚生活の一員であることを楽しみ、意思決定や金銭の管理、車の修理などをしないですむと安堵する女性もたくさんいますが、伝統的な結婚に想定されている以上の場と統制力と自由を願い、要求する女性もいます。魚は泳ぐもの、そして鳥は飛ぶものという精神構造は、すべての女性が同じであり、女性の独立を求める要求は不自然だという前提に立つものであり、真の選択の可能性を効果的に抹殺するものです。

# 第3章　結婚して母親になれという至上命令

……［女性が］手にしたいと望み、やってみたいと望むものはすべて1つのチャンネル、1つの選択肢を通してしか得られません。富、力、社会的地位、名声――のみならず、家庭も幸せも、評判も、安らぎと喜びも、パンとバターも――すべて小さな金の指輪によってしか得られません。

――シャーロッテ・パーキンズ・ギルマン

当時、それは問題ではありませんでした。女性がウインブルドンのチャンピオンになり、ミス・アメリカになり、ノーベル平和賞の受賞者になることには、何の問題もありませんでした。しかし、結婚のことを尋ねられたときには、少なくとも、すぐにも跪いて受け入れる見込みがなければ、女性として半人前としか見られないと覚悟しなければなりませんでした。

――ビリー・ジーン・キング

魚は泳ぐもの、そして鳥は飛ぶものという前提の論理の行きつく先は、現在中年を迎えた女性が早くから教えられたように、女性には生涯で1つの選択肢しかない、ということ。なぜなら、女性が幸福を手にできる道は1つしかなかったからです。彼女たちは、子どものころから、その生涯を支配する至上命令をずっと教え込まれてきました。結婚して子どもを産むこと、という至上命令です。教え込むプロセスは歩き始め、お話ができるようになるまえから始まります。結婚して母親になるために個人の夢を犠牲にする心構えを教え込まれ、進んでその姿勢を学び取りました。このように子ども時代から思春期を通して教え込まれ続けたので、いまだにその影が残っているのです。「伝統的な」その「夢」をもはや望まないと頑強に述べ立てる女性にさえ影響を及ぼしているほどです。結婚して母親になることに大きな価値を置くことは、しかし、今日、中年を迎えた女性の子ども時代に始まったことではありません。何世紀にもわたるうちに、力と勢いを得てきたのです。

## 不浄な烙印

シングル女性は、数百年前から、結婚への圧力に直面してきました。それどころか、シングル女性が忌み嫌われ、破壊分子的なものと見なされて、汚名を着せられただけでなく、あからさまな暴力を受けた時期さえありました。１６００年代から１７００年代にかけてのニューイングランドでは、シングル女性は（とりわけ40歳を過ぎた女性は）とくに魔女の烙印を押される例も多く――死に追いやられた例すらあったのです！　１８００年代半ばになると、イギリスのシングル女性の地位は、迫害の理由にされることこそなくなりましたが、わずかに改善されただけでした。１８５１年のイギリスの人口調査によると、20歳から40歳までの全女性のうち、30パーセントもの女性が未婚でしたが、影響力をもつジャーナリストでエッセイストのW・R・グレッグは、こうした「余分な」女性を強制的に植民地に放逐することを、躊躇することも恥じることもなく提案しました。植民地に行けば、彼女たちは男性と出会い、礼節ある社会にとっての脅威や負担ではなくなる、というのです。1900年代初期の姿勢も、節度に欠ける点でそれほど変わりませんでした。1911年、「独身者」というタイトルのある記事は、未婚の女性は社会にとって重大な脅威であるとして、誇大妄想的な語調で次のように描きました。

［独身女は］目立たず、おとなしく、足音も立てず、無言のまま、恥ずかしそうな顔をして、血もなく、骨もなく、幽霊のようにやせ細り、心の密かな片隅に入り、秘密の行動の泉のほとりで、わが骨抜きにされた社会を形づくっている。独身女性はわれわれの社会の大敵である。

言うまでもなく、時代の経過とともに事情は変わり、今日の中年のシングル女性の地位は向上しています。1950年代から60年代になると、シングル女性が火あぶりにされることも、国外に追放されることもありませんでした。しかし、極端な敵意や偏執狂的な態度はここ一世紀のうちに消えたわけではありません。大家族や社会的ネットワークの一部となっているシングル女性（独身の叔母、尼僧、未亡人や離婚した母や祖母）は、既婚女性よりいくらか「劣る」欠陥人間としばしば見なされました。知人が独身女性について語る話は、警戒気味で、心の底では承認できないことや敬遠しがちな気持ちを伝えます。たとえば、ジュディスは子ども時代に知っていたたったひとりの独身女性のことを次のように回想しています。

未婚の叔母がいて、その妹夫婦と一緒に住んでいました。叔母はときどきスペインに行っては、お金のかからない芸術家村で過ごしていました。叔母はアルコール依存症にかかっていました。特別に魅力的な人ではなく、その生活は楽しそうでしたが、どこか欠陥があり、ズレていました。

こうしたシングル女性は、何かを成し遂げたとしても、別の道——若い女性がたどるよう推奨される道ではなく——をたどったことの代償を払った女性として、強く記憶されるのがほとんどでした。よくて変わり者、多くは、ジュディスの叔母のように、家族の生活の端にぶら下った、異常な人と見なされました。

## 聖杯としての結婚

１９５０年代から60年代に、結婚は女性が成人するための重要な通過儀礼、発達の頂点を表すものとされていました。女性の結婚式は生涯で最も重要な日と見なされていました。現在は離婚しているアリータは次のように語りました。

50年代に思春期を迎えた私は、自分の世界全体が結婚して子どもをもち、以後幸せに暮らすことを中心にめぐっていると信じていました。それが自分の成長の極みでした。人生の目的でもありました。もしも結婚しなければ、完全だと思えなかったでしょう。

花嫁となり、妻となり、やがて母となることが女性の価値を確立し、その地位と、限界とライフスタイルとアイデンティティそのものを明確にすることでした。トーマス・エディソン夫人は、「家庭をもちたがらない女性がわが国家を損ねています」と述べて、結婚が彼女の愛国心を定義づけてさえいたのです。

結婚を望まない女性、あるいは専業主婦としての役割をあまり喜ばない女性は、専門家によると、自分たちは「生物学的にも、気質的にも」異常であることを知らされました。家族心理学の権威であるベンジャミン・スポックが、「生物学的にも気質的にも……女性は第一に、育児と夫の世話と家事に心を砕くようにつくられた」と断定するに至って、女性たちはそれが自分たちの姿だと察知しました。そして理想像として描かれたこの姿には、すべての女性の一生が同じ道筋を通ることも盛り込まれていました。つまらない、はしくれの仕事に就き、結婚して母親となり、以後幸せに暮らす、ということです。あるいは、恵まれた中流階級の出自であれば、少しばかりおまけがつきます。高等教育を受け、簡単に辞められる仕事に就き、それから結婚して、母親となり、以後幸せに暮らす、のです。結婚して母親になることはすべての女性の夢でした。女性が大人になる「聖杯」だったのです。ほかに何かを成し遂げるとしても、この目標の次に来るものと見なされ、この目標の障害となってはならないのでした。女性の個人的な才能や興味、野心は結婚できるかどうかの尺度で評価され、こうした才能や野心は女性が結婚という主目的を達成する際の役に立つか、邪魔になるかどちらかでした。

たとえば、ケリーは、若い娘のころから「自己主張が強く」、母親はそれを結婚市場の資産にならないと見ていました。いまでも覚えていますが、母親から「結婚するまで、口をつぐんでいなさい。ほかの人たちに、口うるさいと感づかれないようにしなさい」と、いつも言われていました。サンディも、女性を結婚だけにあてはめようとする見方を物語る、子ども時代の話をしてくれました。母親と話をすると、いつも3人の弟の将来を描く話ばかりを聞かされていたというのです。

私たちが大きくなるにつれて、母はいつも、「あの子たちはどんな人間になるのかしら」と心配していました。ひとりは手先が器用なので、技師になるのがいいわ。ものをつくるのが好きなので、建築家になってもいいわ。あの子はきちんとした性格なので、銀行か会計か法律の勉強をするといいし、もうひとりは作文が得意なので、立派なジャーナリストになれるわ、と。

サンディにはどんな仕事が向いているか、将来計画をめぐって母親と会話がはずんだためしはありませんでした。サンディの才能や技能が、彼女の将来に対する両親の計画の話題にされたことはなく、女性であることだけが将来の計画を導く要素でした。サンディはこう言っています。「母はいつも、私が結婚して子どもをもつことが将来の道だと思っていました。私は母のそうした見方を黙って受け入れていました」

女性が結婚のチャンスをとらえ、「良妻」となる理想に近づけるかどうかは、自己を捨てられるかどうか――つまり、夫や子どもをはじめ、家族全員の要求が第一、彼らが満足と幸福を得ることを自らの生きる支えにできるかどうかにかかっていました。自己を捨てるという、この価値ある資質を培っていくなかで、女性は、待つことと、順応することという2つの基本的な教訓を身につけました。

# じっと我慢の生活――迷わずに待つ

女性の将来は、主として夫の要求や願望によって決まるので、自身の要求や願望を明確にすることにあまり多くのエネルギーや時間をかけないことが大切でした。そのようなことに関心を向けると、誤った行動を促し、夫の要求を察する能力を阻害する恐れがあったからです。ひたすら待つのが魅力的な女性でした。眠れる森の美女のように、最後に王子さまが現れて魔法を解き、「以後幸せに暮らせる国」へ抱きかかえていってくれるまで、宙ぶらりんの状態にありました。一方、このような自分の将来にこの上なく重要なもの――素敵な王子さま――を積極的に求めてはいけないとされました。それどころか、あからさまに男性を求めてはいけないと言われていました。(「積極的な女性を好む人はいないし、ダンスをするときは、男性がリードするものと心得ていなければいけません」)。しかし、それと同時に、夫を「捕まえる」ためにあらゆる手管を使うように言われていました。じっと待ちながら、チャンスがあれば、有効に活用できる態勢を整えておくわけです。

このように男性に選んでもらうのを待つことは、女性の生活のさまざまな面で強調されました。サンディの母親は、28歳まで結婚を延ばして自分の目標を追い求める決意をした女性と彼女が話をすることさえ嫌いました。サンディは次のように説明しています。

家族の友人と話をしたことを覚えていますが、彼女はこう言いました。「私は化学者でしたから、20代の後半まで結婚しませんでした。それまでが一番幸せでした。それから5人の子どもが次々に生まれました。でも、仕事をもった時期があったのはよかったと思います」。そこへ、私の母が割って入り、こう言いました。「娘にそんな話をするのはやめてちょうだい」。つまり、母はこう言いたかったのです。「仕事をもとうとしてはいけません――おまえには結婚して欲しいのだから」

女性はキャリア目標をもったり、自分だけの家をもつことを考えたり、危険な休暇旅行を考えたりはしないものと（その休暇が男性を見つけることに役立つ場合は別として）されました。結婚すると苗字が変わるので、頭文字を図案化した文房具やタオルさえ買うものではないとされました。女性は、結婚するまではいわばかりそめの存在、非現実感にとらわれていました。結婚するまで、女性は大人になりきらず、成熟しきっておらず、現実的でなく、まだまだ、というのです。

高等専門職を目指そうとして阻止された女性がたくさんいました。そのような目標には長期にわたる投資と努力が必要であり、夫がいつ、どこへ行くにしても、あとについていくという「至上命令」と対立する恐れがあったからです。女性は、キャリアの代わりに、「ちょっとした仕事」をもつだけとされていました――高校や大学を経てから、あるいは結婚式までに終えられる仕事です。現在、小さな大学の入学担当官をしているジーンは、大人になったら何をしたいかはっきりと考えていました。けれども、12歳のときに、そのような夢を抱くことさえ断念するように言われました。

小さいころから医者になりたいと思っていました。玄関先で母のグレープフルーツ用ナイフを借りてミミズの解剖をしたこともありました。隣の家に整骨医が住んでいて、小さいころからよく遊びにいっては、何が書いてあるかわからないまま、アメリカ医学協会の雑誌を借りて科学の勉強をしたものでした。12歳のとき、その整骨医が父に、「彼女は本気のようだから、やめさせるように説得したほうがいい。女は医者になれないから」と言ったのです。

いまは企業の重役として成功しているジュリアも、自身の人生設計を立てようとしたとき反対されました。彼女にとって、大学を選ぶプロセスがとくに重要でした。

この面接は指導カウンセラーのパーマー氏との間で進んだのですが、パーマー氏は半袖シャツと野暮ったい赤いネクタイをしていたのを覚えています。彼に、「きみは秘書になりたいのか、それとも看護婦か、教師か」と聞かれました。私は、「本当は、美術史をやりたいと計画していました」と答えました。すると、「え何だって、いいかい、初めからやりなおそうじゃないか」と言われました。「きみは秘書コースをとっていないから、秘書にはなれない。科学はあまり得意でないから、看護学の勉強もむりだろう。ここに教員養成課程のある大学のリストがある。美術に興味があるなら、この大学を試してみてはどうか。美術の教師はみんなその大学を出ている」。そこで私は言いました。「バーナードへ行きたいと思っていました」。「え、どこだって？　そんな大学聞いたことがない」。私がカタログを全部出すと、パーマー氏は言いました。「そこへ行くのはむりだ。ニューヨークじゃないか。そんなところへ行って、考古学だか美術史だかを専攻して、何をするつもりかね。きみはキャリアを積むことはできない。教師になりたいと思っているなら、万一あとで必要になった場合に頼れるものを身につけておくだけだ」

世間の、パーマー氏のような人たちは、中年になった女性が聞かされてきた決まり文句を広めてきました。こうした指導カウンセラーの態度が例外的に保守的だったわけではありません――社会の主流を反映しているにすぎません。多くの人々にとって、女性の教育は真剣に取り組むものではなく、キャリアを積む基礎となるわけでもなく、夫が死亡したり、夫に捨てられたりしたときだけ役に立つ保険のようなものでした。ジョシーは、母から言われた言葉をいまでも覚えているといいます。「おまえは、夫が亡くなったときに、何かできるものを身につけておくべきです」。そのような仕事は、女性の人生に喜びや意味を加えるものとは考えられていませんでした。「それは水泳に行くとき、近くに浮き輪を用意しておくようなもの」だと、ジョシーは説明しました。大学に進学するとき、女性は「あとで必要になった場合のために」というモットーを心に刻みつけられていました。当時は離婚率が低かったので、こうした保険証券はとくに重要なものとは見なされませんでした。ヴァレリーは、この時代の優先事項について簡潔にこう述べました。「私の耳の奥ではいつも古いテープが、勉強して、よい成績をあげ、良妻賢母の資格をとりなさい、と鳴っていました」

女性の人生は最終的に夫の人生によって決まるので、多くの女性は、必然的に、キャリアを積み、強い自己意識をもち、個人として人生に何を望むか、明確にする必要はないと思っていました。そのようなことはよくて時間とエネルギーの無駄、悪くすれば、妻として選んでもらうチャンスが減ることになりかねませんでした。こうして女性は自らの人生に受身の姿勢をとりがちでした――そのために、自分たちも責任を負い、意思決定ができることをなかなか自覚できなかったのです。

## 女性はチェシア・キャット――順応の大切さ

女性はじっと我慢の生活を送る術を身につけるだけでなく、周囲の人たち、とりわけ男性の態度や意見に順応する術を身につけました。多くの女性は、発案するよりも順応し、挑戦し反対するよりも、受け入れ耐えることを教えられました。いま中年になった女性は、子どものころ、母親や女性教師が男性の権威ある人物に従うのを当然のことと見なしていました。自分でも気づかないうちに、国家元首や会社の社長はほとんどすべて男性であることや、男性に黙従することが女性にとって当然のことだと察していました。

アメリカ文化の中で尊敬される女性は、闘う女性ではなく、もの静かで、やさしく、寛容で、控えめな女性でした。たとえば、1950年代から60年代の映画のヒロインを考えてみましょう。ドリス・デイ、デビー・レイノルズ、モーリン・オハラといった女性は、いっとき、「でしゃばる」こともありましたが、やがて、強い男性に手なづけられることを誰もが知っていました。また、子どもの永遠のヒロイン、シンデレラのことを考えてみましょう。ウォルト・ディズニーが映画に描いたシンデレラの物語は、こう語ります。「シンデレラは、いじめられ、辱められ、しまいには自分の家の召使にさせられた。それでも、そのあいだずっと、シンデレラはおとなしく、やさしかった」。たいていの女性は、シンデレラのようになりたいと憧れます。子どものころは、このような性格づけの意味に気づきませんでしたが、「よい」女性であることの価値は繰り返し教えられました。不平や批判をせずに、「いつもおとなしく、やさしく」、耐え忍び、受け入れる術を身につけたいと願ったのです。言うまでもなく、怒りっぽく、要求が強く、騒ぎ立て、議論好きの義理の姉妹たちを誰も尊敬しませんでした。結局、王子さまと結婚したのはシンデレラでした。ハンナは、女性が夫の願望に順応するものと期待されていたことを示す話をはっきりと覚えていて、私たちに話してくれました。彼女の母親が素敵なドレス・ショップに行ったときのこと、1枚のドレスを買って、喜びいさんで家に帰り、夫とハンナの前で試着してみせました。ハンナは、そのドレスを着た母を見て、どんなに誇らしく思ったかいまでも覚えています。

母は美しい女性でした。本当にハッとするくらいの美人でした。そのドレスは、メタリック調で、オレンジ系のペイズリー模様のものでした。目を見張るような素敵なドレスでした。ところが、翌日、父が気に入らなかったというので、母はお店に返しに行きました。私は母に何か言ったかどうか覚えていませんが、その事実は忘れられません。

自分の好みは二の次にして、夫の好みに合わせることは、よき妻となるために必要と学んだ多くの行動の1つにすぎませんでした。自分の考えや信念、興味、さらには友人さえも、夫の意向に沿わなければ、あきらめることも、女性は学んでいました。理想的な良妻賢母はつねにやさしく、夫や子どもを励ますものとされていました。自分の要求や願望や夢はもちません（ましてやそれを口にすることはありませんでした）。現在、51歳で離婚しているエマは次のような話をしました。

> 私は、夫の望みどおりのことをするように育てられました。食事の用意をして、ワイシャツを洗濯し、軽く糊づけしてアイロンをかけます。夫がディック・トレーシーの映画を見たいと言えば、一緒に見に行きました。テレビでフットボールの試合を見たのも、夫がそれを見たいと言ったからでした。

結婚の準備とは、ほとんどすべてのことが克服可能な世界で生きるための準備だということを女性は学び取っていました。ジーンの回想。

> 女性の「仕事」は結婚であり、そのためには何でも犠牲にするものと信じるように育てられました。「ゲームの名前」は妥協であることを教えられました。実際に、私たちはカメレオンのように状況に合わせて変身し、夫と仲良くするために、話の途中で自分の見方をすっかり変えるものと期待されていました。

良妻賢母になれという至上命令は、すべてのものに順応する能力と意志を求めていました。順応することが多くの女性にとって「第二の性質」となり――それについて考えたり、疑問を抱いたり、気づくことさえありませんでした。グローリア・ネイラー著『ママの日』の「ココア・デイ」には、彼女が結婚してまもなく出会った経験が、次のように描かれています。

夫との仲がうまくいって欲しいと強く願っていたので、相手が考えていた計画に自分をはめこみたいという思いにかられました。いつまで続けられるのだろう？　答えを考えると恐ろしくなりました。その気になれば、永遠にできたでしょうが。最初は少し不快な気持ちになりますが、やがて、周囲を眺めると、自分がその形にはめこまれていることに気づきます。

いま中年を迎えている女性は順応する習慣が身についているので、それが適切でなく、破壊的でさえあっても、変えられないのです。多くの女性は順応することになれっこになっているので、男性と親密な関係になると、相手の要求や意見に自動的に従ってしまいます。ジーンは、このような現象を『不思議の国のアリス』のチェシア猫のように、女性が「輪郭がぼやけた存在になる」と表現しています。ついさっきまでそこにいて——元気よく、自己主張をして、健全な精神だったのが、次の瞬間、影が薄くなり、鮮明な像はうすくなり、ほどなく、その笑い顔だけがぼんやり残っているようになります。

女性の生活において順応が果たす役割は、複雑な問題です。女性心理学のある学説によると、女性の自己感覚は男性との関係を基礎とし、順応する能力はしたがって、自然な、そして重要な女性の強みだといいます。確かにそうかもしれませんが、こうした有益となりうる資質が家庭や職場や社会で安易に利用されて、女性や女性たちが育くむ関係を損ねることも事実です。言うまでもなく、どんな関係にも妥協と交渉が必要です。しかし、多くの女性にとって、問題は、彼女たちが妥協の大半をすべきと期待されてきたことです。順応することは、平等で、満ち足りた関係を築く手段となるよりも、女性の滅私的な姿勢を養う道具となってきました。しかも、良妻賢母たれという至上命令で期待されるこうした滅私的な理想は、容易に達成しがたいので、罪の意識と、否定され、拒否されることの恐れが多くの女性の日常を支配します。作家でフェミニストのエリカ・ジョングはこう言っています。「罪の意識を感じていない女性がいたら教えてください。私にとってはそれは男性です」。ミシェルは、若いころから、慢性的な罪の意識に追いやられがちとなったメッセージをはっきりと覚えています。

相手のことをまず考えること。人の気持ちを損なうようなことをしてはいけません。何でも、相手が喜ぶことをしなければなりません。自分を犠牲にすることを期待されていました。そうしなければ、大変な結果になりました。「そんなことしたくないわ」などと言えば、罪の意識を感じたことを覚えています。「まあ、何という娘なの、何という人なの！」と、たちまち後悔の念に襲われました。

良妻賢母たれという至上命令の期待に沿わなければ、妻に選んでもらえないのではないかという恐れに、女性は悩まされました。男性は、「自己主張の強い」女性を選ばず、「難しい」女性とは一緒に暮らさないことを、女性は学び取っていました。ジーンはこう言っています。

同意しないとか、対立することは、男から「もう興味はないね。きみのように難しくない女性がいるよ」と言われることを意味しました。ですから、妥協して、夫を喜ばせ、ずっと一緒にいてもらうために、離れていってしまわないようにするわけです。

マキシンも同じような現実を述べています。

もし私が最初に遠慮なく意見を述べたら、結婚はなかったでしょう。彼はそんな私にがまんできなかったでしょう。おまえは夫をもって幸運だと思わないか、という態度でしたから。

このように、女性が順応し、妥協する能力は、怒りをあらわにし、対立を起こすことをタブーとすることで、強化されました。キャロライン・ハイルブランは次のように書いています。「ほかのあらゆる禁止項目のなかで、とりわけ女性に禁じられてきたことは、怒ること、それとともに、生活を自分の力で支配しようという願望を公言することだった」。怒りをあらわにした結果は、とくに男性に対する場合、ひどいことになりました。ベストセラーとなった『怒りのダンス』の中で、ハリエット・ゴールドフォー・ラーナーは、次のように書いています。

男性に対して怒りをあらわにする女性は、殊に信じてもらえません。社会が男女平等という目標に同情的なときでさえ、「あの怒れる女性たち」に対して、誰もが白い目を向けます。自分の信念のために戦い、死んでもよいとする男性のヒーローと違って、女性は、自分たちの権利を求めて、無血の人道的な革命を起こしても、糾弾されるでしょう。とりわけ男性に対して怒りを口にすることは、私たち女性の場合、女らしさに欠け、未熟で、性的な魅力にも欠けることになり、最近では「耳ざわりな」こととされます。わが国の言葉でも、「口やかましい女」「魔女」「牝犬」「鬼婆」「小言屋」「男嫌い」といった女性を非難する言葉があります。こういう女性は愛することもできず、愛されもしません。女らしさに欠けるのです。もちろん、そういう仲間に入りたいという女性はいないでしょう。

## 至上命令の影で

良妻賢母たれという至上命令は、現在中年を迎えている女性が育てられた時代を支配していましたが、若いころに女性が受けたメッセージは画一的ではありません。至上命令と相反するメッセージを聞いたという女性もたくさんいます。そうしたメッセージは影の現実として、口にされなかったり、ほかの大人からあからさまに否定されたりする場合が多いのですが、それでもこうした若い女性が捉えていたことも事実です。

こうした女性たちのなかには、子どものときに性的あるいは身体的な虐待を受けた辛い経験の結果、伝統的な価値観に懐疑的な目を向けるようになった人もいます。また、50年代までの専業主婦の理想を守ってきた母親の惨めで不幸な姿を見て、この影の現実を知るようになった女性もいます。たとえば、ジョシーは、結婚が彼女の母親にとって「精神的な死」にも等しいと感じたと述懐しています。母親は人類学を勉強して、その仕事をとても気に入っていました。大学の教授になる夢を捨てて、彼女は結婚し、家族の世話をするためにキャリアを積む計画を断念しました。

母の生涯は完全に伝統に従ったもので、狭く閉じ込められた中で、限られた、つまらない人生を送ったということしか覚えていません。本当の喜びを与える何かが母の人生にあったとは思えません。

ジョシーは、母親の生き方を観察しているうちに、彼女自身が従うように躾けられていた伝統的な道に強い疑問を抱くようになったと、次のように話しました。

私は、18歳になるころには、母のような一生を送りたくないと自分に言い聞かせていたのを覚えています。母の生涯はまさに伝統的なもので、母自身が選択を誤ったと言ったことはありませんでしたが、私は母の選択が誤りだったと気の毒でしかたがありません。

ジョシーが大きくなるにつれて、母親はますます落ち込むようになりました。ジョシーの選択肢は、母の経験に照らして見たとき、母の歩んだ道をたどるか、それとも結婚は絶対にしないという、あまり前例のない、明らかに危険な領域に踏み入るか、どちらかでした。その結果、ジョシーは何が何だかわからなくなりました。自分は何を望まないかはっきりとつかんでいましたが、ほかにどのような選択肢があるのか見当がつきませんでした。

思春期を迎えるころ、私はまったく途方にくれていました。自分には何ができて、何ができないのか、わからなくなっていました。ただひどく恐れていました。自分の知るかぎり、女性は結婚すると、死、すなわち精神的な死に至るのです。真実の生活は何一つ残されないのです。思春期に私が経験した精神的な落ち込みのせいで、どうやって世の中を生きていくのかわからなくなっていました。「何をしたいかわからないので、あてもない道に出ていく」と言う人もいましたが、私はそういう勇気さえもてませんでした。

人類学者のマーガレット・ミードとジョージ・ベイトソン夫妻の娘、メアリー・キャサリン・ベイトソンは、ジョシーのジレンマについて、女性が母親への忠誠か、あるいは母親の轍を踏まないために自分の夢に従うという願望のどちらを選ぶかという葛藤だと説明しています。

今日、多くの女性は、懸命に働いて世話をしながら報われることの少なかった母親を見ながら育ってきました。母親のようになりたいと強く願う女性は、男性よりも劣ることを認めて男性に頼りたがる愛らしい女性としてのイメージを受け入れるか、それともそのようなイメージを否定して、大切な母との親しみを捨てるかという選択に直面する場合が多いのです。

ジョシーにとって、実際のロール・モデルがないまま、20歳で独立した新しい生活を築くことは、押しつぶされそうに荷の重いことでした。母親の経験が伝統的な道に対する疑問の種を植え付けたわけですが、ジョシーにはそれに代わるヴィジョンがわいてきませんでした。独身女性として幸せな一生を送れる見込みがあまりに乏しかったため、母親がたどってきたような「すべての女性の夢」には明らかな欠陥があるとしても、ジョシーは目をつぶって暗闇の底に飛び込むように、大学を卒業するとすぐに結婚しました。

結婚した当初のことについて、彼女は次のように言っています。「翌朝目をさましたとき、誰かに私の魂の一部を吸い取られたような、恐怖を感じたのを覚えています。私は母と同じように起床して、彼は私の父のように起きました――それはおよそそぐわない夫婦でした」

## 影に射す一条の光

伝統的な道に疑問を感じ始めた女性のすべてが、母親の辛い幻滅を見たのが原因だったわけではありません。独立と能力と可能性を実際に促す積極的なメッセージを直接受け取った女性もいました。エレーネは、母親から「やってみなさい、先頭に出ていきなさい。恐れずに……できるだけのことをやり遂げなさい」と、励まされたと述懐しています。ほかにも、伝統的な母親と違って、選択肢を制限するような指図はされなかったという女性もいます。ジュリアの母も、自分を幸せにしてくれること、すなわち、外で働くために、当時の期待を退けた人です。彼女の選択が犠牲を伴わなかったわけではありませんが、ジュリアにとって価値ある犠牲だったことは明らかです。母親の態度について、ジュリアはこう述べています。「折あるごとに、母は50年代型の罪責感の攻撃を受けて家庭に入り、主婦を装っていましたが、やがて、我慢しきれず、再び仕事に戻らなければなりませんでした」

このほかにも、男子と女子が、何ができて、何になれるかという伝統的なジェンダーの線引きが曖昧になったことで、幸いだったという女性がいます。この問題に対するアメリカの文化的な許容範囲はかなりはっきりしていましたが、個々の家庭によって温度差もありました。ショウナは、男の子たちが雪かきの手伝いに来てくれたとき、父親が「うちの女たちは体力があるから、雪かきならできる」と答えたことがあるといいます。レスリーの家庭も、文化の規範に反していたと述べています。「女子が『男子に劣る』とは、大学に行くまで知りませんでした。家族はそんなこと一度も言わなかったからです」。マーナも似たような経験を語っています。

自分が女だからできないことがあるとは、一度も考えたことがありませんでした。事実、私は大学に入ったとき、司祭になろうと思っていました。しかし、司祭が私の両親を呼んで、私には司祭になれないことを話すべきだと忠告したのです。

しかし、こうした女性の多くは、大人になるにつれて、ジョシーが述べたような葛藤に直面しました。独立を彼女たちも、伝統とは異なるメッセージやモデルを自分の人生の青写真とするのに苦労しました。独立を促されはしたものの、どのようにして伝統と異なる将来像を描けばよいのか、具体的かつ実際的な方向づけがわかりませんでした。メーガンはこう言っています。「母は私に結婚しないでよいという漠然とした、暗黙のメッセージを伝えてくれましたが、何をすればよいのか教えてくれませんでした」。シャノンも、父から方向を示すメッセージはもらえなかったと説明しています。

父は、女性の能力を信じていて、何でも好きなことをしなさいと言ってくれました。「生涯にやりたいと思うことをしなさい」というのが父の哲学でした。人生への不安を口にすることはなく、私を批判することもありませんでしたが、私の人生設計をどう手助けすればよいのか、わからないようでした。

# 第4章 地下に潜む至上命令

真実の大敵はおおむね、意図的で、計算された、不誠実な嘘ではなく、執拗で、もっともらしく、それでいて非現実的な神話である。

——ジョン・F・ケネディ

あたまに住みついた敵と闘うのは難しい。

——サリー・ケンプトン

内巻きの髪、サークル・ピン、ピーターパン・カラー、ガードル——良妻賢母を願う至上命令が支配していた時代のシンボルだったこれらは、とうの昔に流行遅れとなって姿を消しましたが、至上命令そのものは、名前を変えてはいても、いまなお残っています。今日、そのメッセージは、メディアを通じて日々伝えられるシングル女性のマイナスのイメージによって、「地下」で伝えられています。そうしたメッセージは、女性と結婚と独身でいることについて、アメリカの最も伝統的かつ破壊的な神話をひそかに伝えています。

◉独身女性はさびしく、暗い、不完全な一生を送る。

◉独身女性の惨めさは、誕生日が来るたびに数十倍も増幅され、その理由は、ある年齢を過ぎると女性は「使いものにならない」からである。

◉すべての女性が結婚や再婚を望むのは、結婚こそがその身分の安定と幸福をもたらす唯一の機会だからである。

こうした神話は女性の集合的性格《パーソナリティ》についての無害な警句というわけではありません。現実を装いつつ、誤解を招く、危険なものです。テレビや映画、音楽、宣伝広告、大衆心理学、新聞、雑誌は巧みにこうした神話を絶えず伝えていきます。たとえば、1984年に発行された『コスモポリタン』誌の記事「シングルライフからのスケッチ」の筆者は、シングル女性の家の雰囲気を次のように書いています。

……夜は寒々として……皿洗いの音にも負けないほどにボリュームをあげて、ワルツを流す、自身がどれだけ清潔な身なのか、どれだけ有毒な粉を流しているかにおかまいなく――朝食はソーセージのサンドイッチ、夕食はコーンフレークだけ。このような場所で、独身女性はこのうえない寂しさをかみしめる――ポールが一緒にいて、小言のほかは何も口をきかないときよりももっと寂しい。

その後、『コスモポリタン』誌は、女性がデートをやめると、どんなことになるか、注意を促す、迷惑千万な話を掲載しました。筆者は、こう述べています。

……デートしようという意志に代わって食べたいという意志がわいてきたことに気づく。それから数か月すると、彼女は大きな尻で「コジャック」の前にどっかりすわり、アイスクリームを節操もなくむしゃむしゃ食べる日々に戻る。同じようにでっぷり太った友だちといつも同じ話題の意見を交わす。「どうして魅力的な男性はみんなゲイか既婚者なのかしら」

いずれの記事でも、メッセージは明白です。シングル女性には本当の家庭も、本当の家具も、本当の友人も、本当の興味もなく、バランスのとれた食事さえ食べられない、ということです。その生活は寂しく、孤独で、はかなく、無性に気が滅入ると。

## 映画やテレビに登場するシングル女性
## ——オールドミスと陰気な独身女

一見すると、テレビや映画は、成功した強いシングル女性のイメージを見せてくれるように思えます。けれども、よく見ると、こうした女性の業績や冒険話は、付随的な出来事として取り扱われ、「本当の」(すなわちロマンティックな)話が始まるまでの時間つぶしであることがわかります。たとえば、テレビドラマ『女弁護士ロージー・オニール』の主人公は、練達の女性弁護士で、そのプロとしての生活は、曖昧な世界での自己確立のための戦いと興奮に満ちています。私生活では家族や友人との豊かな交流がありますが、その人たちの多くは彼女が意味深い生活と思っていることには目もくれず、デートをするかどうかということだけに関心を向けています。1992年のシーズンに、ロージーの人生の本当の目標がついに明らかになるというスポットCMが流れ、私たちはテレビ画面に引寄せられました。何と、彼女の目標は、結局、虐げられた人々のために正義を求めることではなく――ひとりの男性、おそらくその後まもなく結婚する男性でした。いやはや意外な結末でした。

これと同じようなメッセージが何度も繰り返されています。愛は大切なもの、どんな犠牲を払ってでも捉まえなくてはいけないという、言い古されたメッセージを男性の同僚が口にするのを聞いて、『L・A・ロー／7人の弁護士』の、別の成功している女性弁護士グレイス・ヴァン・オーウエンは、夫とのヨリを戻すために、弁護士事務所を廃業します。しかし、彼女が流産すると、夫は感情的にも肉体的にも彼女から離れていきます。『たどりつけばアラスカ』に登場する、ほかの点では有能で、満足している女性マギーは、定期的に、交際相手を求めたい一念にとらわれます。最近まで、彼女のセックス相手だった男性はいずれも死んでしまいました――疑いもなく、これは有能な女性に惹かれる男性の運命についての解釈です。

映画では、シングル女性は、「以後幸せに」なるまでの一時的なシングルのヒロインか、ずっとシングルのままでいて、やがて養老施設に入るかどちらかです。シングルの女性を、女性の本来あるべき道から不吉で危険な逸脱をしたものとして捉えるイメージは、映画産業の要です。シングル女性が苦境に追いやられる姿として、おそらく最も頻繁に取り上げられる例は、1987年に大ヒットした映画『危険な情事』のグレン・クローズ演じるアレックス・フォレストでしょう。しかし、ほかにも例がたくさんあります。男性を待つ寂しい女性から、気狂いじみたシングル女性となるまでの短い旅路は、1992年の映画『バットマン・リターンズ』でミシェル・ファイファー演じるセリーナ・カイルによって巧みに描かれています。セリーナは、寂しいシングル女性のステレオタイプを戯画化した人物として登場します。「つまらない」秘書の仕事をしている彼女は、ごく基本的な仕事さえしくじっては、金持ちで権力もあるボスにしじゅう恥をかかされます。動物のぬいぐるみや子どものころの思い出の品々が並べられたみすぼらしい部屋で暮らし、毎夜、家に帰ると、歌でも歌うような声で「あなた！　ただいま！」と言っては……きびしい現実を見せつけられるだけです。「あーら、忘れていた……私は結婚していないのに」。彼女の生活はあまりにも空虚で寂しく、対話があるとしても留守番電話と猫だけが相手です。しかし、映画の結末では、このうらさびしい小さなネズミが危険で復讐に燃える猫女と化して、男世界への激しい復讐に向かうのです。

同じような変身は１９９２年の映画『永遠に美しく』で、ゴルディー・ホーンが演じたヘレン・シャープにも起こります。中年に近づいたシングル女性のヘレンの結婚の夢は、〝最上の友〟である初老の女優に婚約者を奪われて、潰えます。男を失い、結婚の希望も失って、ヘレンは肥満体となり、完全に理性を失います。アパートに閉じこもり、食事は缶詰と冷凍品だけ、猫の群と暮らしています。毎日、彼女は友人の女優が殺される映画ビデオを際限なく見ています。最後に、彼女は強制的に精神病院に送られますが、やがてそこで昔の友人を亡き者にして、自分のものになるはずだった夫を盗み返せることに気づき、すっかり人が変わってしまいます。

１９９１年の大ヒット映画『ゆりかごを揺らす手』も同じテーマを追っています。この映画は、働く母親について批判的なメッセージを送ったというので、各方面から非難されましたが、男性や子どものいない女性を待ち受ける危険を描いています。映画の中で、クレール・バーテルは、産婦人科医から性的ないたずらをされたとして公衆に訴えます。その結果、産婦人科医は自殺し、その妻のモットは悲嘆のあまり、たったひとりの子になるはずだったお腹の子を流産してしまいます。狂気の防波堤になるはずの妻や母親という役回りもなく、いまやシングルとなったモットは、夫を死に追いやりながら、幸せに結婚したバーテルに対する復讐に乗り出します。目標はバーテルを殺して、妻と母親という立場を奪い取ることです。この大切な役割を取り戻すために、モットの復讐は果てしなく続きます。バーテル家の住み込みのベビーシッターとなり、その子どもをバーテルよりも自分になつくように育てます。幼い娘を手なづけ、バーテルの夫を誘惑し、最愛の友を殺して、最後に自殺をはかる、という筋です。

結局のところ、『ゆりかごを揺らす手』も、『危険な情事』と同じような結末になります。良妻賢母はついには邪悪なシングル女性を殺してしまうのです。こうした映画は巧みに、シングル女性について一般に言われていることを忠実に伝え、男や子どものいない女性は恐ろしい、執念深い復讐を果たしかねないというメッセージを伝えています。したがってそれらの映画を見た人に対して、シングル女性を完全に排除することはできないとしても、慎重に、かつ疑いをもって接するべきだという印象を与えます。シングルの女性の観客にとって、そのような映画の代償は高くつき、スーザン・ファルジが言ったように、「最善の独身女性とは死んだ女性である」という、度重なるメッセージでたたかれることになります。

一般的に、離婚によってシングルになった女性は、結婚したことのない女性ほど哀れっぽく描かれることはありません。それどころか、離婚した女性はどんなテーマにしろ、描かれること自体が滅多にありません（不可能なことに遭遇しながら生き残りをかけて苦闘するシングル・マザーの、性を超えたすさまじい存在を描く場合は別として）。１９７０年代、人気のあった多くのテレビ・ショーや映画は、結婚をやめて人生と母親としての独立した生活に立ち向かう女性を描きました。スーザン・ファルジは、その著書

『バックラッシュ』で次のように述べています。

『わが愛は消え去りて』、『こわれゆく女』、『結婚しない女』、『アリスの恋』、『砂の城』（未公開）、『プライベート・ベンジャミン』、『愛と喝采の日々』のような映画では、主婦が家を出て、一時的あるいは永久に、自分の意見を見出そうとします。

しかし、ここ10年ほど、結婚に終止符を打って1人で生きていこうという女性の例は見られなくなりました。1980年代のメッセージは明白でした。「既婚女性」の地位が、聖なるものとして復権した、ということです。

## 家族の尊厳を脅かすものへの罰

シングル女性について楽観的な見方を代表する登場人物もつねに数人いましたが、いずれも独立したことと文化の規範から逸脱したことに高い代償を払ったことが、明らかにされます。アメリカのテレビドラマ『TVキャスター　マーフィー・ブラウン』は、おそらく当面の最もよい例でしょう。多くのシングル女性の例にもれず、彼女はやや欠点のある人物（過度に攻撃的で、つねに批判的、しかもアルコール依存症から立ち直ろうとしている）として描かれていますが、数ある番組のなかでは、満ち足りた好ましいシングルのキャリア・ウーマンとして描かれる数少ない中のひとりです。けれども、マーフィーが子どもを産む道を選んだとき、その決意が革新的で、アメリカの道徳の本質を脅かすと見なされたため、各方面から前例のないほどの批判を受けました。当時の副大統領、ダン・クエールはわざわざ時間を割いて、マーフィーを公に非難することさえしました。クエール副大統領によれば、彼女は家族の尊厳を脅かす、現代の道徳の欠如を示す例であり、アメリカの父親たちを侮辱するもの、というのです。何とも驚くべきことに、フィクションの登場人物が、アメリカの副大統領の注目を惹き、批判を口にさせるほどの影響力があると見なされたわけです。

ここ10年間で最も注目され、議論を呼んだ2人の女性の登場人物、『テルマとルイーズ』は、ひろく承認されてきた女性の役割から逸脱したとして、副大統領の批判の的になるどころか、もっと高い代償を払わされました。女性の観客を喜ばせるために、テルマとルイーズは独立を宣言して、抑圧されていた生活と暴力的な夫を後に残し、復讐と冒険の旅へと進んで乗り出します。しかし、映画の最後で、追い詰められたテルマとルイーズはグランド・キャニオンに直面します。脱出は到底できません。2人は投獄か自殺かどちらかを選ぶしかありませんでした。警告じみたこの話から、伝統的な役割からはみ出した女性は、当人にとっても他人にとっても大きなリスクとなる、怒れる女性だということが、痛いほど明らかになります。女性が独立と自立を求めるとき、その怒りに満ちた意志の行き着く先はトラブル以外の何ものでもありません。魚は泳ぐほうがいい……。

妻としての役割の制約から逃れる女性や幸せなシングル女性を描いたショーや映画の中には、最終的に大勢の観客を動員した『テルマとルイーズ』とは違った反応を得たものもあります。これらのショーや映画は曖昧さという代価を払って、文化の主流に注目されることもなく、映画業界でもあまり報われずに終わりました。自活する4人の女性の生活をシリーズで描いたテレビの『浮気なおしゃれミディ』の場合、スターのひとりが悟ったことは、自分たちのショーが長年高視聴率を維持して、不平等からセクシャル・ハラスメントに至る女性のさまざまな問題を取り扱ってきたにもかかわらず、エミー賞を獲ったのは、キャストのヘアドレッサーだということでした。映画『旅する女/シャーリー・バレンタイン』は、独立して活動を始める中年の女性を描くアップビートの愉快な話ですが、『危険な情事』や『ゆりかごを揺らす手』のような映画と比べて、宣伝もあまりされず、それほど人々に知られることもなかったようです。『フォーエバー・ロード』という味わい深い映画も、2人の女性が冷淡で暴力的な男たちとの関係を清算して共同生活への道を選び、2人の少年を養子縁組のような形で育てるというどこか奇妙な、しかし、人の成長を助ける家族をつくる話ですが、これも注意をひきませんでした。

## シングルで、中年——二重の重荷

40歳を過ぎたシングル女性は社会にとってそれほど脅威と見なされないとしても、年齢を重ねるにつれて、否定的な偏見は強まります。30歳を越えたシングル女性は、「結婚してないって?」という質問をしばしば受けます。この質問は裏を返せば「あなたのように素敵な女性がこんなところで何しているの?」ということをぼかして尋ねているのです。中年が近づくにつれて、この質問は少しずつ、しかし重い意味を帯びて変わっていきます。「なぜ結婚しなかったの（あるいは再婚しなかったの）？」となり、その女性がもはや「年を取りすぎて」婚期を逸したという意味になります。そのような質問をされた不幸な女性は質問者の目をじっと見つめて、次々に理論が飛躍していくのを眺めていることになります。どんな欠点があって、可愛想に彼女は「選ばれ」なかったのかしら？　それほど不器量でもなく、太りすぎているわけでもなく、威張りすぎるわけでもなく、声高にしゃべりすぎるわけでもなければ、何か不幸な性格が裏に隠されているにちがいない――おそらく、要求が強すぎるか、わがまますぎるか、性的に鈍すぎるか、性的に移り気にすぎるか、えり好みをしすぎるにちがいない。結婚したことがあるとすれば、パートナーとして失格か、失望させるかして、男を惹きつけておけないにちがいない、と見なされます。

なかにはさらに根掘り葉掘り尋ねて、理由を見つけ出そうとする人もいます。たいていは女性が結婚できないか、結婚にふみとどまっていられないことを説明する流行《はやり》の心理学説を根拠にします。両親が不幸な結婚をしたために、自分も幸せな結婚生活を築くことができないにちがいない。子どものころのトラウマか喪失体験に傷ついて、男性と親密な関係を持続できないにちがいない。適齢期に女性にふさわしくない仕事を追い求めて、婚期を逸したにちがいない。そうだとすれば、彼女はひとりでベッドメイキングをして、静かにいま横たわっているにちがいない、といった具合です。どんな説明であれ、質問者が伝えようとしていることは、相手が中年を迎え、自分の衰えた肉体、望まれない容姿、「機能不全を招いた」幼児体験、あるいは疑わしい優先順位の犠牲者であって、そのために半端で希望のない状態にあるということです。

女性が若くて、配偶者をせわしなく求めていると思われれば（そして、もちろん、相手を見つけられる希望があると見なされれば）、友人や知人が「手助け」して、候補者を次々に紹介してくれます。30歳を過ぎると、シングルでいることが危ぶまれるようになり、35歳を過ぎると、慢性的な、憂鬱な問題となります。40歳となれば、友人たちは相手探しの手伝いをやめ、家族はデート相手のことを質問しなくなり、職場の雇い主はせっせと遅くまで仕事を頼むようになります。彼女には付き合いの場もなく、居てほしいと要求する家族もないことがわかっているからです。

中年のシングル女性には結婚や再婚のチャンスも少なく、したがって、本当の幸福になれる見込みも少ないという、このメッセージは、80年代に、いまや悪名高いハーバード大とイエール大との結婚研究によって強く支持されました。その後の事実検証によって、この調査に重大な欠陥があることや結論が誇張されすぎていることが明らかになったものの、いわゆる「調査結果」なるものが引き合いに出され、センセーショナルに扱われました。雑誌『ニューズウイーク』は、中年のシングル女性には相手を見つけるよりも、テロリストの攻撃を受けるチャンスのほうが多いとまで指摘しました。ほかのメディアも、「年のいった」シングル女性が少ないながらも結婚のチャンスを最大限に広げられる都市を推薦するレポートを公表するありさまでした。

## テレビや映画が描く女性の老い

テレビや映画で老いていく女性を描く際の見方はいずれも大同小異の暗いものです。たとえば、『たどりつけばアラスカ』のシェリーは、多くの人の見方を代弁して、マギーに30歳に近づいていることを警告します。シェリーは、21歳になることさえ恐れているので、マギーが「30の大台」になるという危機に、落ち込むことなく意気阻喪する様子もないことが信じられません。マギーが30代、40代になるのを楽しみにしていることを本気で主張すると、シェリーは肉体的な衰えについてこと細かく説明します。

ええ！　だって30歳よ！　足はカラスのようにしなびて、頬はたるみ、乳首は垂れ、お尻はぶよぶよするわ。それにライバルが次々に出てきて、すぐに負けてしまうのよ。ティーンエイジャーがたむろして、プレゼントをみせびらかし、楽しいおしゃべりをしているとき、24歳のガールフレンドに誰が振り向いてくれるというの？　ビキニはそういう連中がつくったのだと思いたくなるわよ。

このショーに登場する中年の男性が、30歳は「まだおいしい」ことを安心させようとすると、シェリーはすかさずこう言います。「でも、40まであと10年しかないのよ！　そうなったら、彼女どうするの？」『永遠に美しく』は、女性と老いについてもう1つの見方を示します。オープニングの場面で、美しいメリル・ストリープは、鏡に映った顔をじっと見つめながら、「しわしわのオールド・スターさん」と嘆息します。やがて、彼女とゴルディー・ホーンは魂、アメリカ社会では巨額の小切手で象徴される魂と引き換えに、青春の泉の水を手にします。この魔法の水は肉体美と永遠の命を与えるものですが、この一対には大した効果がなく、両者は激しい口論を繰り返しては、傷つけ合います。両者は永遠の命を得たかもしれませんが、たたかれ、ばらばらになった肉体の内部で争い合う罠にはまってしまいます。この不条理な道化芝居を通じて、映画は女性が肉体の容姿に捉われ、老いの進行を否定しようとするさまを揶揄しています。中年を優雅に乗り越えていく唯一の登場人物は、2人の争いの的になる男性です。ブルース・ウイリス演じるこの男性は、人工的な青春の水を飲むことを拒んで別のものに「真の」不滅性を見出します――すなわち、もっと若い女性と結婚し、その女性は6人の愛らしい子どもを産むのです。これは女性の聴衆の誰もが気づくように、2人には望めない選択肢です。この映画は、女性が中年になったとき、その人格はさておき、身体を傷つけずに幸せになれるという一筋の希望さえもけっして示してくれません。

『永遠に美しく』のような映画に描かれる老いについての文化の二重標準《ダブル・スタンダード》は、おなじみの言葉「男性の年は気分しだい、女性の年は容姿しだい」に、巧みにまとめられています。中年に近づいた多くの女性がある程度の恐れを抱くのも、当然かもしれません。何がくるか予想がつくからです。彼女たちは広告のイメージを見て、しわが、男性の場合は人柄をしのばせるのに、女性には専用のクリーム（あるいはプラスチック成形美容さえ）が必要だという信号になると知るのです。ミシェル・ファイファーがバーバラ・ウォルターズとのインタヴューで指摘したように、ショーン・コネリーは60歳でアメリカ一のセクシー男と折り紙をつけられても、ミシェルが60歳でそのような敬称に与れる可能性はおよそないでしょう。女性が年齢を重ねることは、メディアから深刻な負のしるし、女性がひた隠しにすべき恥であると扱われます。女性が主に妻や母、あるいはお飾り、誰かの所有物としての役割で評価される文化の中では、50歳をすぎた女性が年齢の問題を至極気楽に扱う方法を見つけることは滅多にできません。ジャネット・ハリスもこう言っています。「若さと美貌が売り物になる社会に育ったので、私たちは飾りものとしての価値でわが身を評価してしまいます」。男性が相手を選ぶとき、若さと肉体的な魅力に価値を置くことは、女性にとっては秘密でも何でもありません。女性の容姿はその運命に大きなインパクトをもつと、彼女たちは繰り返し聞かされてきたのです。若くて美しければ、世界は自分のものです。そうでなければ、お気の毒さま。ウォレン・ビーティがかつて言ったように、「40歳の妻について私が考えるに、男は彼女を銀行券のように20代2人に変えられたら」ということなのです。

シングル女性を排除するアメリカ社会は、その女性が中年になると最も厳しくなります。中年のシングル女性に対するメッセージによれば、彼女たちの萎えいく願望が達成への2つのルートの1つを閉ざし、彼女が子どもをもった経験がなければ、その生物学的な時計が残りの1つを閉ざしてしまう、というのです。若いころ子どもをもったとしても、その巣が空であることにまさに気づく段階にいます。彼女たちが相手を見つけるチャンスを失ったか、無駄にしたか、あるいは子どもを産み育てられなかったか、この生涯の任務を終えてしまったか、いずれかのために、残された唯一可能な楽しみは、孫を甘やかすことでしょう。ただし、幸いにも彼女たちが子どもをもっていればの話です。中年のシングル女性が、社会の鏡に映し出されるのは、二重の重荷を背負って苦労している姿です。彼女たちは欠陥があり、陰気で、絶望的だという否定的なステレオタイプに打ち勝たなければならないだけでなく、好かれず、役立たずというステレオタイプとも闘わなければなりません。要するに、アメリカ社会で中年のシングルであることは、退行性の病にかかっているようなもの、病人程度の望ましさと見られてきたのです。

## 自己実現の予言に対峙する

結婚して母となれという至上命令は、それが生み出した神話を通して、女性、とりわけ中年の女性に長い影を投げかけ、自ら設計した納得のゆく人生を築きあげようとする努力を邪魔します。どんなに強い女性であっても、この至上命令の枠から脱け出る難しさを経験します。詩人で著作家、フェミニストでもあるティリー・オルセンは、長年、専業主婦として過ごしてから作家を目指すまでの苦闘を次のように論じています。

ものを書くことより、ほかのあらゆることを優先させなければならないときの生活習慣を簡単に破ることはできません。現在のように書くことを第一にできる状況になってもなお、その習慣を破れません。長年の習慣、他者への対応、日常のさまざまな責務、夫の相手をする、相手の気遣いをする、相手に合わせることなど、いろいろあるからです。

かつては女性たちが結婚したいと望んだ男性——成功し、経済的に安定し、社会性に富んだ——に匹敵すると、グローリア・スタイナムが表現した女性たちさえ、こうしたひそかにはびこる神話の威力と苦闘しています。そうした神話をたっぷりと聞かされ、目にすれば、否応なしにおきての役目をして、満足感を抱いているシングル女性に自分の経験を疑わせることになります。社会の鏡に映してみるならば、自身の幸せが歪んでいると感じ、幸せとは思えなくなります。未婚で43歳のケリーはこうした自己実現的な予言を言い現わそうと苦心しています。

私のような状況にある女性を不幸で、足取り重い人生を送っていると考える人が多いのです。おそらく社会がそのように教えているのでしょう。しかし、もしも社会がそのような女性が苦労していると確信させようとしなくなるなら、人々の感じ方も変わるでしょう。

シングル女性が自分はまちがいなく幸せだという確信をもてたとしても、メディアはそのような幸せがはかなく、一時的なものにすぎず、年が経てばたちまち消えてしまうと喧伝します。自分の人生の幸せが現実であり、永続的だと主張すれば、その女性は無視され、変わりもので、「本当の」女性ではないとレッテルを貼られます。心理学者のロザリンド・バーネットは、グレイス・バールックとケアリル・リヴァーズとの共著『ライフプリント』で、臨床経験を通して観察したことを次のように説明しています。

多くのシングル女性が心の平安を乱されるのは、男がいない身を惨めと感じるからではなく、惨めと感じないからなのです。親密な男性との関係がなくても人生が楽しいとすれば、彼女たちは女性ではないのではないかと疑いの目で見られます。何か欠陥があるのではないか、完全な女性ではないのではないか、と思われてしまうのです。

さらに、シングル女性が自分の生活に何らかの不満や不幸を味わうならば、結婚していないからだと思わせられるのです。もちろん、結婚していないから幸せでない場合もあるかもしれません。しかし、ときに不幸せだと感じるのはどんな人生にもありがちなこと、既婚女性でさえ時々そのようなときがある、と慰めてもらえることは滅多にありません。シングル女性の不幸せが、もっぱら夫婦という身分に基礎をおくアメリカ文化の風土のせいだと言われることも、もちろん、けっしてありません。それどころか、シングル女性が不幸だとすれば、それを癒す方法はただ1つ、結婚することだと言われるのがオチです。

結婚して母親になれという至上命令が引き起こす否定的な文化イメージは、女性の自己認識に影響を与えるだけでなく、男性との関係についての考え方にも影響を及ぼします。ますます減る一方の独身男性のなかから相手を捉まえるチャンスを増やすために、女性は、従順で、相手に合わせなければならないと思うかも知れません。そのような教訓を説く書物や記事には事欠きません。『ハーパース・バザール』のインタヴュー記事で、ヘレン・ガーリー・ブラウンは、シングル女性の心得を書いています。「生きた人形にならなければなりません。男性の心を惹きつけて、結婚しようと思うなら、やさしく、従順で、愛される女性になることです。気難しく、神経質な女性は男性の相手にされません。セックスの相手にはなってもらえても、結婚はしてくれません」。インタヴュー記事はさらに続きます。

［男性が］結婚したいと思う女性は、男性の生活面に工夫を凝らし、その成功と繁栄を願い、その答えに「全神経を集中して」耳を傾ける女性です……しかし、いつも押し付けがましく、泣き言を言い、ぶつぶつ

文句を言っては、夫婦関係のことを真っ先に話題にする女性とは結婚しません。

雑誌『エボニー』も、「よい男性を見つけるための25か条」と題する記事で、女性が男を〝捕まえる〟チャンスを増やすための心得として、スカートをはくこと、家をいつもきれいにしておくこと、料理を習うことを勧めています。

［男性は］脚と肉体と髪を見たいのです。そういう部分を隠してはいけません……妻として迎える女性を探している男性は、家の整理整頓が自分よりも下手な女性など求めません……電子レンジで調理ができ、おいしい冷凍食品や便利な食べ物が手に入るいま、おいしい料理をつくれない女性を求める理由はない、と思っている男性が多いのです。

しかし、何よりも重要なことは、この記事が女性へのアドバイスとして、男性との関係では多くを「要求しない」ようにと述べていることです。「あなた自身、『完全な女性』ではないのですから、欠点のない男性を見つけようというのは無理な話です」と筆者は諭しています。このようなタイプの記事やテレビ、映画、宣伝広告から、女性は男性に高望みをしてはいけないと悟ります。高望みをするのは賢明でないばかりか、不遜だというのです。女性のなすべきことは、男性を喜ばせ、男性に順応すること、男性のなすべきことはただご褒美になること、だと。自分たちの要求を満たし、男性との関係で自己の本性を失わず、尊重する方法について、教えてくれる記事はほとんどありません。アメリカの大衆文化が、１９２９年にヴァージニア・ウルフが『自分だけの部屋』で、「女性は何世紀にもわたって、男性を実物の2倍に見せる魔法の、甘美な力をもつ鏡の役割をしてきた」と書いているのと同じ役割を女性に促しているのは信じがたいことです。『ジェントルマンズ・クォータリー』や『プレイボーイ』に、よい女性を見つける25か条についての記事を出そうという人などいないでしょう。

こうした神話の圧力を受けながら生きていくうちに、シングル女性は、結婚していないがために自分の生き方が欠陥のある、不完全なものではないかと不安になります。自分たちの至らなさを述べ立てる大量のメッセージを心に留めるうちに、やがては自分の「異常な状態」について罪悪感を覚え、恥じるようになります。未婚の女性はなぜ「本当の」関係に打ち込めないのか、その理由を求めて、自身の生い立ちや心理を探ろうとする女性もいます。また、離婚した女性は自分の欠点だけが結婚を解消された理由だったと思い込みます。サンディもこう言っています。「離婚した当座は、恥ずかしい思いをしました。まるで敗残者の看板を背負っているように感じました」。こうしたサンディの思いはルースの言葉にも表れています。ルースは、アルコール中毒の夫が若い女性の許へ走ってしまったとき経験した恥ずかしさを、こう語っています。「まるで敗残者のように感じました。うまくやりさえすればよかったのに、と。自分はまともな人間でないと思いました」。離婚した女性も、未婚の女性も、自分の生き方の満足な面――仕事や友人や個人的な興味のこと――さえも、結婚していないという理由だけで、無意味なことのように思ってしまう場合もあります。こうした女性は自分の期待を少しずつ標準的なものへと妥協させていき、魅力も感じず、興味もわかない男性との結婚を考え始めさえします――それこそ本当に災難への処方箋です。

独身女性向けの不吉なメッセージは、既婚の姉妹にまで影響を及ぼします。独身女性は結婚するためには何によらず必要な順応をすべきだと勧められる一方、既婚女性は人に羨ましがられる地位を守るためにも順応しなければ、という思いにかられます。自分たちが享受する恵みを数え、期待のレベルを下げ、悩み多い結婚を維持する方法を見出すように駈り立てられます。既婚女性は、自分たちの支えになるメッセージやモデルがないので、夫との関係に変化をもたらすことも、希望のない状態を解消することもできません。女性と鬱に関する刺激的な書物のなかで、ダナ・クロウリー・ジャックは、女性に仕掛けられる茨の罠についてこう述べています。

自活は不可能だと思う女性は、不満足な関係の現状を打破することができません。そういう女性は、「私はこう感じているし、物事を変えなければならない。さもなければ、自分は出ていこう」とは言いません。パートナーの男性が変える意思があるかどうか、試すことさえしません。そうしないで、彼女は従順なふりをして、自分の感情を隠しています。

シングル女性は憂鬱で暗い日々を送っているというイメージが、既婚女性のあいだで浸透しているので、どんな事態でも一人暮らしよりましかもしれないと思わせてしまいます。その結果、既婚女性は、報われることなく、虐待され、生きている証さえ見出せないような結婚生活でも留まっています。夫との関係にバランスをもたらす話し合いさえできないような気がします。あるいは引き退がって、自身の尊厳を犠牲にしてでも結婚を守ろうとします――ただ単に、**シングルになること**を恐れるがためです。悲しいことに、そうすることによって、女性は自らを欺き、パートナーをも欺いて、本当の自分以下の人間になりさがり、自身の潜在能力に気づかないのです。

結婚して母親になれという至上命令と、それに伴う神話の威力を考えると、シングル女性が大地を飛び立つ人生を送ることはおろか、単独で飛行することは不可能なのではないかと思えます。しかし、多くのシングル女性が、思いがけず発見した機会を頼りに、自分の人生を自分で組み立て、自分にとって何が重要であるかを見極め直して幸福になったことに自ら驚いています。より満足のゆく人生へと向かう旅は、自分自身と自分の生き方についての態度を大きく変えることから始まったのです。いわゆる「夢をあきらめる」というプロセスです。

# 第2部

## 地図のない旅

# 第5章　夢をあきらめる

変化が必要になって、私はいままでの考え方を変える新しい道を切り開きました。
——マヤ・アンゲルウ

『シンデレラ』のラストシーンを見ながら、妹も私も涙が頬を伝わっていました。この物語が私たちの生活の一部だと思ったからですが、真実は何とむごいのでしょう。
——ミリアム

52歳のローラは、良妻賢母になるべきだという至上命令に「従った」にもかかわらず、うまくいかなかった女性たちがどんなに裏切られ、苦い経験をしたか、悲しそうに話しました。

結婚は何と**辛いことだったか！**　私はそのために一所懸命努力したのに。みんなが約束してくれたように、以後**幸せ**に暮らすことはできなかったので、怒っています。**みんな**から**私がやるべきだ**と言われたことは**全部**やりました……本当に一所懸命やったのに！

ローラは結婚がうまくいくように本当に努力しました。夫と3人の子どもの世話をし、結婚生活をうまく続けていく2つの「基本原則」とされたものをきちんと守りました。「夫が勤めから帰ってきたとき、いつもきれいに見えるように」そして「可愛いと思われるように」していました。このように書いてみると、いかにもばかげて浅薄な原則と思えるかもしれませんが、何世代にもわたって女性たちに、人生の意味と安定と方向と予想可能性を与えてきました。ローラは、ほかの多くの女性と同じように、結婚が破れて人生計画の化けの皮がはがれたとき、動転し、失望し、わけがわからなくなりました。しかし、彼女は新たな夢を見つけようと、果敢に前を向いて進みました。男性との真剣な関係を幾度か経験しました――それは、どんなに彼女が取引の目的にしがみついてみても、結婚の約束はされても決して守られない関係ばかりでした。ローラは、最近もまた、再婚しようと思っていた男性がとつぜん関係を断って、若い女性の許に走ったとき、胸もはりさけそうな絶望感を味わいました。ひどく落ち込みましたが、別の人生を歩む決意をしました。ローラはあの夢をあきらめるための道をいま歩み始めたところです。

成人してからかなりのあいだ独身を通してきた女性は、ローラが「夢」と呼んでいるもの――多くの少女たちの大好きなお伽話が約束する、以後幸せな暮らし――と対決しなければなりません。もちろん、この「夢」は、結婚して母親となれという至上命令がロマンスを装って飾り立てられているものです。幸せになるためのこの青写真の細部は世代ごとに変わってきましたが、「夢」そのものが女性にとって中心的なものであることに変わりはありません――しかもきちんとした理由があります。生きていくために、希望は食物や水と同じように重要な要素であり、私たちは、成功したお伽話や夢物語に希望の材料を求めます。

若い女性が「夢」を描くとき、シングルの身に特有の利点や可能性に焦点を向けて考えることはほとんどありません。シングルで女性であることが、「夢」やお伽話の材料になったことなど滅多にないからです。若い女性が「夢」を抱くのは、それがロマンティックでわくわくさせるからであり、ロマンスが幸せな人生に欠かせない要素だと信じるように条件づけられてきたからです。また、その「夢」に向かう道を歩むように親から仕向けられてきたからでもあります。多くの親は娘たちにいろいろな夢を抱き、そうした夢は始まれば、「以後幸せに」なって終わるのがつねなのです。女性が「夢」の一部を断念する道を選ぶなら――もしも彼女が「以後幸せに」なることから男を除くことを望むなら――あるいは離婚し、未亡人となったために夢をあきらめざるをえない場合でも、家族を失望させたことに罪の意識を感じ、失敗の屈辱にさいなまれます。たとえば、レスリーは、幼い息子とともに夫に捨てられ、家族から敗北者と見なされました。「母の話では、うちの家系に離婚した人はいないというのです。彼が私たちを置き去りにしたのに、そのことは問題にされませんでした。家族は私が離婚したことをとても悪いことだと思いました」。モーガンは、夫の許を出て、再婚はしていませんが、母親が亡くなる前に口にしたことを報告しました。「おまえの世話をしてくれる人が誰だかわかるまで、死にたくない。もう一度やり直しができるなら、おまえをもっとおとなしい子に育てるのに」

「夢」の魅力は、ロマンスの約束や社会的な非難からの庇護という約束のみならず、多少ともリアルで永続的な利益の「保証」にもあります。「夢」の中心となるのは、「恋に落ちる」という陶酔の魅力です――それは女性なら誰でも味わう、この上なく興奮を誘う、うきうきするような飛行です。もちろん、恋愛関係は男女を問わず、誰にとっても極めて望ましい状態です。おまけに、「夢」は男女が結婚し、親となるための（最近までは結婚した人たちのためにとっておかれた）最高の生物学的、心理学的な動因に根ざしています。十分な経済的、社会的支援があれば、「夢」はそれが約束するものの大半を与えてくれます。満たされた結婚生活を築き上げ、持続できる人は、概して幸せで、満足しています。けれども、ここで「しかし」と強調したいことは、長いあいだ「夢」を生き続けていくことのできる男女の数が、一般に考えられてきたよりはるかに少ないことです。だからこそ、独身を通したいという女性は少ないにもかかわらず、中年になって自活している女性や——そのための術を身につけようという女性——が増えているのです。

女性が独身で中年にいたる道はいろいろあります。けれども、その道がどんなものであれ、どの女性も最終的に、子どものときに尊重することを教えられた願望を捨てるか、夢を抱き続けて叶わずに落ち込むか、どちらかです。「夢」をあきらめるとは、女性が「以後幸せになる」というお伽話の約束をあきらめる、辛く厳しい通過儀礼です。「夢」は、結局のところ、現実よりもあきらめるのが難しいのがつねであり、たとえ物語のヒロインであっても、そこには茨もあり、刺もあります。したがって、女性はせいぜいできるだけ自分の置かれた現実に適応するしかないのですが、「夢」をまったく置き去りにすることは、たとえ一時的ではあっても、まったく別の大変なことなのです。女性にとってそれまで受け入れられる別の道はなかったので、「夢」をあきらめるとなれば、深い淵に飛び込むような思いがすることもあるのです。

## 飛び立つ術を身につけること——自己の肯定

70歳のリラは、なぜ「夢」をあきらめることが独身女性にとってそれほど重要な発達課題であるかを鮮やかに示しています。彼女は、2度目の夫が去ったあと、「以後幸せになる」ことを断念したといいます。それは結婚の望みはないものと思ったからではなく、自分の人生を楽しむことに専念したいと思ったからでした。離婚後、リラは彼女に興味を抱き、しかも彼女が興味をもてるであろう男性を詳しく観察してみました。その結果、そういう男性たちは、病気になり介護を必要とするリスクの大きい年齢であることに気づいて驚きました。心臓発作や癌に悩まされたにもかかわらず、矍鑠としてエネルギッシュなリラは、病身の夫の世話をするために自分の夢を脇に置くリスクを冒すよりはと、誰かと一緒に老いるという考えを捨てたのでした。いま彼女はいつも行ってみたいと夢見ながら、子育てや家事に追われて行けなかったさまざまな所へ旅行しています。「夢」をあきらめることは、自己が剥奪されたことを認めることではなく、自己を肯定することだと、彼女は知りました。人生にはさまざまな選択肢があり、二者択一の迷いもあること、そしてもう一つの夢を求めるためには誰かとともに老いるという考えを捨てなければならないことを悟りました。そうした結果は、彼女を覚醒させるものでした。現在、自分の人生にとても満足していて「なぜもっと早くそのことを考えなかったのか」と思っています。しかし、いまでも、リラは結婚を可能性から除外してはいません。旅行中に、自分と同じようにエネルギッシュで活気に満ちた人生を送っている男性と出会うことができました。リラが捨て去ったのは、結婚することだけが幸福になれる道であり、生きていくための最善の道でさえあるという考え方だと、語っています。

リラのことを考えるにつけ、インタヴューに応じてくれて、単独で飛行する術を身につけた女性たちは、幸せになるのに何が必要なのかを見直すという、似たようなプロセスを経たことがますます明らかになりました。こうした見直しのプロセスに気づいていない人が多く、そうした言葉で語った人は少ないのですが、その多くがある時点で王子さまの出現を待つことをやめ、自分の生き方に自分で責任をもつ決意をしたことは明らかです。彼女たちの話から明らかなのは、胸に抱いてきたどんな夢もあきらめるのは悲しいことだが、そこには特別の喜び、すなわち、自己の可能性の扉を開くという喜びもある、ということです。飛躍を遂げ、あるいは深淵に突き落とされたあと、この女性たちは自分も飛べることを発見したのです。

## 王子さまは誰？　いろいろな選択肢がある

「夢」をうまくあきらめたシングル女性たちの報告によると、決定的な第一歩は、それまでの自分の選択がいずれもシングルの身を通すのに役立ってきたと、認識することだったといいます。それが何らかの問題をもつ男性とは結婚しないという選択だけだったとしても、そのような決断は、どんな条件でも結婚を受け入れる意志がないことを自分に宣言するのに役立ったことを認めたのです。多くの女性は、最初は自身が決めた選択の重要性をなかなか認められなかったようです。「夢」を追うことにどっちつかずの気持ちをもつ自分は、どこか間違っているのではないか、それは恥ずかしいほど不自然なことではないかと、ひそかに恐れた人もいます。シングルでいることへの満足感を隠すために、「いい男はみんなゲイか既婚者だ」と、いい古されたぼやきを口にします。伝統的な婚姻契約を超えて心理的、経済的に自立する方向に進むステップをとりながらも、意識して「夢」に執着しているのです。

シングルの女性にとって、シングルでいることを肯定的に認めて、それを楽しもうという決断は、相当に思い切ったものなので、そのような決断をしたことを公に認めることは、リラのように70歳を過ぎた女性にしかできない場合が多いのです。しかし、王子さまが現れるまで漫然と時間を過ごしてきたとどれだけ思ったとしても、遅かれ早かれ、つねに自分の意志で選択をしてきたことを認めるようになります。自分の意に反した道を歩んできたのではなく、自分に適した道を選んできたと思えれば、人生にプラス志向で向き合えると悟ります。共著者のキャロルは、38歳のとき、次のような経験をしました。

イタリアの南、アマルフィの海岸沿いにある小さな町の側道のカフェに、友人といました。私はもう「いい男」がいないと嘆いていました。いい男はもう結婚しているか、それともゲイか、おとなしすぎるか、高圧的か、どちらかだと。すると友人が質問してきました。「結婚するためなら、どういうことならあきらめられる？ いつでも、いつまでも男との関係にのめりこむために、どういうことならあきらめられる？」私はその質問にびっくりして、彼の顔を見つめていました。あきらめる？ 何かをあきらめることなど、まったく思ってもみませんでした。ふいに、まるで万華鏡がまわったみたいに、あらゆる断片がまったく新しい、まとまりのある絵になったのです。もちろん、何かをあきらめなければならないでしょう――しかし、それを承認したことはありませんでした。そのような啓示があってから、私は、悪運や不幸の犠牲者ではないのだと思えるようになりました。私は自分の道を選択してきたのであり、いまも選択をしているのです。

振り返って、自分はなぜ結婚しない道を選んだのか、すっかりわかっているわけではありません――確かにチャンスもありました。私は結婚が自分にはうまくいかないのではないか、と本能的にわかっていたように思います。結婚すれば自分を失ってしまうのではないかと悟っていたのです。それは一面では、当時、相手を喜ばせたいという願望が強く、相手に合わせる傾向が強すぎるうえに、対立を処理して、それでも仲よくしていく能力がなさすぎたのです。男が何を望んでいるかを察知して、それを与えるのは簡単だと気づきましたから、私たちは結局、2人とも男ということになるでしょう。「よいパートナー」の役割と思っていることを果たし、しかも自分を失わないことは、難しいといつも思っていました。

キャロルは、自分がどんな目標を目指し、何を避けているのか、にわかに意識するようになりました。それまでずっと自分で選択をしてきたことを悟ったのです。相手に合わせすぎて自分を失う恐れから、結婚を避けてきただけではありません。結婚につながる関係を開拓することよりも、専門職としてのキャリアを開発することに、はるかに多くの時間とエネルギーを費やしてきたのです。遊べば遊べたはずの時間にも、一所懸命に働く道を選んできました。面倒な関係はあきらめても、面倒な仕事をあきらめたことはありません。自分が受け入れる意志のある課題を選択してきたのでした。

選択の問題は複雑で、哲学者たちが何世紀も前から熟考してきました。人は人生で現実にどの程度自由な選択ができるのでしょうか？　実際的な見方からすると、自分の一生のある面についてしか裁量できないように思えます。残りの部分は自分を超える大きな力、ふつうには幸運とか宿命とか、あるいは神様が決めると考えられる力に支配されています。女性がロマンティックな関係を求めても、その要求に叶った男性と出会えるかどうかは意のままにはできません。自分にとって性的に魅力があり、価値観や興味、学歴の点で合致して、自律と自由を認めながら、安全で安定し、愛に満ちた関係をもたらしてくれる男性と会えるかどうか、自分の裁量のままに統制できるわけではありません。女性が名声や幸運を求めていると き、まさに自分が必要とするとおりの仕事のチャンスが開けるか、あるいは学歴上の夢を追うのに必要な奨学生に選ばれるかどうか、自分で意のままに左右できるわけではありません。それでも、女性が自分の行動を形づくる目標や態度は自分の意志で決めることはできます。どこに時間とエネルギーを集中し、チャンスに備えてどんな準備をするかということは、自分の裁量で決められるのです。気にいる男性と出会うために自分の道をはずれてもよいほど強く結婚を望むのかどうかを決めることはできます。運命を一押しするのに必要なこと、たとえばひとりでパーティへ行くとか、個人情報欄に広告を出すとかをする意志があるかどうかは自分の決断しだいです。結婚することは、必要ならどんな妥協もするほど重要なものかどうか、決めることができます。あるいはまた、成功が、それに伴う時間とエネルギーを費やす価値があるのかどうか、子どもを育て、ガーデニングや旅行をし、人の手助けをすることに自分の時間を費やすかどうか、自分で決めることができるのです。友人のひとりがいつも言うのは、「悲しみの鳥が頭上を飛び回るのを防ぐことはできないが、自分の頭に巣をつくるのを防ぐことはできる」ということです。言いかえれば、女性にも自分で決められることがある、ということです。女性にも、チャンスに行動し、選択をする自由が、間違いなくあるのです。

## 小さなステップを振り返る

女性がいつでも自分の責任で選択しているのだとひとたび悟るなら、「夢」を断つプロセスに入る態勢ができます。このプロセスにどのようなステップがあるかは、人によって異なります。あらかじめ定められた原則はなく、幸せなシングルとなるための「7つのステップ」などというものはありません。女性の経験は、それまでずっとシングルでいたか、もしも結婚していれば、その結婚生活をやめる選択をするのか、自分の意志に反して離婚させられたのか、によって異なります。未婚の女性にとって、結婚のチャンスが1度もなかったという例は滅多にありません。むしろ、キャロルが述べたように、それは至上命令からはずれるステップと同じく、見えない動きとして始まるプロセスで、気づかれない動機によって活動することです。自分の意志に反して離婚させられ、あるいは暴力を振るう夫には耐え切れず去るしかないと思った女性の場合はまずトラウマから回復することです。それからでなければ、人生の方向について真の選択はできません。結婚を解消する道を選んだ女性の場合、まだ婚姻関係にあるうちに、何らかの変化が起こるのがふつうです――それはときには無意識のうちに起こるので、離婚が成立したとき、自分でも驚くほどの解放感を味わい、再婚にほとんど関心をもたないのが通例です。

私たちがインタヴューした女性たちは、この重要な発展のステップで、それぞれが非常に異なる経験をしています。大した努力をせずに「以後幸せに」という幼い頃からの夢想を消し去った女性も少しはいますが、夢よ再びと何度も努力した人もいます。大半の女性にとって、ある心の状態から別の状態へと向かう道はスムーズにはいきません。アドリエンヌ・リッチが述べているように、「意識の目覚めは、国境を越えれば別の国というようなわけにはいかない」のです。「夢」をあきらめることは、キャロルが述べたように、何か啓示を求めて太陽が輝く午後にするようなことではありません。事実、キャロルの啓示とは、すでにいくつものステップを踏んでいくなかで、さらにもう一歩進んだことであり、人生の転換点というよりは、しばらく歩んできた道に初めて気づいたようなものです。38歳の離婚した女性リディアは、「夢」をあきらめることが彼女の場合も段階的なプロセスだったと述べています。

これははっきりと記憶に残っています。結婚記念日の1月31日が近づいたとき、私は家にいてつくづく考えていました。「さあ元気を出して、結婚記念日はもう今週よ」。そしてその日が来ました。どうにもならない辛い状態に追い込まれて、めそめそ泣いていたのを覚えています。そのすすり泣きには、私の怒りのすべてと恐怖のすべてがこめられていました。本当に自分が可哀想になりました。「この男が私にしたことを見てごらん、世界が私にしたことを見てごらん。私の人生はどこにもない。もう30になるのに、私は自分が誰なのかわからない」といった感じでした。
その翌年のことです。私はもう隅っこに座ってはいませんでした。そのまた翌年、結婚記念日が来ても、気にとめませんでした！　気づきさえしませんでした！　私は独り言を言いました。「わあ！　元気になったじゃないの！」明るい光が射したとか、特別なことではありませんでした。自分が成長したと、ただ静かに悟っただけです。

インタヴューに応じた女性のなかで、ある朝目が覚めるや「とうとう自由になった」と自分に宣言したという人はいませんでした（もっとも、シングルであることを認めることは革新的なことで、女性の市民権に突破口を開けたようなものです）。不幸な結婚をしていた女性でさえ、大いに心の揺れを経験し、非現実的ではあっても、甘美で、将来有望な「夢」をあきらめる気にはなかなかなれなかったのです。また、「夢」をあきらめることが2度と結婚しないとか、再婚しないと誓うことと同じだったという女性もいません。「夢」が潰えた瞬間がいつだったかではなく、いかに思いがけなく満足感を味わい始めたかという話をする女性が多かったようです。ルイーズもそのひとりです。

いまの私は、これまでの人生で感じたことがないほど幸せです。夫や息子たちと一緒にいたとき、とても幸せだと思っていましたし、すべてがうまくいっていました。しかし、あれから私は成熟した大人になれました。

ルイーズが語る成熟とは、男性を拒否することではなく、むしろ人生で満足感を得るのに必要なことを自分で生み出す能力があると悟ることです。それはリラが話した満足感であり、他者から離れることなく、内なる自分に向けて前進する喜びです。それはまた、ものごとは変わり得るという認識を包んだ柔軟な姿勢でもあります。「夢」はもっと現実的な形で再び現れ、彼女たちの生活の一部になりうるでしょう。しかし、彼女たちの幸せがその夢に左右されることはありません。

# 第6章 もう王子さまを待たない——結婚しない女性たちの話

私たちが百年ものあいだどうやって暮らしてきたのかと尋ねられると、私はこう答えます。「私たち結婚していないから。私を死ぬほど心配させる夫をもったことがないのです」

——ベッシー・デラニー、101歳、自分と姉のサディー（103歳）のことに触れて

欲しいと思ったものが手に入れられなくて幸運なこともありますが、欲しいと思うものがどんなものであるのか、手にしてみなければ、わからないのです。

——ギャリソン・ケイラー

オールド・ミスにとって最大の恵みは、白紙委任状。独身でいることは大きな力。ひとたび「あの気狂いオールド・ミス」と呼ばれる身になったら、何でもうまくやりおおせるのですから。

——フローレンス・キング

結婚したことのない女性には、離婚した女性や未亡人が経験しない、ハードルがありました。自分は人を愛せないとか、欠陥人間と思われてはいないかという不安です。彼女たちの場合、「夢」をあきらめることには、自分がどう判断されているかという恐れを克服することが含まれます。その結果、真剣な目標として「夢」を追うのをあきらめてかなり経ってからも、それを追い求めているかのように振る舞い続けます。ここ20年のうちに、シングルでいることがこれほど楽にならなかったら、おそらくひとりで飛行を続ける勇気をもてなかったでしょうと、多くの女性が述べています。

## シャノンの物語——恐れを克服する

多くの未婚女性と同じように、シャノンは成人してから何年か経つうちに、シングルでいることの不名誉を鋭く意識し始めました。シングルでいることが二流の人間ではないと思えるようになったのは、「何か劣っている」と思われていないかという不安を克服してからでした。しかし、思春期以後の彼女はシングルでいることの支えになる小さな段階を踏んでいたのです。それは依頼心を捨てて自立へ向かう歩みであり、その基礎は子ども時代に確立されたと彼女は言います。妻となり母となる伝統的な道とは別の道をとることを勧められてきたのです。4歳のとき母親が急死し、その後まもなく、父親ははるかに若い女性と再婚しましたが、シャノンはその女性と絆を結ぶことはできず、小さいころから、自分だけに頼る術を身につけていきました。彼女はこう言っています。「私には世話してくれる人がいませんでした。だから独立心を培う努力をしました」。独立心は、親類から彼女の母親の話を聞くうちに、自分と母の生き方を一体化させていくことで養われていきました。親類の記憶に残る母親は、「強くて、明るく、自立心のある闘士、意見を率直に口にし、公正さを大切にする女性」でした。シャノンは「独立心のある強い」父親の姿にも、自分を一体化させました。父親はいつも彼女に、「おまえの姉さんはすばらしい母親になるだろうが、おまえは利口だし、何でもやりたいことができる」と言っていました。

残念なことに、シャノンが大学への進学を考えたとき、父親の手元に教育資金の蓄えがないことがわかり、家を出ることにも反対され、地元の短大で我慢してほしいと言われました。シャノンは、初めて父の意向に逆らって、自主、独立を目指しました。州立大学へ行く権利を得るために闘い、自分で費用を賄いました。大学へ入って、彼女の努力は報われました。

私は、天にも昇る思いがしました。すばらしいことでした。自由がとても気に入り、独立のすばらしさを味わいました。貧しさがストレスになりましたが、自分で人生を切り開いたのです。シェイクスピアのことや、さまざまなことを学ぶこともできました。もう誰にも指図されません。ひとりで冒険に出ることには、わくわくさせる面があります。

その年齢では、おそらくシャノンは自己認識という言葉が何を意味するのか、それほど理解していなかったでしょうが、彼女の決断はそうした方向へ促す直感的な動きでした。そして満足感につき動かされて、目標へ向かう旅を続けました。

大学で、シャノンは人生の方向を明確にしようと苦闘しました。当時の多くの女性が経験したさまざまな困難が待ち受けていました。ビジネスの世界で、秘書や銀行の窓口係りとは違う能力を発揮したくても、その種の仕事を見つけることは難かしかったため、多くの女性は、成功のチャンスがあるかも知れないキャリアへの道の苦労を避けて、結婚という道を選びました。シャノンはビジネスの世界を避けて、大学教授を目指す道を選びました。当時、やはり学究世界でのキャリアに関心を寄せていた男性との結婚計画とうまくかみ合う戦略でした。しかし、彼女の将来に向けた壮大な夢は、次々に失望の憂き身を味わい、結局、叶いませんでした。60年代から70年代にかけての社会的な変動の中で、彼女のロール・モデルだった多くの人が学問の世界から去っていきました。おまけに、ボーイフレンドの態度にも失望しました。「もちろん、私たち2人とも学問の世界でキャリアを積むつもりでした。まったく同等の立場のつもりで彼と会っていましたが、私の役割は彼を支えることだと思えてきたのです」。学問の世界に入る決意を内外で支えていたものが崩れ、シャノンは実社会で短期の仕事をこなすうちに、自立を促され、方向性を与えられました。ボーイフレンドとの仲を解消し、当時離婚を考えていた姉と一緒にニューヨークへ行きました。半年ほどつまらない仕事をしているうちに、学歴を活かせる出版界の仕事を見つけ、以来、キャリア・アップに成功して幸せに過ごしています。

男性的な性格だと自分で言うシャノンには、親しい男友達——多くは既婚者——が、大勢いるようです。インタヴューに応じた多くの女性と同じように、彼女はもともと一生を独身で通すつもりはなく、「20代から30代のとき、すぐ結婚すると思っていました」。デートを重ねていたその年頃になぜ結婚しなかったのかと尋ねると、シャノンは育ってきた時代の影響を強調しました。

> そのうちに結婚すると、いつも思っていましたが、10代のとき始まった女性運動の影響を受けて、結婚は私の仕事でないと思うようになりました。結婚するのが当然と思われていましたが、5年先輩の女性たちのように男性を見つけるために大学に行ったわけではなく、そんな期待をされているとも思いませんでした。大学へは学問をするため、何か専門職を見つけるために行くのだと思っていました。ただし、どのようにキャリアを開発すればよいのか、はっきりしませんでした。

シャノンは、結婚のあるべき姿についての持論を述べ、それについて妥協する意志がないことをはっきりと表明しました。

> 結婚しなかったのは、私に刺激を与え、人生に何かプラスになるような人と出会えなかったからです。築いた関係には満足できず、達成感も味わえませんでした。男性をすばらしいとは思いますが、心の友と思える男性——少なくとも強くて、聡明で、虜になるほど興味を惹かれる男性と出会えなかったのです。それがこれまでの人生に満足できない点です。

現在は明確な立場をとっているとはいえ、20代から30代にかけてのシャノンは、結婚して母親になるという「夢」が人生を完結させる基本だという考えに固執していました。40歳に近づいたとき、未婚の身であることに愕然とし、暗い気持ちになりました。まだ子どもを産めるうちに結婚相手を見つけたいと、個人情報欄に広告を出しました。エリックという男性と出会い、愛を深めましたが、結局、彼女のほうからその関係を終わらせました。大切な多くの友人との関係をエリックが受け入れなかったからです。シャノンはとても親しいある女の友人との関係を犠牲にさせようとするエリックに疑問を抱きました。彼女との友情を断つことは、エリックを喜ばせるためにしなければならない数々の妥協の始まりではないかと考え、シャノンは自立性を脅かされると感じました。

彼はそれだけの犠牲に値する人間ではありませんでした。もっともらしい言い分でした。彼は、この友だちとの関係を断つように言っただけですが、私にとっては心臓をくりぬかれるような思いでした。だから、代わりに彼との関係を断ちました。以来、後悔したことはありません。もちろん彼を失ったのは悲しいことでしたが。

シャノンにとって、エリックとの関係は、結婚というロマンティックな神話を捨てさせる重いものでした。彼女は、「以後幸せに」ということがお伽話から想像されるほど簡単ではなく、たとえ「最善の」関係だとしても、そこには代償が伴うことを悟りました。

一緒にいたいと思う人と出会ったとき、どんな生活になるのか、幻想を抱いていました。エリックとの関係は、人と一緒に暮らすことにまつわる神話を吹き飛ばしてしまいました。代償が大きすぎるとわかったとき、結婚しなくても、完全な女性であることに変わりはないと思い、男性と出会えなくても構わないと思えるようになりました。そのプロセスを通じて癒され、「夢」を捨てられるという気持ちになれました。いまでは、結婚すれば幸せになれるという幻想はもっていません。

シャノンが、エリックとの関係から味わったもう1つの解放的な面は、男性に結婚を迫られる経験をもったことでした。彼女は、結婚を乞われた――強く迫られさえした――ことによって、すべての女性が受けなければならない目に見えないテスト――選ばれるだけの価値ある女性かどうか――に合格したと思っています。「針の穴を通って、〝クラブ〟に入り、結婚したいと言ってもらえたからには、正常な女性と判定されたのだと思えました」。信じられないかもしれませんが、独立を達成して幸せと思っている女性でさえも、目に見えない審査の目、すなわち「みんなから」どう思われているかということを気にしています。未婚女性に伴う負い目がそれほど強い圧力となっていたので、幸せな独身女性となるには、基本的に欠陥のある人間だという思いを克服しなければなりませんでした。シャノンのように、今にも結婚しそうになったことは、まともな女性であることを社会的に認知されたことと考えて、負い目を克服した女性もいます。ほかの人たちにどう思われようと、気にしなくなった、という人もいます。実際、シャノンの場合、プロポーズされなかったとしても、最終的にはそのようなことを気にしなくなっていたでしょう。

42歳となったいま、シャノンは独身でいることが自ら選択した結果ではないと認めています。すべてが等しい条件にあれば、生活を分かち合うパートナーがいるほうがよい、と思っています。しかし、同時に、ひとりでも幸せになれるという確信もあります。独身だからといって、希望がないわけでもなく、恥ずかしがる必要もないと思っています。彼女はキャリアの面でも非常な成功を収め、強力な友人の輪をつくり、古い家を美しく改装もしました。かねてから希望していた世界旅行をしてまわるようにもなりました。「パートナーがいなくても、豊かな人生を送れる能力が自分にあることを誇りに思っています」

## メーガンの物語――自己の保全

インタヴューに応じた未婚女性の多くがシャノンと同じような経験をしています。彼女たちは、40歳に近づいて、子どもをもつ可能性が消え始めるまで、「夢」をあきらめることを意識したことはありませんでした。また、成人になってからの大半をこの問題と格闘しながら過ごし、中年になってようやく折り合いがつけられたと報告している女性もいます。たとえば、メーガンは思春期以来、結婚のプラス、マイナス両面を考えていました。若いころから、何かの選択をするとき、男性との密接な関係を守るのにどの程度の妥協が必要になるかを考えて、決断していました。しかし、中年に近づくにつれて、こうした選択を新たな観点に照らして考えるようになり、ひとり暮らしに一層の誇りと熱意をもって打ち込めるようになったのです。

メーガンは、独立心と社会的責任についての考え方を曾祖母から受け継いでいました。曾祖母はイギリスの社会主義者からなるフェビアン協会のメンバーでした。曾祖母によれば、仲間の会員でジョージ・バーナード・ショウにも劣らない影響力をもつ男性との結婚を勧められたというのです。結婚しましたが、曾祖母は死ぬまでこの決断について両様に揺れる気持ちを捨てきれませんでした。メーガンは、自分の母が曾祖母の話を聞かせてくれたのは、独立心を養うためだったと思っています。彼女の母親は妻と母親としての伝統的な役割を楽しんでいるようには思えませんでした。母親は、メーガンと3人の兄弟の世話をさせるためにメイドを使い、慈善事業の役員をしていましたが、「何不自由ないこと」から来る豊かな生活感を漂わせてはいませんでした。メーガンはこう言いました。「母は、母親としてあまり幸せだったとは思えません。私たちがいつも母の邪魔をして、もっと家庭以外の面白い体験をさせなかったからだと思います。私たちが成人し、やがて父が無一文になったため、母は不動産業のライセンスをとり、やり手のブローカーとして成功してからは、以前より幸せそうになりました」

母親の人生は不満だったにちがいないと感じ取ったことが、メーガンに影響を及ぼしました。彼女の記憶にある家庭内の生活はしばしば乱雑で不幸なものでした。16歳になって寄宿学校へ行けるのがとても嬉しかったといいます。この私立の女子の学校で、メーガンは社会に何事かを奉仕する女性の最初のロール・モデルを見つけました。

> ある面で、学校では人の関心をひく妻になることしか教えてくれませんでした。しかし、そうした形成期に女性ばかりと一緒にいることには、非常に強力なものがあったと思います。女性として内に蓄えておくべき大切なものを他人のキャリアを支えることに捧げるだけでなく、自分の身につけるべきだ、という感覚を養ってくれました。女性も重要なのだというメッセージをはっきりと受け取りましたが、そのメッセージをどうすればよいのかはわかりませんでした。

メーガンは満足感のみならず、よい収入をもたらしてくれるキャリアに向けて、どのような備えをすべきか、なかなか思いつきませんでした。育ち方にも問題がありました。「何世代にもわたって多くの特権を享受してきた中流の上の階級で育ったので、女性が生計を立てる姿を見たことがありませんでした」。彼女の家族には自己を確立していた女性もいましたが、それが可能だったのは、自分の興味ある対象を追い求める経済的な資力があったからでした。しかし、やはり問題は時代でした。メーガンが経験した困惑は、60年代から70年代初めに自分なりのコースを描こうとした現在の多くの中年女性の場合と共通するものです。彼女たちは、「所与のもの」――それまでの世代が受け入れていた価値観――が崩れつつあって、新しい価値観はまだ出現していなかったために、途方にくれたのでした。メーガンの母親も、師《メンター》たちも、このように急速に変化する時代に、彼女にとって経済的にも感情的にも適切なコースを計画する助けになれませんでした。したがって、彼女はただ手探りで進み、1つ1つの決断を重ねていくうちに、それが満足のいく人生へと収斂していったのです。

寄宿学校で、メーガンはダンサーとアーティストとしての才能があることを発見しました。「人々はいつも私のダンスに感動してくれました。私はもの静かな、はにかみやでしたから、自分でも驚きでした」。大学を出て、プロのアーティストとなり、「かなり知られるように」なりましたが、多くのアーティストと同じように、芸術だけでは自活していくことができず、ウエイトレスやハウスクリーニングなど「日銭稼ぎ」の仕事を次々にこなして収入の足しにしていました。20代の末に、芸術よりももっと安定をもたらす仕事が必要だと決意し、学校に戻って安定した収入をもたらす職業の訓練を積みました。今日、メーガンは経済的により安定した道を歩んでいて、仕事から深い達成感を得ています。同僚との親密な関係をもち、創造性を発揮する自由をもっています。人々の福祉を援助することに喜びと満足感を見出しています。メーガンのキャリア変更の決意は、そのとき以来ずっと拠りどころにしてきた、シングルライフを維持しようという決意の現われでした。

ここ数か月のうちに、私のこれまでの選択には、もっともな理由があったのだと自覚しました。その理由を尊重し始めているところです。それまでそのように考えたことはありませんでした。シングルでいることは、誤った選択だと思われがちですが、実際は15歳のときの選択を毎年更新しているのです。

自身の選択を尊重するということは、メーガンがもはや結婚しない女性の否定的なステレオタイプの餌食にならないということです。41歳にして、メーガンは自分のシングルライフが性格的な病理のしるしではなく、自分のニーズと目標に最も適していると信じるようになりました。「孤独が好きな性質です。ものごとをひとりで考え処理する時間がたっぷり必要です。ひとりの時間は、私にとって食べ物のようなものです」。彼女の男性との関係は、どんなに楽しいものであっても、かならず2つの異質ながら、関連する問題を引き起こします。1つは、時間とエネルギーをめぐる葛藤です。仕事の要求とロマンティックなかかわりの要求の両方を支えるにはどちらも足りないとこぼしています。男性との関係に入ると、パートナーのための気くばりの必要性を、まるで義務のように強く感じてしまいます。そうすると、自分の仕事や友人との付き合いに必要な時間とエネルギーをだましとられたようにも感じます。かつてつきあった男性について、苦しい胸のうちを次のように語っています。

……とても愛していますが、一緒の時間をとるべきだといつも思っていて、もっと時間がほしくなりました。「カップルになるってどういうことか知るべきだ」と思いました。しかし、結局うまくいきませんでした。男を私の生活にはめ込もうとして——私の生活のほうが充実していると思えたからですが——すっかり疲れてしまいます。全生活を自分自身のために向けていたので、つきあい始めの親密さにあてるゆとりはなかったのです。おそらく、男が私に提供しようとしてくれるものに、それだけの価値がないと感じたのでしょう。

メーガンが男性とつきあい始めると、第一の問題と密接に関係する第二の問題を告げる警報のベルが鳴ります。アイデンティティが侵されるという問題です。

男性とのかかわりができると、私は本当の自分ではない、どうにも理解できない気分になるのです。自分の一部は「眠りの森の美女」で、一部はナンセンスであるような「作品のなかの自分」とでも呼ぶ状態です。もっとも、最初はいつもわくわくします。肉体の接触があるし、誰かが私に憧れ、私も誰かに憧れているからです。しばらくすると、自分自身に引き戻されます。そうすると、かならず辛い時を迎え、私の優先順位が戻ってきて、自分にこう言います。「さあ仕事に戻らなければ。彼が現れるまで、仕事のあれほど重要だったことはどうしたの?」と。

メーガンは、男性との関係に入ると彼女の内なる何かが目覚め——それを彼女は逆説的に「眠りの森の美女」と呼ぶ——その男性と彼の要求を存在の中心に据えて自分一人の優先事項をなくそうとする衝動にかられます。このパターンが男性との関係をつくるたびに葛藤を引き起こします。彼女は男性を責めたりはしません。むしろ、親密でありたいという要求と、自己実現したいという要求との必然的な衝突と見ています。自分の要求と他者の要求をうまく操れるスーパーウーマンにはなれない、と彼女は思っています。十分な力がないために、男性と関係をもったとき、やるべきことを果たす時間もなく、関心とエネルギーを向けることができないと思っているのです。

最近、メーガンは別の州に住むある男性をデート相手に見つけて、このジレンマを解決しようとしました。彼の要求にはあまり時間を割かれないだろうと期待したのです。遠距離関係なら、それぞれのアイデンティティと優先事項もそれほど侵されずに、2人の世界を最善の状態に保てると期待しました。それでも彼女は「以後幸せに」という幻想に浸れることと、自分の要求や優先事項との綱引きにひきずりこまれそうな思いをしています。

デートの相手は、コロンビア大学からの客員教授でした。眠りの森の美女が取って代わり、私はこう考え始めました。「ああ、彼には子どもがいる。これはすばらしいこと。私は義理の母親になれる」。やがて彼はニューヨークへ帰っていきました。すると現実が訪れて、私は考えました。「冗談言ってる場合じゃないのよ」と。

メーガンはこの関係に終止符を打つ決意をし、結婚や家族が求める妥協についてじっくり考えたすえに、独立した生活に専念することを決意しました。「夢」の魅力からまだ抜けきれず、すっかりあきらめることの難しさや悲しみをひきずっていますが、自分にとって最善の選択肢は何かという問いに、明確な答えを出しています。

男性とつき合い始めるたびに、この結婚というものを試してみようかと思います。何かをあきらめなくても奇跡が起きて、自分の人生にぴったり収まるのではないかと期待します。そのうちにあきらめなければならないものがあると悟ると、すべてが崩れ去ります。結婚に適応できないという悲しみがありますが、これが自分にとって正しい道であるという内なる自分の声を信じています。

## エレーナの物語——やむを得ない選択

エレーナは、自分の夢を追求するチャンスをつかむために、早い段階で「夢」をあきらめました。人生を振り返って、メーガンと同じように、ただ何となくシングルの身でいるわけではないと、思っています。40歳のいま、エレーナは不婚の身であることについて次のように語っています。

私は計画的に結婚しなかったわけではありません。しかし、結婚を熱望したわけでもなく、熱望したら、結婚していたでしょう。チャンスは幾度もありましたから。いまではシングルの状態を一時的なものとは思っていません。成人してからの大半をそうやって過ごしてきたのに、どうして一時的だなどと言えるでしょう。

エレーナは、それまでの人生経験を受動的に受け入れてきたとは思っていません。中年になっていつの間にか未婚だったことに気づいたのかどうか尋ねてみると、彼女は伝統と異なる道を意識的にたどろうとしてきた、と説明しました。楽しそうに彼女は回想しました。

30歳になる直前、私は決意事項をいくつか書きとめたのを覚えています。リストの最後は「独身でいること」と「幸せになること」でした。

エレーナがひとりで生活していこうと決意したのは、30歳になるずっと以前でした。19歳のとき、結婚して子どもをもつという周囲の期待に反して、同じ大学の恋人との婚約を破棄し中絶するという、伝統に反する決断をしました。これは独身生活への意識的なステップではありませんでしたが、すでにそのとき、自立的な生活へと、直観的に一歩踏み出したのでした。

子ども時代の経験から、彼女は独立を強く意識し、女性の伝統的な選択に疑問を抱いていました。10代の後半に社会的な圧力に抵抗できたのは、彼女のやや例外的な育ち方のせいでしょう。両親から受けたメッセージは、12歳のときに両親が離婚したことと相まって、結婚して母親になるという至上命令の圧力を緩めるものでした。両親はともに芸術家で、主流と異なるライフスタイルをもつ友人がたくさんいました。そういう両親のもとで育ったので、自分の将来が結婚にあるというメッセージは伝わらなかったのです。それどころか、両親の離婚は「夢」がいかに崩れるかという悲痛な現実を示すものでした。母親は、日ごろから、「スターを目指さなければ、スターの座にはつけない」と、文字どおりの意味で言っていました。エレーナの祖母は、例外的とも言える冒険と独立を経験し、3度結婚し、各地を旅し、ピアニストとして演奏していました。エレーナの母親も、プロの歌手として、19歳のときに中国に行ったこともありました。さまざまなキャリアを経験し、いつも仕事をしていたのです――歌手として、女優として、ディレクターやプロデューサーとして。そしてエレーナに対して、自分と同じように女優になることを期待し、少なくとも、胸のうちではスターになれるのではないかと期待していました――それはエレーナにとって可能ではあっても、金銭や権力、高い地位へと向かう近道にはなり得ないものでした。しかも、母親は自分が果たせなかった大学教育をエレーナに強く望んでいました。

エレーナは大学に進学し、よい成績を残していましたが、2年のときに母親が亡くなりました。「母を亡くしたとき、どうしてよいかわからなくなり、ドロップアウトしそうになりました」。母親が死んで半年後、エレーナは妊娠しました。振り返ってみると、それは母親に代わるものを得たいという必死の行動であり、失った絆を子どもとの絆によって再生したいという無意識の願望の現われだったと思えます。しかし、エレーナは自分の将来に母親が抱いていた願いという、内なる圧力と向き合わずにはいられませんでした。結婚して母親となることで即座に「夢」を果たすチャンス、それはすなわち、大学を中退することと、そして母親の希望を捨てることを意味しました。母親の夢と、自分に見切りをつける女性にたいする彼女自身の思いの強い影響をはっきりと覚えています。

私は、学校を辞めて結婚し、子どもをもつことは、できませんでした。そうしたら、母が認めようとしなかった従姉妹の人生と同じことになってしまうからです。その従姉妹は妊娠してやむなく結婚したのですが、そういうことは私にはできませんでした。「もっと立派に、もっと多くのことをする」のが従姉妹のモットーだったのに、キャリアと家庭を両立させることは難しく、何もかも手にすることは難しいと思ったのでしょう。彼女の人生がそれを証明していました。子どもを育てる責任が足枷となって、彼女は希望を遂げられなかったのだと思います。

母親の導きと支援を失い、エレーナは父親と2人きりになってしまいました。父親は、彼女によれば、子どもたちに対して平等主義の姿勢をとる人で、男の子でも、女の子でも、とにかく子どもに対して特別の大望をもっていませんでした。エレーナ自身としても、自分の決断を父親が助けてくれるとは思いませんでした。お腹の中の子どもの父親は、定職に就いていない元海兵隊員で、好人物ではあっても、とくに結婚したいというほどの相手ではありませんでした。それでも、彼女が結婚したも同然だったのは、そうすべきだとする文化の背景があったからでした。

中絶のクリニックに、2人で行きました。血液検査がすんだところで、彼に「結婚しよう」と言われて、私は承諾しました。魅力的な王子さまが訪れたわけで、手術を受けずに病院を出ました。しばらく歩くうちに、車のタイヤがパンクしていることを思い出しました。私は希望を失った少女のように車の中に座って、彼がタイヤ交換するのを眺めながら、考えていました。「これからの人生をずっとこの人と暮らすのだわ」。何となく霧の中にいるような気分でした。家に帰りつくまでの3時間、彼がいろいろな計画を話すのを聞きながら、私はしだいに無口になり、次の週末には中絶手術を受けに行こうという決心を強めていました。

エレーナは早すぎる結婚によって、自分の選択肢や将来を限定するわけにはいかないと悟りました。

彼としばらく一緒にいるうちに、彼がそばにいたのでは自分を抑えることになると気づきました。それは意味のないことだし、長くは続かないだろうと思いました。最終的に、別れる決意をしたとき、辛いことでしたが、自分としては、より大きな、よりよいものへ向かっていたのです。

エレーナは、自分の将来を自分で決められる選択をしたわけでした。当時、彼女はその決断が母親の願望に強く影響されたものと思っていたので、自分ひとりの決断とは言えませんでした。たとえ「夢」が、彼女には誤っていると思えたにしても、それを拒否するのは難しいことでした。また、中絶するという決意は女性にとって生涯つきまとう苦痛になることが多いのです。しかし、中年になって振り返ったとき、エレーナは19歳という若さで直観して、自分の望む独立した生活に一歩踏み出したのだと実感しています。「彼との結婚の道をやめると決めた時点で、ある方向が決まったことは明らかです」と、彼女は言っています。

エレーナが選んだ道がすべての女性にとって正しいとは、もちろん言えませんが、彼女自身はそれが正しい選択だったと思っています。実際、10年後にまた中絶をしましたが、それはひとりで子どもを育てたいとは思わなかったのと、その結婚が長続きしないと思ったからでした。このような選択は辛いものでしたが、それでも彼女は女性にもそうした自分で選べる選択肢があって当然だと強く信じています。

> いま妊娠したら、中絶するのはとても辛いだろうと思います。しかし、だからと言って、自分が中絶したことを後悔しているわけではありません。後悔はしていません。罪の意識も感じていません。自分で決断したことですし、女性が決断する権利をもてるのは嬉しいことです。私たち女性は、決断をする権利をもつべきなのです。

エレーナは、独力で人生を築き上げ、それがうまくいっているようです。大学を卒業して間もなく女優になることを断念した彼女は、芸術の世界でさまざまなキャリアを重ね、その1つがフリーランスのライターになることでした。そうしたキャリアは、いつでも経済的な安定をもたらしたわけではありませんが、個人的自由と満足感は十分味わうことができました。成功を収めた仕事を楽しんでいます。

> いつもすぐに出番がくるとわかります。自分の自由な時間をありがたいと思えるようになり、自分の時間をつくれることはとても貴重だと思っています。働いているときでも、だんだんそれが仕事とは思えな

くなりました――とてもすばらしいことです。

エレーナはこれまでに多くの男性と、満足でき、興味がもて、しかも性的にも満足できる関係を結んできました。しかし、そのなかの誰かと結婚しなければならないと感じたことはありませんでした。もっとも、男性との同居を選んだことが2度ほどありました。ごく最近、彼女が関係を深めているアートという男性は、「温かく、愉快な」人だと彼女は言っています。その関係について、エレーナは次のように話しました。

私たちはただ現在を共有しているだけです。一緒にふざけたり、食事をしたり、映画に行ったり、遠くに散歩したりします。パーティやダンスやコンサートに一緒に行くというだけです。知的な関係というのではありません。情緒本位の、素敵な性的関係です。しかし、私の生活には、2人で共有できない部分もたくさんあります。

エレーナがアートとの結婚を考えたことも何度かありましたが、そのたびに断念してきました。独身主義を通しているわけではなく、倫理上の義務としてそれを貫いているわけでもありませんが、ひとり自力で生きていくことのさまざまな利点には価値があると思っています。アートに対して、自分の要求のすべてに応えてほしいとは思っていません。

とにかくひとりの人間からすべてを得ることは実際には不可能です。どの関係も有効なものであり、どの友情も有効なものです。プライバシーと独立を基礎に、さまざまな方法でさまざまな人と交流することは、悪いことではありません。より清潔な関係を保つことができます。

シングルでいるために、エレーナは、生活の多岐にわたるさまざまな友人たちの――なかには幼稚園時代からの友人もいる――ネットワークを維持していくのに必要な時間を割くことができます。またほかの男性たちと友だち付き合いをしても、夫に気兼ねすることなく、ロマンティックなアバンチュールを経験できる可能性もあります。基本的に、シングルでいることによって、自分の時間の過ごし方を選択できると、エレーナは言っています。独身生活には功罪両面があることを認めながらも、エレーナは自分のニーズと夢に叶った人生を築いてきたと確信しています。

私は冗談で遊びます。こんなふうに自問自答するのです。「銀行の口座に１００万ドルがあるというつもりになりなさい。１日をどう過す？　自分の毎日の過し方を変えてみたいと思うかしら？」答えは絶対に「ノー」です。自分にはとても素敵な居場所があると思っていますから。

第7章

# 破れた夢――シングルライフに追いやられた女性

私の人生はすばらしい方向に進んでいると思っていました。幸せな結婚をして、子どもがひとり生まれ、望んでいた職業にも就きました。1年後、赤ん坊と夫と仕事を失いました。まったくゼロからのやり直しでした。まるで誰かに拾われて、火星に落とされたような気持ちになりました。私の人生が、夢が、すべて消えてしまいました。

――ネル

遅かれ早かれ、自分の人生と思っているものが急激に変わろうとしていました。その難しい時期を切り抜けていくことは、人間形成における最も重要な経験の1つです。

――エイプリル

結婚した人はたいてい、生涯その状態が続くと心から信じています。しかし、今日の離婚率を一瞥すればわかるように、どのような結婚であっても継続していくべきだとする社会的な圧力が弱まるにつれて、結婚して母親になるという「夢」を維持することは、ますます難しくなっています。結婚して、その生活に満足できると期待していた女性が、偽りの、あるいは不公正と思える理由で夫に不意に「捨てられる」

例が多いのです。長年の結婚生活が突如として終わるという経験は、災害事故の犠牲者になるのと変わりません。気がついたとき、何が自分の身に起きたのかわけがわからず、1977年の映画『結婚しない女』のヒロインと同じような気持ちになります。ヒロインの女性は、自分の人生がとつぜん暗礁に乗り上げたことに気づいてショックを受け、「夫はブルーミングデールにワイシャツを買いに行って、恋に落ちた」のだと言います。このような女性たちは、わけがわからず、自信を失い、悲しみに打ちひしがれながらも、「こんな仕打ちを受けるなんて、いったい私が何をしたというの？」と自問して、生活の断片を掘り起こしてみます。

インタヴューに応じた女性のなかで、夫に去られた人の多くは、最初のうち「制御不能になった車が回転するような」感じがしたと報告しました。ひとりで身のふりかたを考え、計画を立てる時間や機会をもてた人は、ほとんどいません。時間があったとしても、大変な危機の中でそのような課題に集中する気力がなかったといいます。自分の人生計画が完全に崩れたことに深い傷を受け、それまで育てられてきた女性としての機能を果たすことができませんでした。いったん「夢」を実現した彼女たちは、今度はそれを忘れる生き方をしなければならないのです。一生の「夢」が崩れるのをこの目で見るのは辛いことです。とりわけ、そこに自責の念という女性のとらわれやすい感情がからむ場合には。ショックを受けた当初は、ほとんどの女性は感覚が鈍り、傷つきすぎて、ただその日その日を過ごすだけの状態になります。喪失感に打ちのめされ、癒しが始まるまで、苦悩にもだえる難しい時期です。

離婚はたいてい悪夢のような経験ですが、インタヴューした女性の多くは結婚が終わりを告げそうな危機に陥ったとき、自身の生活を彩ってきた姿勢や見方が変わり始めたと報告しています。ひとりで生きていくことが最適の選択肢だとすぐに悟った人はごく稀です。結局、結婚は女性の意識のなかで、女性としてふさわしい感情と結びついているので、最初の無気力状態が過ぎたとき、敗北の恥辱から救い出し、再び「夢」を築く手助けをしてくれる別の「王子さま」を探そうとするのも、当然です。しかし、インタヴューした女性の多くは、ひとりの王子さまに去られ、あるいはそこから引き離されたあと、別の王子さまを探すのは危険すぎるし、あまりにばかげていると感じた、といいます。それよりも、離別の痛手から立ち直ったとき、彼女たちは自分の感情や資産を総点検しました。離婚後は打ちのめされ、絶望的になるのではないかと予期していたにもかかわらず、これでよいのだ——ときには喜びさえ感じることも——あったといいます。立ち直るのに何年もかかった女性もいますが、意外に早く新たな自由を楽しめるようになったと報告した女性もいます。霧を払いのけながら、彼女たちは選択の場に向き合いました。結婚生活を奪われた感情とその意味に集中でき、あるいは生活の重要な部分となる独立性を築くことができるようになりました。それぞれの女性がたどったステップは状況によって異なりますが、辛さにくじけることなく、多くは求めずして得られた新たな自由であっても、それを手に、何ができるか探ろうという決意とともに、新たな成功への旅が始まります。

## サンディの話——「私にはこれができる！」

インタヴューに応じた女性の多くは、中年になる以前に離婚しています。「夢」は熟さないうちに潰えたことになります。たいていの場合、十分な支援もなく、学歴もなく、仕事の経験もないまま、少なくともひとりの子どもの日常の世話をするという難題を克服しなければなりません。意外にもいつのまにか、彼女たちは、自分にとっても子どもたちにとっても、十分に満足できる暮らしを立てていることに気づきます。サンディは、不倫をした夫に傷つけられながらも、かつて抱いていた「夢」をあきらめて、ひとりで子どもたちを育てる決意をしました。それは途方もなく難しいことであり、それまでとうてい不可能と思えた「背伸び」が必要でした。

サンディは人生の針路についてほとんど考えたことがなく、女性であるからには妻となり母となる運命だという家族の一致した考えを受け入れていたことを認めています。「成人するまでのんびりと過ごしてきました。母がとても押し付けがましく指図していたので、私はただ黙って母が選んでくれる道を歩んできました」。サンディはその道を心から信じて従ってきました。23歳で結婚して、2人の子どもをもうけました。夫との関係は空虚で、特別に面白いこともありませんでしたが、それが結婚生活だと思っていたので、気にしませんでした。夫の要求に応え、夫の仕事に完全に合わせていたのも、そのように教えられたからでした。

結婚したとき、パートナーシップの一部として、自分が1つの単位に組み込まれたと思いました。自分が何を望むのか、ほとんど考えませんでした。結婚して1年後に夫は徴兵されました。カンザス州に住んだのは、そこが夫の勤務地だったからで、私はただついていくだけでした。陸軍基地で暮らしていましたが、そこの女性は人間として扱われていません――ただの添え物でした。自分のキャリアはどうなるのか、自分は何を必要とし、何が欲しいのか、考えたこともありませんでした。当然ながら、彼の仕事が第一でした。

サンディは、軍に勤務する夫がしばしば転勤する事実を受け入れていました。地域社会に根を下ろしてその一員になることもできず、家庭の外に関心を広げることもできず、母としての責務に専念していました。夫が浮気をしたことを知り、あまりのことに無視できなかったのですが、そのようなことがなければ、彼女はこうした人生計画を黙って受け入れ続けていたでしょう。

夫が別の女性と仲睦まじくなったとき、私は完全に打ちのめされました。私は、生来何事も信じやすい人間でした。彼が惨めな思いをしていることは知っていました――夫は人生の何もかも嫌になっていました。それで私は言いました。「それはあなたのせいよ。あなたが何もかも嫌だというから、問題を抱えてしまうのだと思うわ」。私はしばらくのあいだ、その状況を直視せず、遠ざけていました。子どもたちをつれて父の許へ行くことにしました。予定より早く帰ってくると、ひどいことに夫は愛人を家に引き入れて、私たちのベッドで寝ていました。おまけに、何と、近所の人たちを夕食にまで招待していたのです。

浮気が発覚したとき、夫は自分の行動について何も話そうとしませんでした。それどころか、「何年も前から女がいた」と言い、サンディと子どもたちをさっさと捨てて、2度目の妻となるはずの女性と別の州に移ってしまいました。こうして自分の人生がすっかり台無しになってしまったとき、サンディは心身が麻痺してしまうほどの打撃を受けました。「完全に打ちのめされました。信じられないほど辛い時期を経験しました」。夢がそのように醜く変わることをなかなか信じられませんでした。多くの女性と同じように、彼女は別の女性のために夫に捨てられたというショックと恥辱に打ちのめされただけでなく、自分と子どもたちの生活を維持していかなければならないという、物質的な問題にも押しつぶされそうになりました。

いきなり自分の結婚生活は終わったのだと気づいて、「そんなばかな」という思いにかられました。つまり、自分ひとりで子どもを育て、車や家を維持していくこと、ほかの家族から遠く離れて暮らすことなど、考えたこともなかったのです。

サンディが「夢」をあきらめるためにまず始めたことは、その日その日をどうにか暮らす術を身につけることでした。最初は、1日か2日先の計画しか立てられず、もちろん、長期にわたって自分と子どもたちをどう支えていけばよいのか、見当がつきませんでした。まずは一方の足をもう一方の足の前に出せば、生きていけることを学ぶ必要がありました。サンディにとって新たな一歩をさらに複雑にさせたのは、大学で真剣に勉強せず、ドロップアウトして「つまらない仕事」の経験しかないことでした。結婚してから、自分の絵画作品を売りたいと思ったこともありましたが、ほとんど成功しませんでした。その結果、夫に捨てられたとき、彼女には大学卒の学歴もなく、仕事の世界で専門的な経験を積んだこともありませんでした。少しずつ生産的な役目を果たせるようになるにつれて、孤立無援の身であることをますます思い知らされました。

自分が孤立無援に近いことを悟りました。もっと成長し、広い世の中へ出ていき、ほかの大人たちと接触することが必要でした。1日中、ひとりで家にいたら、子どもたちに対してこうありたいと願う母親になれそうもありません。ですから、いろいろと探ってみました。どうやって内気な自分を克服すればよいのか、家庭での生活と外の世界とのギャップをどうすれば埋められるのか、と。

サンディは、内気な性格を克服して、自分を売り込まなければならないと決意しました。

ときどき本当に恐ろしくなりました。けれども、いつまでも引っ込み思案のままでいたら、2人の子どもを育て、自分がしなければならないことをするのも、不可能だと悟りました。それが最大のチャレンジでした――私には能力がある、頭もいいし、できる、と悟ったのです。

内気な性格を乗り越え、外の世界へ出ていく手段として、サンディは父親に金銭的な援助を求め、大学を卒業するまで学費の援助をしてもらいました。父親にそうした支援を頼むことはサンディにとっては不本意なことでした。父親も彼女も、彼女の才能について真剣に話し合ったことがなく、彼女としても若いときにしておくべきだった学業にお金を出してもらうのは気がひけました。それでも、援助の有無は別にして、自分が本当にやりたいと思っていた美術の勉強を始める決意をしました。父親が金銭的な援助をしてくれたうえに、サンディは独立して自分の作品を売り込む方法を学び取っていきました。やがて、芸術家となる夢へとつながる仕事に就くこともできました。

自分と子どもたちの生活を築いていく方法を見出すなかで、サンディは受身の姿勢で愚痴をこぼしていたのでは、無力で、気が滅入るばかりだと悟ったのです。また、夫に捨てられたときの恥辱は、夫こそが感じるべきもの、約束を果たさなかった夫に非があるのだと思い直しました。サンディは、いまの自分の生活を私たちの満足度の尺度で測るなら、10点満点の9点ぐらいだと言いました。それだけ高い点をつけられる理由を尋ねると、次のような答えが返ってきました。

> 私自身の生活をしています。誰かに制約される生活ではありません。もちろん、子どもたちは私にとって大切な存在ですし、子どもたちのことはつねに私の最優先事項です。しかし、これは私の人生であり、ほかの人の意思や感情を考えずにすむところが気に入っています。この生活がどうなっていくのか、次はどうなるのかといったさまざまな不安は消し飛んでしまいました。

夫の裏切りによって受けた傷は容易に癒えませんでしたが、サンディは結婚自体を排除してしまったわけではありません。11年経ったいま、彼女は見込みのある男性との出会いを心がけるようになりました。しかし、その一方で、結婚がかならずしも幸せな人生の必須条件ではないと思っています。結婚生活についての思いと現在の満足度とを比べて、彼女は次のように言っています。

遠いはるか昔のことだったように思えます。私は、あの頃の自分とはまったく別の人間になりました。自分という人間が本当にわかったように思います。私のような経験をせず、もっと安定した生活をしている人――つまり、もっと順調な道を歩んできた友だちのなかにも、私のことを羨ましがる人もいます。自分自身の一分たりとも奪われていない、と感じます。解放され、自由な気分です。自分がやりたいことは何でもできます。自分の力がわいてくるのを感じる、それはすばらしいことです！

## アリータの話――ニュー・アメリカン・クラシック

祭日を祝うノーマン・ロックウエル風のアメリカの家庭、そこには3世代がいて、おじいちゃん、おばあちゃんが一族に囲まれてニコニコ笑っている姿が描かれています。おじいちゃん、おばあちゃんがいつも一緒にいて、一家を堅く結びつける舵取り役をしています。今日では、家族の肖像の多くに見られる特徴は、おじいちゃんが新しい妻と自分の孫と同じ年ごろの子どもといて、おばあちゃんはテーブルのもう一方の端にひとり座っている、という姿です。古典的なアメリカ女性の物語は、結婚して子どもをもうけ、子どもたちや孫たちに尊敬される姿でしたが、いまや結婚生活が15年か20年で破綻して、女性はひとり残されてわが身を守るという、新たな物語との厳しい競争に直面しています。

アリータの物語は中年で離婚した多くの女性の経験を反映するものです。そうした離婚女性の例にもれず、アリータは「以後幸せに」という「夢」を現実のものにしようと努力しましたが、夫がもはやその役割を果たす気力をなくしたために、「夢」を潰されるという現実に直面せざるを得ませんでした。アリータの物語も、女性が失ったものにこだわらず、新しい人生のチャンスに目を向けるなら、何ができるかという事例を示しています。離婚して15年経ったいま、彼女はこう言っています。「否応なしにひとりでやっていかなければならなくなりました。そのあいだ、つまずき、足をひきずりながらきましたが、それでも、これでよいと思えるようになりました。本当にこれでよいのです」

子どものころ、バレリーナや映画スターへの道を夢見る多くの女性と違って、アリータは結婚して母となることだけを夢見ていました。中流の上クラスの家庭で育ち、母親が病弱だったため、お手伝いさんを必要とする生活を送るなかで、アリータはまったく伝統的な女性像に期待をこめていました。

とくに考えもせずに、母親はああいうものだと思っていました。母は病気がちだったので、私が8歳のときから住み込みのお手伝いさんを雇っていました。ですから、女性というのは、私の母と同じような存在だと思っていました。やさしく客をもてなし、きれいな家に住み、よく働く夫がいて、自分の好きなことを少しはやっても、基本的には夫の世界にいて、私の人生は家を中心にあるのだと思っていました。自分が働くとか、自己開発をはかることなどまったく考えの及ばないことでした。かなり常套的な考え方をしていて、結婚したら、それでよいという感じでした。

アリータが結婚した相手は、父親に似て仕事一筋の男でした——そして彼女自身も妻として、また母親としての務めに専念していました。彼女は、自分が期待していたことについて、こう述べています。

父は売れっ子の作家で、教師でもありました。父の仕事がすべてで、家族の何よりも最優先されました。父が私を愛してくれていることはわかっていましたが、私が父の興味や関心の中心ではないことも承知していました。同じく私は結婚した相手から、自分の仕事は私たち2人の関係よりも大事だと正直に言われました。その言葉に失望しましたが、「これが現実だ」と思いました。

母親と違って、アリータはお手伝いさんも使わずに子どもを育てました。母親があれほどやさしく落ち着いた生活をしていたのは、お手伝いさんがいたからだということに気づきませんでした。毎日の家事の大変さにも、深い孤独感に悩まされることにも、まったく備えていませんでした。

あのころはとても孤独でした。親としてどれだけ孤独になるか心構えができていませんでした。きれいな家で暮らせるのはよかったのですが、家事は好きではありませんでした。おいしい食事をいただくのは好きですが、料理も好きではありませんでした。満たされない生活でした。やるべきことがもう1つあったということです。

1960年代から70年代の初めを過ごした多くの女性のように、アリータは、離婚という文字すら頭に浮かばないうちに、女性であることについての見方を変えさせるさまざまな考えにさらされました。自分の居場所を家の外の世界に思い描いてみるようになりました。自分自身のためにも、大人として自分を磨き続ける必要性を悟りました――それはつい数年前まで彼女にはまったく関係ないと思われる考え方でした。大学に戻って学士課程を修了し、修士の学位もとりましたが、「ひとりで生きていく」ために意識的にその備えをしたわけではありませんでした。夫から、突然離婚したいと言われたとき、まさに青天の霹靂、それまで考えたこともない事態に陥りました。

離婚が自分の身に起こるとは、考えたこともありませんでした。太陽が北から昇るような、およそ起こるはずのないことでした。実際に、離婚という事態になったとき、まさしく驚天動地といった感じでした。

とつぜん離婚の可能性に直面した多くの女性がそうであるように、アリータも和解を求める努力をしたかったのかもしれませんが、夫はひたすら離婚を望んでいました。強情な夫が手に負えなくなり、アリータは「以後幸せに」という夢をあきらめざるを得ませんでした。別の男性が控えにいて夫の代わりをしてくれたなら、彼女は困ったときの慰めや支えとして、その男性に惹かれたかもしれません。しかし、40歳を過ぎて同じ立場に置かれた女性の例にもれず、アリータはロマンスよりも友人に慰めを見出しました。錯乱する考えに打ちのめされはしましたが、同時にそれまで感じたことのない安らぎも経験しました。パニックに陥りながらも、そのうち嵐のような感情をやりすごし、それまでなかったほど自分に忠実な自分になるだろうという感じがありました。そのような気持ちの切り替えは、容易ではなく、即座にできるものでもありません。「離婚の傷を克服するのに長い時間がかかりました」と彼女は言いましたが、「いまではそれほど傷ついていません。その傷も、結婚も、遠い昔のことと思えます」と付言しています。

アリータは、結婚によって得た地位や身近に人がいてくれるという安心感が失われたことを嘆くよりも、手にした自由を活かすことに心を傾けました。長男が大学に進学して家を出たのを機に、シングル女性としての選択肢を行使しました。家を売って、ニューヨーク市郊外の小さな町に移り、仕事に打ち込んで、結婚に頼らずに幸せと意味を見出す方法を探りました。

現在のアリータは、安らぎに満ちた雰囲気を漂わせています。息子たちの近くに住み、しばしば友人たちと会い、経済的に安定して退職後のために貯金をしようと努力しながら、楽しい生活を築いています。離婚後も1度か2度はロマンティックな関係に身を置いたこともありました。そうした関係を楽しんではいても、男性との関係についての姿勢はすっかり変わりました。「男性との関係は、私自身がここまで進歩してきたことの鍵だったとは思いません。ほんとうに長いあいだ、そうだと信じていたのですが」。むりやり解放されるという経験を通じて、単独で飛行することの価値を見出した多くの女性と同じで、アリータも再婚の可能性を排除したわけではありませんが——それに頼っているわけでもありません。彼女の言葉です。

ひとりで生きていくことに、最初は抵抗が大きく、長いあいだ辛い思いをしました。いまでは辛さはまったくありません。それどころか、誰かが私のバスルームを使うとか、ほかの人のスケジュールに合わせて時間を空けるとすれば、不便だと思うでしょう。これぞと思える人に出会えば、私は深く人を愛せるし、それはそれですばらしいことでしょうが、それがなくて寂しいとは思いません——自分に何かが欠けているとは思えません。

離婚以来、アリータは多くの点で変わりました——そのような変化はほかの女性なら結婚生活を続けながら経験することかもしれませんが——少なくとも自分は、やむなく自活する身に追いやられなかったら、そうした変化は遂げられなかっただろうと思っています。彼女にとって、「夢」をあきらめることは自身を祝福し、人生を肯定することになりました。

私は夫と比べて力もなく、完成されてもいないと思っていましたが、そのとおりでした。文字どおり家を出る自由もはるかに少なく、外へ出ることも、何かをやり遂げる自由もないと思っていました。いまではとても自由だと感じます。力もあると思っています。いつでも望むときに望むことをする自由もない、そんな生活は想像できません。15年前は不可能だった自己実現を果たしています。とうてい不可能だと思っていた創造的な仕事もこなしています。総じて、私の人生は、義務と「我慢」の生活から、本当の喜びや楽しみや興奮を味わいながら、大きくはばたく旅に向かったと言えましょう。

## エイプリルの話——脱線しても、決意は固く

意に反して結婚生活の破綻に追いやられたほかの女性と同じように、エイプリルはひとりで飛び立つためのさまざまな方法を見出しました。満足度の尺度で、10点満点のうち8点か9点になると答えて、彼女

はこう言いました。

自分の生活にとても満足しています。自分の人生が航路をはずれたわけではないと、いつから考えられるようになったのかわかりませんが、そのときから、「こんなはずではなかった……心が張り裂け……もう私はだめ」と、嘆き悲しむのをやめました。自由で、探検するためのいろいろなもの、自分の能力、興味、強さ、そして必要なものを発見できました。他人の要求に合わせる必要がないのは、最高にすばらしいことだと言いたいのです。

エイプリルが自由を大切だと思えるのは、そのように育てられたからではありません。サンディやアリータと同じように、彼女は良妻賢母になれという至上命令を尊重するように育てられました。

母は伝統的な専業主婦の見本のような人で、私もそのようになると期待されていました。私の人生は予期していたものとまったく違うものになりました。大学にいるとき、女性運動が起こりました。大学へは、最後の学業の場として入ったのですが、とつぜん私は考え始めました。「私もキャリア・ウーマンになれる。いままで思ってもみなかったことを自分の人生に加えることができる」と。

このような啓示に近い体験をしたにもかかわらず、エイプリルは大学を卒業後まもなく結婚しました。

本道をはずれることはできませんでした。列車はもう走り出しているようなものでした。「学校を卒業して、結婚しないなら、何をすればいいのか」と、思いました。世の中へ出て行く自信がなかったのです。

皮肉なことに、彼女はやがて世の中へ出て働くことになりました。大学を卒業して夫を支える生活に入った多くの妻たちの伝統にならって、エイプリルは、夫がロースクールで勉強するのを助けるために、働き始めました。メンタル・ヘルス・エイジェンシーで仕事を見つけ、公衆衛生政策の策定を手伝いました。この仕事に就いたときの業績を、彼女は誇らしげに話してくれました。実際にこの仕事を通じて、彼女は、妻として母としての役割だけでなく、夫と同じような弁護士になる将来を考えるようになりました。しかし、伝統的な役割以外に、自分に対する夢をもちはじめて、実際にロースクールに入学しても、誰の夢が優先されるのかははっきりしていました。夫は2人が卒業したら「夢」の次の部分へ移ると約束してくれました。家を買って、子どもをつくるということでした。したがって、夫がロースクールを卒業したとき、エイプリルはすぐに仕事をやめ、別のロースクールに移って、夫のキャリアのチャンスに従いました。しかし、家を買ったあと、2人の予期しなかったことが起こりました。

私はロースクールを卒業して、政府の仕事に就きました。子どもをつくろうとしていたとき、夫が、長年治療してきたにもかかわらず、私たちのどちらにも説明のつかない、いわゆる「30代の危機」に陥ったのです。彼は結婚生活がいやになり、父親にも弁護士にもなりたくない――グレイハウンド社のバスの運転手になりたい、というのです。それで終わりでした。まったく思いもかけず、離婚しました。

インタヴューの際、エイプリルは、夫が『イージー・ライダー』のような奇妙な幻想を追いかけていたのかどうか、話しませんでしたが、彼には相当の収入があったと話していたことから、私たちはそうではないと考えました。彼の妙な計画が一時的なものだったとすれば、エイプリルは夫の中年の危機による嵐を切り抜けられたかもしれません。しかし、夫の憂鬱な気分に押しつぶされ、「自分の人生の楽しみ」を必死に求めたいと思ったので、彼女は自分から出ていって別居を始めました。夫と別れる決意をしたのは、夫の不幸に自分の運命まで左右されたくなかったからでした。しかし、いざひとりになってみると、喜びなど容易に味わえないことを悟りました。「私はその経験にずたずたにされました。私の人生を織り成していたものが次々に綻びを見せていきました」。絶望に陥り、毎日仕事に顔を出してはいても、「ろくに仕事はしていなかった」と認めています。最初は、再婚して霧の中から脱け出そうと考えました。それは「かつて結婚生活を楽しんだ」からであり、「本当に子どもが欲しかった」からでもありました。しかし、王子さまに値する人物は現れませんでした。別居から離婚へと1年が過ぎ、エイプリルは別の町へ移って、数か月を充電期間にあてました。年金資金を取り崩しながら、彼女によれば、「自己改造の大釜に入っていました。それは極めて重要な時期でした」。その後、ソーシャルワーカーとなるために修士の学位をとり、法律知識と社会問題への献身を武器に、自分の売り込みをはかりました。

以来、エイプリルは仕事で成功を収め、同じような興味や社会的献身をする人々でつくる支援グループの一員となっています。しかし、エイプリルの仕事は、自ら築いた充足感のある生活のほんの一部にすぎません。数年前、彼女は「夢」の一部である母親になることをどうしてもあきらめられず、養子を迎えました。いま母親となった彼女は、笑顔を浮かべて言いました。「いまはお手伝いさんか、パートナーが必要です。あらゆることを考えて、お手伝いさんよりパートナーのほうがいいのですが、まずお手伝いさんで準備運動をしてみましょう」。彼女は自分でも意外なほどに、再婚の問題を気楽に考えられるうえに、独身でいることに苛立ちも感じず、喜びさえ感じているようでした。離婚してから、エイプリルは何人かの男性と本気で関係をもったこともありましたが、シングルの生活に終止符を打ってどうしても結婚したいという気持ちにはなれませんでした。「もしそういうことになったら、素敵でしょうし、そうならなくても、よいのです。いまこんなことが言えるなんて信じられません。このようになれるとは思っていなかったからです。でも、心からそう思っています」

# 第8章 常套をはずれる——結婚生活をやめる道を選んだ女性たち

私は伝統的なタイプの女性になれるとは一度も思いませんでした。ですからいつも自分はペテン師で、良妻賢母を装っているような気がしていました。夫を愛していなかったとか、子どもを可愛がらなかったというわけではありません。ふつうの主婦らしいことをしようと努めていましたが、遅かれ早かれ、自分が偽善者だということを気づかれるのではないかといつも思っていました。

——ジュリア

私は育てられたとおりの方法で選択をしたのですが、その方法は最初から私に合わないものでした。しかし、結婚そのものについては、それほど自分に向いていなかったとは思いません。

——テリー

女性は勇気を奮い起こして、眠っている夢を達成しなければなりません。

——アリス・ウォーカー

私たちのプロジェクトに参加してくれた女性のなかには、女性の伝統的な役割が自分に向いていないからという理由で、離婚を選んだ女性もいました。その際、こうした女性たちは単に結婚をやめただけでなく――確立した生活の安定までも捨てて、慣れない大空へ「羽ばたこう」としました。彼女たちは、当然ながら、夫の行為や夫の決断でやむなく離婚した女性よりも、シングルの生活に容易に適応していきました。未婚の女性の多くが心の底から「夢」を信頼していなかったように、自ら離婚の道を選んだ女性も、早くからこの「夢」に疑問を抱いていたか、あるいは自分が興味をもつことにチャレンジするという、別の夢を抱いていました。彼女たちの結婚の決意は、そうした夢からはずれることでした。したがって、離婚することは――辛いことではあっても――「本来の路線に復帰」したような気持ちになれる場合が多いのです。したがって、自ら離婚を選んだ女性たちは、捨てられたという思いを抱かずにすむ利点があります。そのうえ、おそらくさらに重要なことは、「夢」を完全に認めたことがなく、また離婚するまでの年月に少しずつ夢をあきらめてきたという利点もあります。現に、こうした女性の多くは「夢」が、じつは失望させる幻想であることをすでに見破っていたからこそ、結婚をやめたのだと言えるのです。

しかし、これらの女性たちでさえ、たいていは、シングルでいることが積極的な選択であって強制された選択ではなかった、と実感できるまでに、長い時間がかかっています。多くは結婚生活を失ったことを悲しむだけでなく、伝統に反する決意をしたことへの厳しい批判に打ち勝たなければなりません。グレンダが離婚の道を選んだのは、夫に蔑まされて憤りを感じたからでした。自身の決断が、好ましい人生への明るい展望を拓いたと思えるようになるまで、かなりの時間が必要でした。その決断のおかげで、彼女は教育とキャリアへのチャンスを与えられました。アルレーネは、結婚に満足できなかった原因がどこにあるのか、グレンダよりもはっきりと理解していましたが、それでも自分にとってよりよい人生を築く方法を見つけるまで、数年かかりました。ジュリアは、結婚問題についてのセラピーを数か月間受けて、希望を失った人生を嘆き悲しむ辛い経過をたどったすえに、「夢」をあきらめて、独立した生活に打ち込めるようになりました。

## グレンダの話――自己の再発見

グレンダには子どものころ、独立性を養い、自尊心を築くという、稀な機会がありました。彼女は移民してきた労働者階級の2世として生まれた7人の子どもの6番目でした。一家は忠実なカトリック信者で、子どもたち全員が教区の学校へ通っていました。父親はトラックの運転手として一家のために働き、女性は家にいるという、伝統的な役割分業の生活をしていました。グレンダは母親が「非常に狭い世界」で暮らしていたと述べています。しかし、彼女は男子ばかりに囲まれた拡大家族の中で育ち、親類の人たちが同じ地域に住んでいたので、従兄弟たちと遊び、通常は男の子だけにしか与えられない自由もある程度与えられていました。彼女が自分に独立心と能力があると感じたのは、こうした事実と父親との関係によると、説明しています。

父は私の人生に大きな影響を与えました。いつも組合の会合に連れていってくれました。朝5時半になると父に起こされて、教会に行き、朝食を食べに帰ってから、トラック運転手組合の集会場へ行きました。そして父は私に言うのです。「いいか、よく聞いていなさい、これは生きていくために働いている人たちの話だから。罰当たりな言葉には耳を貸すな（笑い）、そういう言葉は耳に入れるな。男たちが言っていることだけを聞いていなさい」と。

グレンダは、単に組合に関する教えよりも、もっと多くのことを学び取りました。父が自分のことを特別な人間とみなしてくれていて、当時女性の領分とはされていなかったあれこれのことができる、というメッセージを読み取っていました。父親の励ましのせいか、彼女の生来の気質のせいか、あるいはその両方のせいかはともかく、グレンダは早くから、「飛び立つ」方法を身につけていきました。4歳のときにバレエを習い始め、12歳のときには小さい子どもにバレエを教えられるほどに上達しました。フットボールやバスケットボールもやり、市内の少女では初めてのケースとして、柔道を習い、茶帯まで昇段しました。思春期には、伝統に縛られた両親、とりわけ母と激しく争って、公立高校への入学を認めてもらったことを最大の誇りにしています。彼女の強情ぶりに、ついに両親は彼女が全科目でAの成績をとることを条件に譲歩したのです。姉妹たちはグレンダがこのような自由を与えられたことに憤慨しましたが、自分の夢のために闘うという教訓は読み取れませんでした。「私は姉妹たちに『あなたたちにも選択の道がある』と言いましたが、彼女たちは『いいえ、私たちにはない』と言うのです。私は『ある』と言い張りました」

自立と独立をめざしたグレンダの幸先のいいスタートは、高校を卒業して数年後に、とつぜん止まってしまいました。学業を続けるよりも、同窓の恋人ポールと結婚する決意をしたからです。振り返ってみて、彼女は無用にも「翼を切り取ってしまった」と思っていますが、当時は、結婚して子どもをもつ以外の選択肢を支えてくれる人は家族の中にいないだろうと思ったのです。彼女は若いころにいくつかの選択を考え出す力はもっていましたが、自分の結婚の決意について、こう言っています。「それほど多くの選択肢がないと思えば、自分がやらなければいけないことで我慢してしまうのではないでしょうか」。結婚して間もなく、グレンダは妊娠し、長男を出産しました。やはり男の子でした。（意外にも）母親となることに幸せを感じたので、もうひとり子どもを産む決意をしました。彼女は、人生に対して「とにかくやってみるだけ」という姿勢を強く出して、家事をし、子どもを育てるというチャレンジを切り抜けてきました。

15年間の結婚生活をグレンダは簡単に次のように総括しています。「自分がいかに独立し、夫がいかに私に頼っていたか、離婚して初めて気づきました」。伝統的な結婚のモデルに表面的に従っていたものの、グレンダはポールの仕事以外、何もかも自分が責任を負っていました。

ポールがその仕事を失うまで、結婚生活は比較的順調に進んでいました。グレンダの回答はきわめて特徴的でした。彼女は高齢市民センターの主事の職に就いて、家庭という「ボートの穴をふさいだ」というのです。半年後、グレンダはもっと給料のよい仕事に応募し、その過程で、人生を変える経験をしました。

その面接を受けにいくのに神経が高ぶって不安になっていました。面接官の女性は、脅迫的な態度をとりました。ビジネスライクなやり方で、温かみのまったくない事務的な質問ばかりしました。しばらく苦労しながら答えてから、私は思ったのです。「こんなことどうってことないわ。自分が言いたいと思うことを言えばいいのだわ」。家に帰って10分ほどすると電話が鳴りました。何と驚いたことに、その人が仕事を紹介してくれたのです！　その仕事が私にとって大変役に立ちました。

グレンダはその仕事がとても気に入ったのですが、仕事と家事を両立させるのは、失業中の夫の支援を望めない身にとって、心身ともに疲れる原因となりました。「夫は私の行動のあれこれを詮索して、文句を言いました――仕事の面接に行くこと、学校に応募することなど。家に帰ると、子どもたちはほったらかしにされていて、夫の姿はありません。探してみると、プールに泳ぎにいっていたという始末でした」。やがて、夫が仕事や学校に応募して、記入しながら出さなかった書類のつまった箱をグレンダが地下室で見つけるに至り、事態は危機的な状況にエスカレートしました。彼女は怒りに燃えました。自分は若いときに抱いていた野望と引き換えに妻と母の役割を果たしてきたのに、夫は自分なら歓迎したはずの、自らを磨くチャンスを無駄にしていたからでした。しかし、怒りが逆に有効な手段となり、カトリックの教育を受けてきた身で離婚の口火を切るときの、罪の意識を克服することができました。

夫は学校へ行く気など毛頭なく、働く意志もありませんでした。そのことを受け入れるまで、長い時間がかかりました。カトリックの教えを受けて育ったので、彼が変わろうとしないこと、しかも一生彼とともにいなければならないという事実に直面して、すっかり打ちのめされました。私は腰を据えて、じっくりと考えました。「これはどうにもならない、手の打ちようがない」と思いました。やがて、離婚以外に、どうしようもないところまで来てしまいました。結果はどうあれ、怒りにまかせて変化を起こすしかなかったのだと思います。

グレンダは、ずっと若いころなろうとしていた、女性の埋もれた部分を再発見しなければなりませんでした。若くして結婚し、家事と育児にエネルギーを傾けた多くの女性と同様に、彼女は、満足な学歴もない、おぼつかない基盤のもとで、自分と子どもたちを守る生活を始めなければなりませんでした。そのとき、ふと、自分は学校へ戻るのがよいのではないかと思いつきました。地元の大学に入学して奨学金の援助を求める方法を探り、両方とも受け入れてもらえたので、未知の滑走路から飛び立つ努力を重ねました。「学校では圧倒されそうな思いをしました。現実離れしていました。チャンスを与えられたことには感謝しましたが、最初はくじけそうでした」。とくに経済的な面で、長いあいだ苦労しました。「1年を6000ドルで——しかも税込みで——暮らしました。1日おきにしか食事をしないこともありました」。やがて、学校へ通いながら、母子で暮らしていける仕事を見つけました——私たちが彼女の話を聞いたときも、まだその仕事を続けていました。困っていたとき、その仕事に就けたことを感謝し、学位を取得したいま、さらなる挑戦を与えてくれる仕事を探したいと言っていました。

もちろん、グレンダは別の夫を見つけて「夢」を新たに築くことにエネルギーを費やすようなことはしませんでした——子どものころ彼女は夢を第一に考えていたわけではなかったのですから。あるとき、隣の州に住む医師と婚約したのですが、自分の優先順位を評価してもらえないことに気づいて、婚約を破棄したのです。現在、子どもたちは大学進学のために家を出る年頃になり、彼女自身も卒業して、自分の家族についての本を執筆中で、大好きな趣味の釣りに熱中しています。あらゆる責任の重みから解放され、大空を自由に飛べる態勢が整ったいま、彼女は自由の喜びをかみしめています。

## アーリーンの話——物質的に恵まれているだけでは不十分

弁護士と結婚したアーリーンは、何不自由ない生活を送っていました——高価な家、3人の子ども、地域で尊敬される地位、と、何もかも手にしました。それでも長年の結婚生活を経るうちに、アーリーンは精神的な破産をしたように感じました。「魂が縮み、しなびていくように」感じて、結婚生活にピリオドを打つ決意をしました。

アーリーンはポーランドから移住してきたユダヤ人の一族として、シカゴで育ちました。伯母や伯父、従兄妹の全員が同じアパートで暮らしていました。一族の女性たちがそれぞれ強い力を発揮していました。「女性が一家を率い、何かにつけて意見を口にし、伝統を守っていました」。しかし、役割ははっきりと決められていました。「男性は崇められ、外に出て医者や弁護士、エンジニアになるものと期待されていました。女性は学校でよい成績をとるように言われましたが、同時に母親となって自分の母から受けた伝統をつないでいくことを期待されました」。アーリーンはこのような伝統的な家族の中で育つことが、自己の意識を高めるうえでの障害になるとは思っていませんでした。「私は、いつも自分たちみんなが特別で、男性はもう少し特別なのだと思っていました」。彼女から見た母親は、その生き方に不満をもっているように思えましたが、当時の多くの女性と同じように、自分はどのような生き方をすべきか、選択肢を考えることはできませんでした。「母から受け取ったメッセージは、『自分よりもましな人間になってほしい』ということでした」

アーリーンは同時に2つの夢を抱いていましたが、その1つを成就すれば、もう1つは果たせないと見極めるには、経験が不足していました。1つの夢は、音楽家になること、もう1つは妻となり、母となることでした。一緒に育ってきた従姉妹たちとともに――その多くはもっと上の学位を得て、キャリア・ウーマンになっている――アーリーンは大学に進学し、音楽を専攻しました。将来はピアノの演奏家になるのが目標でした。しかし、一族の伝統が長い手を伸ばして彼女を引きとめ、夢は実現しないうちに、くじかれてしまいました。「あんなに早く結婚するつもりはなかったし、子どもを産むつもりもありませんでした」

アーリーンが自分でも意外な結婚の決意をしたのは、「夢」の威力の証でした。それはロマンスに惹かれてというより、論理的な決断だったと思っています。夢の1つを支えてくれる相手を見つけ、妻と母としての務めの合間にもう1つの夢をはさみこむ道が見つかる、そう思っていたのです。

22歳、学校を出て1年後のことでした。私は目標を立て、どういう場で働きたいのか、何をしたいのか、はっきりとした考えをもっていました。私たち夫婦は同じ価値観をもっていて、共通点がたくさんありました。結婚して2年後に、思いがけなく妊娠しました。それでも私はまだ夢を追い求めていましたが、子どもができると音楽に集中することは難しくなりました。その原因の1つは2年ごとに引っ越していたことでした。それに夫の学位のほうが……

アーリーンは途中で言葉をのみこんでしまいましたが、彼女の言いたかったことはわかりました。夫、ジョナサンの弁護士としてのキャリアのほうが音楽家としての彼女のそれより重要だった、ということです。アーリーンは夫の要求に合わせようとしました。もう1人子どもを産んで「子育てを終える」決意をしたのですが、そのあとで、また1人子どもが産まれました。引越しや子育てのあいだに、音楽家になる夢は徐々に消えました。

いまアーリーンは母親として過ごしたことを後悔しておらず、夫のキャリアのために自分が犠牲になったとも思っていません。ただ子育てに集中するためにキャリアを遅らせたのでした。いまでも彼女はこう言っています。「結婚について何よりも悔やまれるのは、相手の男性を失ったことではなく、私たちが築いた家庭を失ったことです」。母親としての務めに専念した年月が過った選択でなかったとする見方は、インタヴューに応じた女性たちに共通しています。彼女たちは母親としての経験を結婚の経験と切り離して評価しています。子どもを大切に思い、子どもに尽くすことが、キャリアへ心を向けることをいっそう困難にさせます。これは、解決には間違いなく何世代もかかる問題です。

アーリーンはこの問題の解決を、多くのボランティア・サービスによる「当座しのぎ」に頼ろうとしました。ついに、36歳になったとき、彼女は当初からの夢を、少なくとも部分的に、復活させる時が来たと決意しました。子育てという最近までの経験を活用すれば成功の可能性が高くなると考えて、音楽学校を開設したのです——人々を相手に生来の技能を生かせると思った仕事でした。時間の融通がきくので、ふつうに子どもの世話をすることもできました。家族の要求に合わせようと心を砕いたにもかかわらず、

「夢」という点では散々な結果でした。

私の人生が皮肉なのは、仕事で成功して自分自身の幸せを感じたとたんに、結婚がだめになったことです。「あなたの学校が結婚をだめにしたのかしら?」と聞かれます。結婚生活はすでにその前から破綻していたと思いますが、私が成功を手にし始めると、夫がしだいに離れていきました。彼は競争するのが嫌いでした。40歳になったとき、昔からよくある中年の危機に陥った私は、まったく伝統に反することをしました。家を出て、近くのアパートを購入したのです。

アーリーンは、毎日、子どもたちと会って元気に暮らしていることを見届けてはいましたが、「夢」をもとに育った人間としては許しがたい罪を犯しました。女性は、どんなに貧しかろうと、夫がどんなに豊かであろうと、どんなに子どもの近くにいようと、子どもを置いて家を出るようなことはしないものです。アーリーンは次のように説明しています。

私は、男友だちからも女友だちからも、相手にされなくなりました。それ以後、私には支援システムがありません。前よりも一所懸命に働き、よい成績も収めましたが、感情面でも経済面でも、とても強いストレスを受けました。

アーリーンは夫の許を去ったとき、自分自身の夢と娘の夢とを置き去りにしただけではありません。弁護士の妻となった娘に「何不自由ない暮らし」を願った移住家族の夢をも置き去りにしたことを彼女は知らされ、その重荷を背負わなければなりませんでした。娘たちはすぐに彼女のアパートに移ってきましたが、末っ子の息子は大半の時間を元の家で過ごしていて、彼女の原罪の許しはなかなか実現しませんでした。もはや社会的なネットワークも失われ、紹介されてくる生徒もなくなったので、仕事もうまくいかなくなりました。自分の決断について、彼女は、「あのとき問題を論理的に考えたとは思えません。もっと深い感情的な答えでした」と述べています。

アーリーンは、間もなく音楽学校を運営していく意欲を失いました。問題は次に何をするか、でした。職業カウンセラーの許を訪れ、まだつながりのあった数人の友人と状況を話し合いました。その1人で叙任されたラビが、近くのシナゴーグで手伝いを探していることを教えてくれました。

彼は、私ならその仕事ができると言ってくれましたが、私は、「とんでもない、どうして私にそんなことができるでしょう」と言いました。すると、「なぜ」と言われました。そうです、私はユダヤ人女性のフェミニスト運動にずっと参加し、ここのシナゴーグで礼拝を執り行なったこともありました。女性たちに参加を勧めてもいました。しかし、それは脇でお手伝いするだけでした。それでも、私はお金が得られれば嬉しいし、休みも有難いと思いました。それで面接に応じた結果、そこの人たちの話が気に入ったので、数か月なら手伝いできると返事しました。その仕事はやればやるほど気に入って、通うのを心待ちにするほどでした。彼らは、「あなたなら適任なので、フルタイムで働いてくれませんか？　この仕事に専念できるように、給料もたっぷり上げます」と言ってくれました。私はとても驚きました。さんざんもちあげられました。ここまで来たのです——女の身で。

本当に、彼女はここまで来たのでした。彼女は友人のラビの許へ事情を説明に行きました。そのラビは仕事を引き受けるように勧めてくれただけでなく、神学校への入学も勧めてくれました。

私は父の跡を継ぐという考えに心を打たれました。実際に父も祖父もラビでした。父は大恐慌のときにラビの仕事をやめて、父の兄が経営する事業に入りました。会衆との勤めをやめてしまったことを父はいつも後悔していました。女性がラビになることは、私が育ったころは不可能でした。ロール・モデルもいませんでした。ですから、ある面で、父の跡を継ぐという喜びもありました。父が成し遂げられなかったことを私が完成させているのです。感慨無量です。

アーリーンがこの夢を実現するために直面する困難は計り知れませんが、彼女はそれを引き受ける覚悟でいます。彼女が通える神学校は国内に2つしかなく、しかもひどく遠い所にあります。シンシナチまで飛行機で通い、週3日の授業に出て、あとの4日は家に戻り、会衆と子どもの世話にあてるという計画を立てています。さらに、神学校の授業料のみならず、飛行機代を支援してもらう手段も探さなければなりません。しかし、ラビになるという夢に向けた彼女の熱意はこうした障害をしのぐ価値あるものです。そしてこの仕事を選択したことは、離婚によって彼女が一族に引き起こした傷を修復する力になっています。

離婚は私の家族にとって――子どもたちにも、両親にも、妹にとっても――とても厳しいものでした。しかし、この仕事のおかげで、すべてがまたよくなりました。多くの支援、とくに父母からの支援を受け、二人は「お前は、望むことを何でもしてよい」と積極的に後押ししてくれます。子どもたちまで私の支えになってくれ、誇りに思ってくれます。ですから私はみんなからゴーサインを得たことになります。子どもたちを置き去りにした私を非難した女性たちも、いまでは応援してくれます。

アーリーンは、結婚生活を続けていたなら、ラビになることなどおよそ考えもしなかったでしょう。元の夫は少しも支えになってくれませんでした。「何をするにしても、私はひとりでしなければならず、彼は認めてくれなかったでしょう。いつもそういう闘いでした」。彼女は新たな人生を真剣に受け止め、とくに自分がロール・モデルになることを意識しています。

ですからいま、離婚して一人身となり、「よい生活」――立派な弁護士とあらゆるものが揃った生活――に別れを告げて、とうとう自分だけになりました。しかし、それはとても厳しい責任を伴います。自分に何ができるか見守っていく必要があります。いまの私はロール・モデルです。成功しなければなりません。けれども、自分にはこれ以外の選択の道はないと思っています――これは私に授かった最高の選択肢です。いまどんなに辛いとしても、以前に比べればまだましです。

## ジュリアの話——イヌの世界にいるネコ

高校時代すでに、ジュリアは結婚して母となることだけをめざす人生とは別の生き方を思いめぐらしていました。ずばぬけて頭がよく、意欲あふれる彼女は、大学へ進学して、やりがいのある仕事に就くことを夢見ていました。

> 私は何か職業に就くことをいつも考えていました。それ以外の人生など考えられませんでした。専業主婦になることは考えていませんでした。子どもをもつことも、ほとんど考えませんでした。

彼女は自身のキャリア・プランとして、美術史の研究者あるいは考古学者となることを夢見て、「オールAをとること」から計画を立てていたと、笑いながら回想しました。残念ながら、周囲の人たちから激しい反対を受けて、計画は順調には進められませんでした。すでに述べたように、ジュリアが学校の進路指導カウンセラーのパルマー氏に、本気でキャリアの世界に入る第一歩としてニューヨークのバーナード・カレッジに行きたいと言ったとき、パルマー氏は女性がキャリア開発をはかるのは「いざというときに頼るものを手にするため」だけだとして、思いとどまらせようとしました。彼の対応は彼女が受けた多くの否定的な反応の1つにすぎませんでした。

女性が追い求めたいと思う興味の対象をもち、キャリアを熱望することは、ほとんどの進路指導カウンセラーにとっても、多くの教師にとっても、また90パーセントの父母にとっても、思いもつかないことでした。

自分の計画を学校からも両親からも支持してもらえず、ジュリアの心は揺れて、3年生の4月まで大学への志願を待ちました。「あれはまったく受身の抵抗でした――州立の教員養成大学には行きたくなかったのです」。最終的に、パルマー氏と両親は「むりやり」彼女を隣の州の大学に進学させました。1年間その大学に通ったあと、英語の勉強をするために小さな私立大学に転学しました。ジュリアはようやく望んでいた教育を受ける道を歩み出したかに見えましたが、2年生の夏に妊娠したことに気づきました。次の学期に退学して、結婚、女の子を出産し、2年後に、2人目の女の子を出産しました。

2人の幼い子どもと家で過すのは、ジュリアが想像していなかった生活でしたが、彼女なりにうまくいくように努力しました。それが簡単でないことはよくわかります。彼女は伝統的な妻と母の役割になじめない思いがしていたので、いつも自分は落伍者で、自分を欺いているように感じていました。当時を彼女はこう回想しています。

私は妻になるとはどういうことかわかっていませんでした。誰かのパートナーとなることがどういうことか。知っていたのは、両親がしていたこと――それは私の望んでいたことではありませんでした――と、テレビで放映されることだけでした。私は結婚とはどういうものかという想定、自分がこうだと考えたことに多くを期待していたのだと思います。そういう気持ちになれなかったとき、自分がきちんとしていないから、自分には何かが欠けているからだと思ってしまいました。

ジュリアは、知力に頼って娘たちに対する母親のありかたを学ぼうと決意しました。最初はうまくいきませんでした。「本当にそんなことができるとは思いませんでした」と、彼女は認めています。「やがてふいに、私は母親なのだ」と気づきました。子どもと一緒にテレビの『ロジャースさんの隣近所』を見たり、親業や子育てについての本を読んだりするようになりました。やがてこうしたものを学びながら、自分なりの方法で母親として子どもに接する方法を考え出し、応用していきました。立派に親業を果たせたことは自分にとっても思いがけないことでした。「私は悪い母親ではないとわかりました。また、いろいろと努力して、母親業が好きになりました」と彼女は笑いながら話してくれました。「本や雑誌ではもっているものと想定されている感情を自分がもっていないから」といって、落ちこぼれと思う必要もないことがわかりました。

しかし、結婚生活で快適な役割を築くことは別の話でした。子どものころ、テレビの『うちのママは世界一』で見た理想の妻になろうと努力したにもかかわらず、夫との仲は気まずくなりました。

夫は口には出しませんでしたが、結婚生活を楽しんでいないことは私にもわかりました。不機嫌なとき、彼はただ「きみのセックスがお粗末で、料理が下手だから」と言うだけでした。自分があまりに惨めで、落伍者だという思いが募り、自殺が思い浮んだこともありました。一度真剣に自殺を考えたこともあります。そのとき私は、「あー、それはダメ！　そんなことしたくない！」と思いました。つまり、初めは、私がいなければみんな幸せになれると思ったのです。子どもたちも、夫も幸せになれると。しかし、「いや、もっと別の方法で幸せにしてあげられる」と考えました。

離婚に踏み切るかなり以前から、ジュリアは、「夢」を果たすことが多くの女性にとってすばらしいことだとしても、そのような道は自分には向いていないと考え始めていました。当初は、そのような考えに罪悪感を覚えました。エイドリアン・リッチが自分のことを次のように描いているのと同じです。「私は結婚して、子どもを産みました。もし不信を感じたら、もし、気分が落ち込み、絶望する時期があったなら、それは私が恩知らずで、強欲で、おそらく怪物だということにすぎませんでした」。ジュリアが結婚には不向きだと思ったからといって、不自然でも、異常でもないと思えるようになるまで、かなりの時間がかかりました。

イヌもいれば、ネコもいます。イヌは群をつくる動物で、人間やほかのイヌと一緒に群れることを好みます。ネコはそうではありません。単独で獲物を探し、単独でいるのが好きです。ペアを組んだり、人間やほかのネコと密接な関係をつくったりする場合もありますが、本来的にグループをつくる動物ではありません。結婚してみて、私はネコであって、イヌではないのだとわかりました。

ジュリアは、結婚という仕組みの中では自分らしい人間になれないという思いを強めていきました。自分が何をしたいのかわかりませんでしたが、それを見出すチャンスが必要だとわかっていました。次のように説明しています。

前へ進んで、自分がなりたいと思う人間になるか、それとも今いるところに留まって、自分を本当は自分が決してなれない何ものかに変えるか、どちらかの選択だと思いました。ですから、まさに自分にとって生き残りをかけた選択でした。

当時を振り返って、ジュリアは「夢」をあきらめることが、離婚して自分ひとりの生活へと進んでいけるかどうかを左右する決定的な部分だったと実感しています。このプロセスが彼女にとって非常に難しかったのは、伝統を守る側が不名誉とする生活に身を投じることを意味したからでした。

離婚して、前向きに進むためには、多くの幻想を捨てなければならないし、多くの希望も捨てなければならないと思います。そのいくつかは、自分が伝統的な女性にはならないという事実を受け入れることとかかわります。より困難な人生に向かう選択を受け入れるのは厳しいことです。私にとって、結婚することはよい収入を得て、働きたければ働けるが、別に働く必要はないこと、学校へ通いながら、かなりの支援も受けられることを意味していました。それはとてもすばらしいことでした。それに私は結婚していたので、安全な人間だということでした。人々からごくふつうに扱ってもらえました。パーティやビジネスの集まりでは、誰々の夫人として振舞うことができました。楽で、明解な道でした。その道からはずれていかなければならないと認めることは、そんなに容易な道ではなく、しばらくは満足なお金もないこと、そして皆からは敬遠されがちだということを認めることでした。そうした面は、自分が本当に望んでいるものへの投資として処理され、その対価であると考えなければなりませんでした——その対価は、より高度の個人としての自由でした。

ジュリアは、「夢」とそれに伴うすべてをあきらめきることは、親友の死をいたむ悲しみにも似た経験だ、と話しました。彼女の苦痛と悲しみは強烈でした。幸いにも、彼女は時間の流れとともに悲しみを癒していくことができました。

> 私はまだ結婚しているうちに、幻想がこわれていく悲しみをたくさん味わっていました。結婚は長い時間をかけて終わりました。2人でカウンセリングも受けましたし、そのあいだ、私は自分がしたいことを求めて魂への旅を経験しました。

最終的に、ジュリアは自分自身の夢を追い求めるチャンスが必要だと決意しました。夫を置いて、当時8歳と5歳だった2人の娘たちと一緒に家を出ました。

最初、2人の娘とともに独立した生活をすることは、押しつぶされそうな恐ろしいことでした。大学中退の彼女は、自分たちの生活をどうやって支えていくか、よくわかっていませんでした。しかし彼女は、最後にはきっと、誰かの目標にではなく、自分の目標に合わせた生活を築くことができる、という信念を支えにすることができました。それは多くの困難を伴うとしても、彼女が選んだ生活であり、自分に忠実な生活になるものでした。

離婚したとき、私は強い女性でもなく、「自己実現」を果たした女性でもありませんでした。人間になろうとしてもがいている胎児でしかありませんでした。しかし、自分がなりたいと思う人間になろうとするなら、いままでとは違う方向へ成長していかなければならないことも、よくわかっていました。

ジュリアは大学に戻って学位を修得し、卒業して間もなく、デパートのアシスタント・バイヤーとして就職しました。それから長い時間がかかったものの、会社のエグゼクティブに昇進しました。高給と成功の満足感を与えられ、同僚やスタッフから尊敬されるポストです。暇なときには、ものを書いたり、絵を描いたりして、退職後はこの両方にもっと多くの時間をかける計画を立てています。9年前から知り合った男性との関係も楽しんでいます。これは彼女の独立を侵すことなく、親しい友とセックスという彼女の必要を満たしてくれる関係です。

ジュリアは自らの人生で成し遂げた変革と娘たちにとってロール・モデルとなっていることに誇りを感じています。総じて、結婚生活では不可能だった本来の自分らしく生きる生活だと思っています。「私はとても幸運に恵まれていますし、これまでやってきたすべてのことがよかったと思っています」と、彼女は言いました。

# 第3部

## 中年──新しい航路を拓く

# 第9章 シングル女性への中年の贈り物

中年の女性が抱く野心は現在を「楽しく」させるものでなければなりません。ということは、穏和で、苦痛のないものという意味ではありません――そのような満足感は前庭のゆり椅子でしか味わえません――そうではなく、独特の強さをもち、しかも過去とのノスタルジーではない関係において経験されるものです。

――キャロライン・ハイルブラン

私と同年齢、35歳前後の多くの女性と同じように、気分がよくなってきました。病気が徐々に回復していくのに似た、ゆっくりとした中年の癒し――まるで「覚醒、エネルギー、自己満足」にきくというホメオパシーの薬を飲んだような気分です。

――マーガレット・モーガンロス・ガレット

40歳を過ぎると奇妙な行動をとる女性を知っています。いつも顕微鏡でしわを眺めているような人たちです。でも私はこう言いたいのです。「このしわは私の経験の賜物。ほら、こんなに元気よ……。」

――デビー・アレン

インタヴューに応じた女性のなかで、中年が自分にとって再生の時だったと語った人が過半数を越えました。夢の名残りを捨て、新しく、思いがけない甘い夢を見つけ、とうに忘れていた古い夢を実現する時期だというのです。中年は終わりの始まりでなく、大きな可能性を秘めた時期が到来し、自分の時となったことを実感します。自分がつねに求めてきたことを探り出し、若いときにはなかった熱意と確かな目的をもってそれを追い求めるという、甘美な課題に支配される時期です。内なる満足感と、リスクを冒して自分を「伸ばす」という新たな意欲とが微妙にまじりあった感じと、女性たちは語っています。

中年の恵みを語るシングル女性の話には、もしもつまずくことがなかったら気づかなかったであろうささやかな利点と、人生を一変するアイデンティティの転換の両方が含まれています。これらの女性たちは、それまで自覚しなかった勇気、決断力、忍耐力が自分にあることを発見した喜びを語り、独力で成し得たことに誇りを覚えたと話してくれました――それは、彼女たちが2人チームの「2番手」のままでいたなら、逃していたであろう感情です。ジュリアは、インタヴューに応じた女性の気持ちをまとめる形で次のように語っています。

人生の、この時期にシングルでいるとどんな気持ちがするか、という質問ですね。とても気に入っています。すばらしいと思います。この年齢の私にとって、まったく新しい人生がスタートするような感じがします。シングルということに結びついた楽しいことがたくさんあります。結婚していたら、あのような再生の気持ち、新しいチャンスが始まり、自分ですべてを決め直すことができるという気持ちにはなれなかったでしょう。

彼女たちの話は、自由、冒険、自己満足、気楽さ、そして喜びと発見の瞬間を味わう可能性が広がっていることを物語っています――それは滅多にない、思いがけない贈り物で、多くの女性は魂の再生、あるいは変身の感覚として経験しているのです。

## テリーの話――8点のキルトと10編の記録と自己認識

テリーの話は、とくに中年をシングルで過ごすことの思いがけない喜びをはっきりと物語っています。

私にとっては、中年という段階に至ったというものではありません。中年に生まれたというほうが近いでしょう。とうとう私はこのプロセスへと生まれ出たのです――私は選択という言葉をずっともち続けています。50歳のいま、このルネサンスをたぶん20年もよけいに味わってきたようですし、そこから何がもたらされるかを考えています。自分で筋書きを立てたようには思えません。何でもできるような気がするのです。そんなことはこれまで一度も口にしたことがありません。

テリーが最初に切り出したのは、「私が独身のまま終わるとは、不思議です」という言葉でした。彼女の説明によると、両親は、結婚生活はずっと続けるものという考え方をしており、彼女自身も、家族に、いや、その点に関してはどこにも独身の女性はいないものとして成長したというのです。彼女が離婚したとき、両親は家族に離婚歴のある人がいないことをしきりに言いました。「両親の知り合いの誰もが夫婦関係を固く守っていました。私が小さい子どもたちを抱えて離婚し、自ら選んでシングルの身となったことは、両親にはとうてい理解できないことでした」

　テリーが結婚したのは、妻となり母となることを夢見たからではなく、ほかにすることを知らなかったからでした。尼さんにでもなれば別ですが、ほかの可能性を考えるように、育てられてはきませんでした。尼さんが自分に向かないことは確かだったので、「自由言論運動《フリー・スピーチ》」の時期にバークレーで1年を過ごしました。新しい革新的な考え方や選択の道を見せつけられるにつれて、時代の激しさは彼女に逆の効果を与えました。「みんなが変わる時代」に押し流されるどころか、テリーは激しい勢いで後退させられ、おののきながら見慣れたものにしがみつこうとしました。革命や暴力騒ぎや「左翼の大義のために抗議する汚らしい、泥だらけの人たち」にはついていけず、「身を守るために急いで結婚した」のでした。

　結婚してからのテリーは、母の姿を通して見ていた伝統的な忠実な妻になろうと懸命に努力しました。タオルを取り揃え、6時には夕食を食卓に並べ、庭を美しく手入れし、下校する3人の息子たちにおやつの用意も欠かしませんでした。しかし完璧な妻のあるべき型と思う枠に自分をはめ込もうと努力すればするほど、「ひどくばかげたこと」に思えてきました。バークレーの恐ろしい学生たちを逃れてきた彼女でしたが、その学生たちが蒔いた革命の種が、彼女が望んだのかどうかはともかく、花開こうとしていました。自分が生きていこうとしたシナリオが自分に合っていないことをますます自覚するようになりました。「自分としては、結婚それ自体が私に合っていないとは思っていません」。おおかた自分の意に反するかたちで、彼女は結婚以外に自分を待ち受けているであろう機会を考え始めました。何をしたかったのかよくわからなかったことを彼女は認めていますが、手にしていたものが自分の望んでいないものであることは、はっきりとわかってきました。まだ29歳で、テリーは夫に離婚したいと言いました。

> 自分がどこへ行きたいのか、自分と子どもたちについての決断がどんなに重大事なのか、ほとんどわかっていませんでした。3人の子どもを自分ひとりで育てることがどんなに難しいか、それもわかっていませんでした。ただ感じたのは、これまで経験したことのない自由な解放感でした。本当に恐ろしいことと思いましたが、同時に、自由がもたらす至福に近い感じを味わっていました。シングルでいることが本当に気に入ったのです！

テリーは、大学に2年しか通わないうちに、結婚しました。夫と別れたときは、3人の子どもを育てながら都市計画員として働きました。離婚の決断に疑問を感じたことはありませんでしたが、独立して最初の3年間は試練のときでした。子どもを抱えた彼女にはわずかのお金しかなく、しかも幼い子どもたちをひとりで育てることは容易ではありません。このような苦しかった歳月を笑いながら振り返って、「子どもたちがマカロニチーズとホットドッグしか食べられないだろうと思っていた時期もありました」と述懐しています。テリーも子どもたちも、年を重ねて自分で身を守れるようになり、やがて時期がきて家を出ていくころになって、ようやく一息つくことができました。

テリーは、当時まだ30代の終わりに近づいたばかりだったので、子どもたちの独立は、ほかの多くの女性よりも早く中年の「何か」追われるような気分に駆り立てました。自分の生活を見つめる時間ができてみると、彼女は仕事への意欲をいかに失ってしまったかを悟りました。当時のことについて、テリーは次のように言っています。「自分がどこへ行きたいのか、何をしたいのか、考えられませんでした。まったく平板な人生で――気が滅入るわけではなく、ただ平板な人生だという感じでした」

このころ新しい、思いがけないロール・モデルがテリーの生活に入ってきました――母親です。テリーテリーは自分が元気のよい中年期の中年期を活用できるのは、母親の中年期のルネサンスを見ていたからだといいます。

成長し、10代となったテリーは、いつも母親を――じっと待って、相手に合わせる――という性質のモデルと見ていました。この性質は結婚して母親になれという至上命令から高く評価されるものでした。母親はグリニッチ・ヴィレッジへ逃げ出すこともなく、父親と堅実な結婚生活を続けていたのですが、この母親が中年になって輝き始めたと、テリーは報告しています。

母はさまざまな選択をするようになりました。以前はとても依頼心の強い人でした。父は働いてお金を稼ぎ、母は家と庭の管理をするだけで、車の運転もしませんでしたし、自己主張もしませんでした。どんな心境の変化を来たしたのかわかりませんが、とつぜん車の運転はする、自己表現はするうえに、美術に凝りだして非常に優秀な芸術家になりました。現在50代です。私は以前より幸せですし、30代の終わりに同じような変身を遂げました。

テリーはシングルでいることが自分に有利に作用しているのは、母親よりも若い時期から独立と自己発見に向かって自分を伸ばしてきたからだと思っています。子どもが年頃になり、自分に新たな自由が訪れたときの、テリーの対応は見事でした。1年の休暇をとって、東部シエラの丘にぽつんと立つ小屋でひとりで暮らしました。「細かな一片ずつが所を得て」、彼女はこの冒険ができるようになりました——ある友人が彼女のために小屋を借りてくれたのです。夏のあいだ、ヨセミテ国立公園局の仕事をし、野生の荒野で快適な日々を過ごしましたが、この孤立した生活への準備は何もしていませんでした。

その小屋に入って最初の数日間は、これは長続きしない、と思いました。しかし、そのうちにリアルな自己意識、人生で何をしたいのか、どこへ行きたいのかという深い感覚が浮んできました。孤独でも生きていけると悟りました——実際は、生きていくだけでなく、成長を遂げ始めていたのです。

テリーは、自分自身を見つめるために、ひとりになることを意図的に選びました。自分の選択には完全な責任をもちたいと思ったのです。彼女は、自分がまるまる1年間は本に逃避して、内省的なことは少しも考えなくなることを恐れ、本はほとんどもちこみませんでした。その代わりに、日記をつけ、キルトをつくるなど、心の内に焦点を向ける活動をしました。この経験は彼女を心から変身させることになりました。この年の末、8点のキルト作品と10編の記録文を仕上げ、大陸の向こう側に移り住んで新しい仕事に打ち込む決意を固め、小屋をあとにしました。

中年期は再生のダンスに誘《いざな》われる時期でもあり、テリーはダンスを踊りました。そしてカリフォルニアから自分が育った東海岸へ戻り、大学院に進学した後、新しい高等専門職を身につけて卒業しました。こうした変身のおかげで、自己本位と至福というすごい贈り物を手にしました。中年女性のみんながみんな、テリーのようにひとりで人里離れた小屋で1年を過ごしたいと思うわけではありませんが、中年が与えてくれる贈り物を活用する勇気を奮い起すことのできる女性は多いでしょう。

## 「枠を広げられる」という贈り物

もちろん、インタヴューに応じた中年の女性たちは、もう若くないことを自覚しています。中年になって彼女たちが自分に問いかける一ひねりした質問は、だから、どうなの？です。彼女たちは、アメリカのような若者中心の文化には、不愉快な面があることを認めます。しかし、しわや白髪やしみの心配に気をとられ、時間をかけることはしていません。避けがたい老化を防ぐ救済策を探して、エネルギーや時間を費やしたりはしません。そしてスポーツ・ジムでのトレーニングに時間を割いているとすれば、それは男性への魅力を維持しようという涙ぐましい努力ではなく、これから高い山に登ることを予想してトレーニングに励んでいるのです。子どもの巣が空になったことやたるんできた体を嘆く代わりに、彼女たちは老化についての考え方を変える道を選んで、チャンスやチャレンジや冒険を求めているのです。

若さと美しさへの国をあげてのこだわりに無関心になることは、中年の最もおいしい贈り物の1つ、女性の若いころを支配していた伝統的な期待の重荷から解放されたということです。中年になると、女性は他人の意見よりも自分自身の意見に心を動かされ、心を向けるようになります。エリカはそのような変化を次のように説明しています。

ほかの人が私をどれほど幸せにしてくれるのか、そういうことはまったく気にしていません。ほかの人が全体的にどう考えていようと、かまわないのです。自分はどう考えているのかわかってきたからです。どうすれば私の助けになり、私が幸せになれるのか、それを自分で考えなければなりません。

テリーは、ここ10年間自分の生活の特別な存在であるトムと一緒に、アパラチア山道を辿ったハイキングの話をしてくれました。それは彼女が新たに見つけた中年の興奮と至福の感情を、伝統や他人の意見をやりすごすことに結びつける話です。

アパラチア山道が通る南部の小さな町は、古色蒼然、粗野で、さびれたところです。ある日、私たちがそうした町の1つに入ったとき、友人があたりを見回してこう言いました。「ここは、きっとぼくたちが住み着くのに申し分ない町だ。ぼくが新聞を発行すれば、きみは町の変わり者になれる」。彼のこの言葉を聞いて、世の中には、私の選んだ道のために私を違う目で見る人がいること、私が伝統を気せず、そしてあちこち出歩くために、そうして私の人生の幅が人より広いために、見る目が違うのだと実感しました。

## モーニングコールの贈り物

中年期は女性に対して、自分の人生の旅に責任をもち、そこに深い意味を見つけなさいと、声高に目ざめを促す呼び鈴の役目を果たします。意思決定や行動の意味を検証することが自分の生存にとってますます必要になります。夢を先延ばししてももはや意味がないとき、優先順位が変わります。すべてが早いもの勝ちです——男性との関係も、キャリアも、早目の決断も、時代遅れのかかわりも。女性は、かつてはただ受動的に待つだけだったこと——たとえば、授業を受ける、旅行に出る、「時間つぶし」をすることを追い求めるように促がされる気分になります。

こうしたあらゆるチャンスがあるなかで、中年期の暗い面は、モーニングコールよりもずっと目につかないように思えます——とりわけ、「自動操縦装置」で生きてきた女性や、完全をめざしてあまりに厳しく働いてきた女性、自分自身の力をまだ再発見せず、その力と和解していない女性にとっては、そうです。中年のモーニングコールは、少しばかりの体重の増加や動作の衰えを恥じなさいと忠告するのでなく、「自分のために何かしようとするなら、いまこそそのチャンス」だと呼びかけています。たとえば、53歳を迎えたアリータは次のように言っています。

私は晩成型だと思いますが、多くの女性はたいていそうではないでしょうか。私の創造力は50代、60代になってようやく豊かになるのだと思います。もっと豊かに自己表現できるようになることを期待しています。

52歳のルースも同じことを言っています。「私自身のための人生をいままさに創ろうとしているのです」と。ルースは新しい仕事、親友たちと一緒に書店を開く計画を立てています。「以前の自分よりずっと冒険心が強くなったと思います。この新しいビジネスに挑戦しようと、胸がわくわくしています」と彼女は語っています。

中年に伴う肉体的な変化に惑わされて、モーニングコールになかなか気づかない女性もいます。その兆候は誰でもわかるのですが。眼鏡は必要でなかったのに、ある日とつぜんシリアルの容器の文字が読めなくなります。運動をしたあと、背中や筋肉が痙攣します。体型がくずれやすいので、食事に絶えず気を使わなければならなくなります。閉経とともに肌や声の調子の微妙な変化に気づき始めます。こうした兆候は、たいてい否定的に見られますが深いプラス面をもっているのです。女性に人間の命には限りがあることを気づかせて、人生の楽しさをもっと味わうようにさせ、未来に向って新しい航路を描くよう動機づけ、あるいはすでに豊かで満ち足りた生活を送っている人にはその大切さを実感させてくれるのです。メーガンは次のようにいっています。

年齢を重ねるにつれて、人生がいかにはかなく、もろいものであるか、ますます実感するようになります。X、Y、Zと、いろいろなことが起こるまで、じっと待つような生き方はやめました。私の人生にいまあるものを大切に思っています。今の時期の私の人生はそれなりに申し分ありません――そして私が自分の人生に責任をもっています。

病気や親や友人の死を経験して、とつぜん、劇的に中年のモーニングコールに気づく女性もいます。そうした喪失体験は辛くはあっても、人生と肯定的に取り組む価値を知る大きなきっかけです。母親の死後の、このような体験をヒラリーが語ってくれました。

ひとりでできることをなるべく自分でやるようになったのは、3、4年前、母が亡くなってからです。そのとき、何もかもはっきり見えるようになりました。自分は永遠に生きられるわけではなく、楽しいことを精一杯経験するほうがよいと悟りました。

親の死によって、女性が家族の最年長世代の代表になることや、最後に残るひとりになることもあります。そうなると、自分の人生に重みをもって臨むようになります。エレーネにとって、父親の死は自分を見つめる姿勢に急激な変化をもたらすきっかけとなりました。にわかに人生のはかなさを実感し、内気でびくびくしがちな性格に立ち向うことになりました。自分も、一存でものごとを決められる女性なのだと思い始めたのは、父の死によって、「シニア世代」に身を置くようになったからでした。

父の死後、私はもう家族の部品ではないと思いました。一個の人間としてものごとを別の目で見なければなりません。自分は核家族の部品だとばかり思っていて、一個の人間とは見ていなかったのです。父の死によって、自分で責任を負う必要があることを——ふらふらせず、断固たるべきだと気づかされました。

多くの女性にとって、喪失体験は、自分の内面にこれからの人生に重要な、ときにはきわめて劇的な変化を起こさせる資源があることに気づかせてくれます。それは不幸な事情によって押しつけられたものであっても、非常な恩恵となるものです。「夢」の典型的なヒロインとして生きてきた女性、ハイジの例を考えてみましょう。ハイジにとって、中年はモーニングコールどころではありませんでした。「テロリストの爆弾が炸裂したような」ものでした。彼女の世界は、ある朝、夫が通勤途中の車の中で、とつぜん心臓発作を起こして死亡したことで劇的に変わりました。とつぜん、打ちのめされるような喪失に直面し、自身も死ぬべき存在であることを痛いほど実感すると同時に、20年あまりの結婚生活のあと初めて一人身となり、長年身近でつねに頼っていた夫がいないなかで老いていくことに絶望的になりました。段階をたどって順調に過ごすものと考えていた年月――親業から退職への移行期を経て――が、ふいにかつて直面したことのない難しいチャレンジの年月と化しました。このチャレンジへの彼女の対応は、喪失体験が中年女性をいかに変えるかという劇的な事例の1つです。

ハイジが育った農村地域では、22歳までに結婚しない女性は「オールド・ミス」と見なされました。彼女は、6人の兄弟姉妹と父方の12人の伯父伯母、母方の伯父伯母15人を含めた大きな拡大家族の一員として育ちました。こうした背景は、彼女に伝統的な人生行路を当然とする傾向をしっかり植え付け、「ひとりで暮らすことなど考えもしませんでした」

> 私が育った地域では、独立して暮らすことは、とくに女性の場合、およそ考えもしないことでした。女性は誰かに寄り添っていかなければなりません。世話をしてくれる人がいるのが当然なのです。この鋳型から脱け出すのは容易ではありません。親は結婚こそ落ち着くべき目標の場だと娘に言います。

多くの農家の例に漏れず、ハイジの家も貧しい暮らしをしていました。テーブルに並べる食べ物はたくさん必要なのに、きつい仕事が多く、お金はひどく不足していました。ハイジの記憶に残る父は「女ばかり追いかける、大酒飲み」で、いつも母を苦しめていました。母親は、中年になってから（テリーの母親と同様に）独立心をもつようになりました。父親は母親が一本立ちできるようになったのを喜んでいるようでしたが、それと同時におとなしくなり、酒と女に明け暮れた昔の習慣に妻が遅ればせの仕返しをして出ていくのではないかと、心配していたようでした。母親が新たに独立を発見したことについて、ハイジは「もっと若いときから、そうであってほしかった」と、残念そうに言っています。

ハイジの姉は、結婚の約束をいくつか断って、「大都市」に逃れ、生涯独身を通しましたが、ハイジは「夢」を追って、結婚しました。

私は夫をとても頼りにしていました。彼が「これをする、あれをする」とか、「家を買おうと思う」とか、新しい車を買うべきだと思う」と言うままに、任せていました。たいてい夫の言うとおりに従っていました。私は農家の若い娘で、夫は都会で育った人だったからです。結婚した最初から、彼のほうが知識も豊富でした。

ハイジは「夢」が約束したことを叶えられた幸運な女性でした。20年間、満足のゆく結婚生活を送り、専業主婦として4人の子どもを育てました。

満たされた生活でした。子どもの成長を見守るのはすばらしいことでした。家族の絆が強く、いつも一緒に休暇を過ごし、子どもたちを中心に計画を立てる生活でした。夫は堅実な農家の主人でした。

身近な存在だった夫の両親の死の痛手から立ち直る前に、夫が亡くなりました。ハイジは悲しみのどん底に突き落とされ、生きてはいられないような気持ちになりました。

私は頭からふとんをかぶって、「もう私の人生も終わり」にしたいと思いました。何度かそういうことがあり――当時、夜になるとひとりでよく水泳をしていました――死ぬのは簡単だろうと、自殺のことをずいぶん考えたのです。長いこと、私を置いていってしまった夫に怒りをぶつけていました。その怒りが鎮まり、「彼も死にたくなかったのだ」と思えるようになるまで、時間がかかりました。彼が死を選んだわけではないのに、私は彼を責めていたのです。

夫が亡くなったとき、2人の子どもはすでに結婚し、ひとりはガールフレンドと一緒に暮らしていました。成人も間近いもうひとりの子どもだけが手元に残っていましたが、ハイジはほとんど孤独でした。子どもや孫に慰めを求めることもできたでしょうが、それは自分の将来への答えにはならないと思いました。夫の死後一緒に暮らすことを勧めてくれた姉の世話になり、姉に言われるままの生活に引っこむことも可能でした。しかし彼女は生まれて初めて自己を主張する道を選びました。姉をその家に送り帰してから、ハイジは仕事を探し始めました。数か月が過ぎて、ひとりで生きていけると気づいたとき、彼女の自己イメージはすっかり変わっていました。

以前よりずっと自分を主張するようになりました。以前は、誰かに「ハイジ、座りなさい」と言われれば、座わり、「こんどは、両手を組みなさい」と言われれば、そのとおりにしました。そういう型から脱け出して、「私は座る必要はないし、手を組む必要もない」と言うのはとても大変でした。「私は責任のとれるひとりの人間、だから私にはこれができる」と自分に言い聞かせていました。とても大変なことでした。

意に反してシングルの身となったハイジは、夫とともに暮らしていた「夢」からむりやり覚まされ、自分の人生に責任をもたざるを得なくなりました。しみついた姿勢を総ざらえし、かつての夢と折り合いをつけながら、自己実現への新しい道を探るための生活を、うって変った方針で築いていきました。現在、彼女はやりがいのある仕事をしています。夫と暮らしていた家を売り、いまの自分のニーズに合った家を買いました。好きなとき、好きなところへ旅に出かけ、因習に逆らって12歳年下の恋人を見つけました。そうしたものと引き換えに、夫との生活に戻りたいですかと尋ねると、もちろん、と答えましたが、次のように付け加えることを忘れませんでした。

夫のケヴィンを取り戻せるなら、何も惜しくありませんが、それは不可能なこと。いまのライフスタイルは気に入っています。私自身のボスとして、自分のことをやり、責任をもたされ、自分で支払いをし、自分の生活に責任をもつのです。ゆったりと座って、「私の時間だ」と言えるのは、いい気分です。

## 自由という贈り物

子どもたちが独立して家を出ると、寂しさを感じます。幸いなことに、彼らがティーンエイジャーに成長したことで、辛さは癒されます。それでも、一時の家族の終りには、悲しみと郷愁が伴います。インタヴューをした女性たちもこの悲しみを認めますが、大きな利点があることも報告しています。リリアン・ルビンが『ある時代の女性たち』に書いているように、「巣立ち後症候群が多くの女性にとって存在しないことは、そういう生き方をする女性にとってビッグ・ニュースでも何でもない」のです。私たちのプロジェクトに参加した女性は、成長する子どもと過ごす時期には「頭を水の上に出して警戒すること」以外に、ほとんど何もできない時期だと述べています。子どもの巣立ち後の中年期は、女性たちに一息つくチャンスを与えてくれます。若いころ時間の大半をとられた育児の責任から解放されて、自分のひそかな願望を果たす時間（と、お金）を与えてくれます。どんなに否定的な感情を経験するとしても、責任が軽くなり、達成感から来る安堵感と爽快感が埋め合わせをしてくれます。子どもを育てるために努力を尽くし、その努力が実ることは、中年の女性に満足感を与える重要な源泉となります。ペギーはこう言いました。

私はずっとキャリア志向でしたが、その私にとってさえ、最大の満足感を与えてくれるのは、2人の子どもを育てあげ、よい関係をもっていることです。

オードリーは、長年にわたり自分の子どもだけでなく、年老いた父親の世話もしてきたので、50代を迎えて自分の時間がもてるようになったことを歓迎しています。

子どもたちは成長し、自活して幸せに暮らしています。両親にもできるだけのことをしてきましたが、いまそれも終わりました。やり残しを気にして死ぬほど自分を責める必要はありませんでした。すべてに満足しています。

解放感の経験は、20代から30代にかけて親業と離婚による独立生活の双方に心理的、経済的に順応することに集中してきた女性たちに、共通して見られました。最初の数年は、自分の子どもたちのニーズと収支の帳尻を合わせる道を見出すことを厳しく追求しなければなりませんでした。こうした女性たちは、強いられた自立と独立心が、中年になって自分の選んだ方法に活用できることを発見しました。母親としての義務のために「棚上げ」されていた自身のアイデンティティを発見したことを報告しています。人生を純粋に楽しむ自由と自発性の新たな感覚を味わっています。サンディは、2人の娘をひとりで育ててきた経験について、次のように語っています。「私は自分のやるべきことはやってきました。職場でも、家でもこつこつ働きづめでした。いまでは、一息ついて日光浴ができます」。2人の息子を育てたグレンダはこう説明しています。「中年になると、簡素な生活になります。重要な責任がなくなって、肩の荷をとうとう下ろしたという感じがします」。末の娘が大学を終えたばかりだというジュリアは、中年はようやく自分のことに目を向けるチャンスが得られる年だと言っています。

新たに自由を得て、とても嬉しいです。20年余りのあいだ誰かの世話をしてきたあとですし、自分のことだけを考えればよいのですから、わくわくします。夕食をつくりたくなければ、つくりません――コーン・チップスを買ってくればよいのです。子どもたちが出ていって、まだ親たちは移ってきていません。この限られた黄金の時間をうまく活用し、私がやりたいと思うことをやってみたいと思います。

## 状況の好転という贈り物

既婚か未婚かにかかわらず、中年期は、人生を新しい視点で眺める機会を与えてくれます。女性は自分たちの苦闘を個人的なものと見なしがちですが、中年になると、自分個人の歴史がアメリカ社会の政治的、社会的な歴史という背景のなかで起こったという事実を実感できるようになります。公共テレビ放送で今日の社会問題を歴史的にみる番組は、もはや遠い過去には目を向けません。それよりも、私たちの肩越しの一瞥となり、「……を聞いたとき、どこにいたか」という練習問題となります。女性が特定の時代に自らを置き、まだ生きている歴史の一部として自分を見つめることが可能になります。今日の中年女性はアメリカ社会における女性の転換点を生きてきました――女性が自らの選択肢と関係を理解し、受け入れる助けになる、すばらしい状況です。スーザンにとって、１９９３年は思い出に残る年でした。

この年は1968年という、みんなを暴力で麻痺させた年の25年目にあたる年で――過去をいやおうなく振り返らせるプログラムがあふれました。その年は私が社会福祉学校を卒業して25年目の年でもあって、同窓の集まりに参加しました。親友のひとりが北部に移る前の南部の公民権運動に参加し、私たちのことを味方になってくれると信じていたと話すのを聞いて、私は当時の彼女をいかに理解していなかったかと痛感しました。夜がふけてなお話を続けるうちに、私たちがお互い同士だけでなく自分自身のこともあまり理解していなかったことがわかってきました。私たちは当然あらゆる形態の抑圧に反対でしたし、もちろん、現状にも反対でしたが、何に賛成すればよいのか、よくわかっていませんでした。私たちは社会に適応しにくい人間の集まりで、夢がけっして似合わない女性たちでしたが、心の内で強い喪失感と恐怖を感じていたので、そのことを自分で認めることができませんでした。毎日毎日、私たちは虚勢を張り、ボスニアの難民が爆弾で破壊された建物のあいだを進むように、混乱の中を歩み続け、自分たちの生活と愛を築くべき意味を探っていました。いまになってようやく私は自分たちに対する共感を感じ取ることができ、望まなかった生き方とはどういうものであるかだけを知ったうえで、自分たちの生活の骨組を築こうとしています。いまになってようやく私は勇気と力と忍耐力が自分たちにもあることがわかります。

シングルの女性やシングルになろうと考えている女性にとって、このような歴史的な見方に埋めこまれた過去と折り合いをつけることは、自分の人生を再定義する重要な部分です。中年になって自分の私生活における選択の権利を主張することは、すべての女性が自分たちの生活をもっと意のままにできるための、より大きな運動の重要な要素と見なされます。60年代から70年代にかけての女性運動の闘争を振り返り、自分自身の個人的な闘争を時代の鏡として見ることができます。中年になると、女性は自分自身を適応できない人間と見るのでなく、文化の変化の境界に生きている女性として見ることができるのです。

第10章

# 偶然のキャリア
## ——回り道、夢の復活、途上の修正

人生には軌道修正が満ちています。半数の人たちが離婚しました。女性の多くは、シュートとラダースのゲームのように見えるキャリア・パスを通ってきました。何度も何度も方向を変え、優先順位を変えてきました。しかし、私たちの犯した「誤り」は、自分の生きてきた人生の、決定的な部分となることも、最善の部分となることもあるものです。

——エレン・グッドマン

今や妨害され、もつれた人生の創造的な可能性を探るときです。そこでは、エネルギーが限られた範囲に集中されていないか、1つの野望だけに永続的に向けられていないかのどちらかです。こういう人生は賭けるものをもたないものではなく、賭けるものが絶えず焦点を変え、見直されている人生です。私たちは時間と情熱を特定の目標に投資し、しかも同時に、それらの目標が変わりやすいことを知らなければなりません。

——メアリー・キャサリン・ベイトソン

仕事……は、いつも私の救いでしたし、それを私に与えてくださった主に感謝します。
——ルイザ・メイ・オルコット

満足できるシングルライフを築くうえで、仕事が果たす重要な役割を発見したことは、インタヴューに応じた中年のシングル女性の多くにとって、驚きと喜びの源泉でした。結婚生活に別れをつげ、あるいは結婚しない決断をして、アイデンティティを見直さなければならなくなった女性は、仕事が単なる時間つぶしや食卓に食べ物を並べるための方便ではないことを発見しました。事実、伝統的な役割を放棄したシングル女性にとって、仕事は充足感を与えてくれる重要な源泉となり、他者との豊かな関係を築く土台にもなっています。

現在、中年を迎えている女性の多くは、少なくとも重要な意味をもつ「本当の」キャリアをもつことを実際に計画していたわけではありません。結婚して母親になれという至上命令の盛んな時期に育てられたので、彼女たちはキャリアが自分の人生を組み立てる力となり、自己の確立、自尊心、自信の源になることをほとんど教えられていませんでした。せいぜい、王子さまに何か起きた「場合に」頼れる技能を身につけておくのがよいとされていただけでした。たいていは、自分たちの生活が結婚のなりゆきに左右されることを考えることさえ、憚られていました。ジュリアが、ニューヨーク市の大学で美術を学びたいという計画について、進路指導カウンセラーから非難された話は、こうした女性の現実を物語っており、マーニャが大きくなって何になりたいか聞かれたときの答えも、そうです。「何にもなりたくない。ママのようになりたいだけ」と、彼女は答えました。

現在中年の女性がどんな事情のもとで仕事に参加しているにせよ、そのプロセスは、たまたま仕事に「就いて」何年かするうちに、価値あるキャリアになったという例が一般的です。教師、看護婦、社会福祉といった分野がとくにこうした偶然のパターンにつながっているのは、女性を昇進させる前例がすでにあったからであり、育児に関して融通のきく時間帯に対応できる前例があったからでもあります。しかし、たいていの分野はそうではありません。男性支配の分野に敢えて進出し、医師や弁護士、警察官、政府の役人、株の仲買人になった数少ない女性たちは、それが途方もなく大変なことであるのを思い知らされました。必要な教育や訓練を苦労して修得しましたが、これらの分野には先導する女性の師がおらず、まったく男性中心の文化のなかで女性として生き残る術を教えてくれる人はいませんでした。それでも、伝統的、非伝統的な分野でさまざまな障害に遭遇しながらも、インタヴューに応じた女性の全員が自分の人生における仕事の重要性をあらためて明らかにしてくれました。おそらく必要がこうした女性たちを働く場へ駆り立てたのでしょうが、仕事をきちんとやり遂げ、仲間と一緒に仕事をする楽しさがあるからこそ、彼女たちはそこに留まってきたのです。

## 舞踏会が終って

結婚して母親になるという夢を中心に人生計画を立ててきた女性は、結婚生活が破綻したとき、仕事の面で特別の試練に直面しました。シンデレラの馬車がかぼちゃに戻ってしまったように、とつぜん、慈悲深いお伽話のゴッドマザーからの警告もなしに、舞踏会は終わりました。前例のないやり方で自分の生活の責任を負う術を身につけていかなければなりません。しかも、たいていは子どもを育てるという厄介な問題が加わります。就職して結婚を機にやめた女性は、離婚したときに少なくとも何らかの頼れる方向感覚をもっていますが、たいていの女性はもっていません。将来、何の準備もなく自立しなければならない日が来るとは、考えたこともなかったでしょう。しかも多くの場合、学歴もなく、競争できる態勢になっていません。学歴のある女性であっても、特定の技能や職業上の適性をもちあわせない例が多いのです。こうした女性が母親としての責任があるにもかかわらず、かつての学問的な興味や趣味など、あらゆる力をかき集めて仕事をこなしていく姿は、目を見張るばかりです。彼女たちの労働の歩みは、環境や責務や生活条件が変わるにつれて、どのように関心や熱意の方向を変えざるを得なかったかを如実に示しています。

たとえば、オードリーは25年前に離婚したとき、学歴はあっても、特別仕事に就いた経験はありませんでした。中流の上の家庭に育ち、両親がアイヴィ・リーグの大学への進学を勧めたのは、彼女に生涯の仕事を見つけてほしいと願ったからではなく、名門大学で学ぶことが豊かな地域社会の一員の妻となり、母となるために期待されていたからでした。オードリーは次のように言っています。

私はアイゼンハワー政権の時代に育ちました。すべてが平穏で、よい生活をしていました。50年代には、ただ楽しく、自分がどういう方向へ行くのかあまり考えることもありませんでした。誰もが大学で素敵な時を過ごし、大いに学び、結婚してアメリカン・ドリームを果たすのだと思っていたのではないでしょうか。白い杭垣の家、2人の子ども、愛してくれる夫。ところが、私たちの多くが、そのような結果になりませんでした。

オードリーの言うとおりです。彼女の世代の多くの女性がそのような思いを果たせませんでした。若かりしころ、彼女たちは「夢」を信じ、自分たちの人生もそうなると想像していました。現に、オードリーは大学を卒業して数週間足らずで、高校時代の恋人、マーティンと結婚しました。マーティンは海軍の空中偵察パイロットだったため、オードリーは夫とともにあちらの基地からこちらの基地へと国内を転々としました。こういうライフスタイルに我慢できたのは、パイロットとその妻たちの、固く結ばれたグループの一員だったからでした。オードリーは結婚早々に経験した友人たちとの深いつながりについて、楽しそうに話してくれました。引越しは多くても、楽しい生活でした。マーティンとの仲は睦まじく、2人の娘にも恵まれました。すべては「夢」のとおりに運んでいましたが、やがてベトナム戦争が「以後幸せに」なるべき基礎を揺るがし始めました。不評な戦争の軍隊の一員であることはマーティンに大きなストレスを与え、ひいては、結婚生活にも影響を及ぼしました。友人の多くが戦死あるいは捕虜となり、2人を支えていた人たちが、ひとりまたひとりと消えていきました。マーティンは現役兵として生還しましたが、友人の葬儀に出席する回数が増えるうちに、オードリーや子どもたちから離れて、酒におぼれるようになり、ついには浮気までする結果になりました。事態は急速に悪化して、結婚問題のカウンセラーも2人のよりを戻すことができませんでした。不本位ながらオードリーは離婚という厳しい決断をして、2人の子どもとともに故郷に帰りました。そうすれば、家族や友人の支えを期待できるからでした。

オードリーは、家庭の外で働くことは一度も考えたことなく、とりたてた技能ももちあわせない身で、にわかに自分と子どもたちを養っていかなければならなくなりました。この時期が最も苦しかったと、彼女は次のように述べています。

離婚することなどおよそ考えたこともありませんでした。とつぜん私の人生はコントロール不能になったのです。5歳と2歳半の子どもがいて、支える手段もなく、マーティンが一時的にでも食べさせてくれる保証もありませんでした。

オードリーが仕事を選択したのは「純粋に必要だった」ためで、まったく偶然のことでした。結婚が解消される前に、友人からヘッドスタート・クラスの授業を手伝ってほしいと言われ、これを承諾した彼女は、すぐに子どもを教えることが好きになりました。結婚生活が破綻したとき、オードリーはヘッドスタート・クラスでの経験を思い出し、教会の幼稚園に職探しに出かけました。「教会の人たちの足元に身を投げ出して、『私は大した人間ではありませんが、この仕事が大好きです』と訴えました」。給料は安いとわかっていましたが、マーティンが約束してくれた送金と合わせれば、家計のやりくりもでき、学校が終わってから、そして夏期休暇には、子どもと家で過ごせると思いました。その仕事に就いて7年間、子どもたちを教えていました。自分の子どもたちが大きくなったので、彼女は学校に戻り、教育学の修士を取る決意をしました。

オードリーは、けっして野心家ではないと言っていますが、すばらしい熱意と見事な仕事ぶりを認められて、昇進を重ねていきました。53歳となったいま、オードリーはキャリア開発に捧げてきた歳月を、自分でも意外の感慨をもって、振り返っています。彼女は、働くことをまったく予想しておらず、ましてやキャリアで成功することなど夢想だにしませんでした。しかし、今日、彼女は名門の私立校の理事長という要職を務めています。まったくの必要性から始めた仕事が本当の満足感を与えてくれるキャリアへと発展したことになります。

オードリーは生活のバランスをとることに気を配り、家族や友人と過ごす時間を大切にしながら、自分の楽しみにも時間を割いていますが、仕事に熱中する度合いは年毎に強まり、いまでは充足感の主要な源泉となっています。責任を負うことはすばらしく、「それを努力目標にしている」と説明しています。また、自分は一所懸命仕事をしていると思えることが喜びだと言っています。「自分にできる最善の仕事をしていると実感できることに、深い満足を覚えます。それが満足感の源泉であり――だからこそ、そのことに最善を尽くしているのです」

成功を収め、そこから満足感を得ているのは、オードリーだけではありません。かつては妻となり母となることだけを夢見ていた多くの女性が、押しつぶされそうな困難にもめげず、巻き返しをはかって大いなる成功を収めています。「何か起きたら、看護婦か学校の先生」になると思って成長したミリアムは、いまでは、世界中の画家の作品を展示するギャラリーのオーナーとして、成功を収めています。ペギーは、2人の娘が大学に通うのと同時期に大学院に籍を置き、最高の仕事に狙いを定めて見事就職してから、今日までその仕事を楽しんでいます。ルースはコンサルティング・ビジネスを興して成功しただけでなく、「まったく別の」ことに乗り出すリスクを冒して、最近、書店を開きました。ミシェルは医師になり、マリーは教授に、リディアは弁護士になりました。これらの女性たちはたまたまその仕事を始めたのかもしれませんが、その成功は偶然の結果ではありません！

## 王子さまを待ちながら働く

結婚したいと思いつつ、働きながら待ちわびていた王子さまは現れず、結婚しなかったという女性もいます。高校や大学を卒業し、結婚するまでの「腰掛け」のつもりだった仕事に就いて続けるうちに仕事が生きがいとなった女性もいます。中年に近づいてまだ結婚していないと気づいたころに、それほど重要でなかった仕事が人生の重要な部分となっていることを悟ります。興味深い領域に足を踏み込んで、思いがけない野心のひらめきを感じ、没頭しているのです。意識的に人生の方向を変えようとしたわけではなく、気がついてみると、もはや結婚を待つ女性ではなく、真剣にキャリアに専心する女性に変わっていたということです。ポーリンは自身の場合を次のように説いています。

途中で思ったことがありました。「もしも結婚しないなら、自分にとって最善のものを手にしたい」と。私は方向を変え、結婚を脇に追いやりました。いつごろこのような心境の変化を来たしたのかわかりませんが、自分のキャリアと、何をしたいかという点から自分探しを始めたのです。

ポーリンと同じように、エリカもけしてキャリアを望んだわけではないのに、いまでは仕事が大きな満足感の源泉であることを真っ先に認めています。「落ち着いて」妻となり母となるまでのつもりで始めた一時の仕事が、ジャーナリズムでのキャリア成功へと発展していきました。エリカは徐々に野心を強め、熱中していったので、その変化がいつ起きたのか正確にはわからないとしていますが、非常に深い意識のなかで起きたことだといいます。

38歳で未婚のエリカは、若いころはキャリアが人生に果たす役割について何の備えもなかったことは確かだとしています。『パパは何でも知っている』の両親にも負けないくらい伝統的そのものの両親の結婚生活を見ているうちに、彼女の期待が生まれていきました。父親はまちがいなく小さな城の王様、母の仕事はその城と夫を支え守っていくことでした。「両親の結婚生活には妥協といったものはありませんでした。つまり、父が言うことだけをしていれば、それでよかったのです」と、彼女は言います。母が感情面で犠牲を払っていると感じた点をエリカは次のように述べました。

母のことを考えると、横暴だった父との結婚でどうして独立心を捨てたのかと考えます。母が父と結婚するまでの生活について話してくれたことや、いまの状況における母の反応の仕方から――この非常に積極的だった女性が「男にとって家は自分の城」であるがために、受動的な女性になったことが見てとれます。

エリカの両親、とりわけ父親は、彼女に母と同じ道を進むように強く促しました。実際、父が自分に最も強く願ったにちがいないことをエリカはこう言います。「父は死ぬ前に、私の面倒を見てくれる人がいるかどうか知りたがりました。自分はもはやそれができなくなるからでした」。それから何年も経ちましたが、彼女が自立できるすばらしい仕事をしていることは、父には思いも及ばないことでしょう。

母親が妥協していることに気づきながらも、エリカは両親の夢を自分の夢として受け入れました。温かい家庭の団欒に居場所を得るのは時間の問題だと思いながら、成長していきました。しかし、大学を卒業するまでに理想の男性を見つけられず、雑誌の編集スタッフの仕事を始めました。結婚するまでの腰掛の仕事のつもりでした。

堅実に私の面倒を見てくれそうな相手がいなかったので、それなら自分でできるだけのことはしなければいけないし、よい仕事をしなければいけないと思っていました。

エリカは実際に最善を尽くして、それがまさによい成果を生みました。年を経ても、彼女にとって最も重要な王子さまは現れず、ひたすら最善を尽くしていました。20代から30代と仕事を続けていき、インタヴューに応じたときには、仕事の面で大きな成功を収めていました――まったく思いがけないことに。ほかの多くの中年女性と同様に、エリカは意識して新しい重責を引き受けようと競争したことはなかったのですが、上司がいつも変わらぬ彼女の仕事ぶりを見ていてくれたおかげで、昇進の階段を上っていきました。いまでは、自分でも夢にも思わなかった高給をとっています。有能で成功を得たエリカは、これからの人生もその仕事を続けたいと、意欲満々です。エリカは仕事を愛し、有能で成功していることを実感しています。感心し、尊敬する人たちと仕事するなかで、自分の仕事がほかの人たちの生活と重要な関係をもっていると思っています。

## 回り道――つねに働くことを願っていた女性たち

女性の誰もが、少女時代から、キャリアでの成功を意識しなかったというわけではありません。つねに旺盛な独立心をもって、あえて違う道を夢見ていた女性もいます。女性運動やそこに示される女性のロール・モデルに感化された女性もいます。家族から、結婚して母親になることとは別の生き方を追求するように励まされた女性もいます。彼女たちは、伝統的な役割が喧伝されているほど満足できるものでないというメッセージを明白に、あるいは暗黙のうちに、母親から受け取っていました。また、家の外の世界で成功する方法のモデルを父親に見てきた女性も多いのです。要は、よい立場を占めているのは古きよき父親であり、彼はだから毎朝喜んで勤めに出ていくのだと思えたからでした。こうした女性のなかには、結婚した人もいれば、未婚の人もいました。しかし、全員が飛び立つ術を身につけたいと思っていました。残念なことに、彼女たちには導いてくれる飛行計画もなく、既知の座標もありませんでした。職業に就きたいと願っていましたが、目標は曖昧模糊として、焦点が定まりませんでした。その結果、この女性たちは夢を実現するのに遠回りしなければなりませんでした。

たとえば、アリスは職業で身を立てたいとつねに思っていました。しかし、道案内もなく、方向も示されない世界で、専門職業で身を立てるためには奮闘しなければなりませんでした。ただ、アリスは幸運にも両親から積極的な支援を得ることができました。両親は彼女の子どものころから独立心と自信を植え付ける努力をしてきたのです。12歳になったとき、アリスは特別の少女グループのキャンプに行かされ、大学を卒業するまで毎年夏のキャンプに参加していました。このキャンプで、彼女は「非常に多くのロール・モデル」に感化され、「自分も目標を立てられるし、独立できて、いろいろなことができる、自分には1個の人間としての将来がある」というメッセージを感じ取っていました。

アリスは大人の仲間入りをするころ、このメッセージを内面の支えに重要な将来の目標を立てました。自分は大学に行きたい、「平和部隊」に参加したい、そして大学院へ進学したい。そうしてこれら3つの目標をすべて成し遂げました。大学を卒業後、「平和部隊」に参加して3年間アフリカで働き、各地をまわりました。アフリカから帰国後、計画どおり大学院に進学しましたが、それ以後の人生で本当に何をしたいのかを決める役には立ちませんでした。「世の中で何をしたいかというヴィジョンもなく」、孤独で、敗北したような気がしました。男性の同僚たちと違って、アリスには仕事の世界で彼女にキャリアを促してくれるロール・モデルや導師もおらず、そのようなヴィジョンを描き出す方法を示してくれる人もいませんでした。

大学院の途中で、アリスは研究分野に興味がわかないことを悟り、プログラムを変更しました。学位を終えて、新しい分野の仕事に就きましたが、それが好きになれませんでした。「ばかな過ちをして、間違った仕事に就いてしまった」と落ちこんでいました。周囲の女性たちを見ると、方向性もない人生に不安を覚えて、結婚というしくみに逃避しているように思えました。アリスは、対照的に、ほかの夢を新たに求めました。もう1度進路を変更してみたいと思い、法科大学の入学試験を受けました。結果を待っているとき、ビジネス界のある仕事を勧められ、それを引き受けることになりました。今度はその仕事がとても気に入り、以来仕事をこなすにはどんなに時間がかかっても意欲的に働いてキャリアに没頭してきました。組織の階段を次々に昇進して、いまでは65人のスタッフを管理していて努力は報われ、彼女の意思決定や政策が大勢の人びとにプラスの影響を与えています。

アリスのキャリア開発に向けての苦闘は、多くの離婚した女性にも見られます。たとえば、第3章で最初に述べたジョシーは、2回の離婚、就職しても満足できないなど、さんざん回り道をした末に、ようやく打ち込める職業につくという当初の夢を実現することができました。子どものころ、ジョシーは、聡明で才能も独創性もある母親が専業主婦となるためにキャリアのチャンスをあきらめてから「しなびたように」慢性的な鬱状態になってしまったのを見ていました。母親の人生をこの目で見るうちに、人生に重要な役割を果たす仕事を見つけたいという、強い思いがしみ込んでいきました。このように早くから目標へ向かわせる力になったもう1つの理由は、父親にとって人類学の教授という仕事がどれだけ多くの意味をもっているかを知ったことでした。

いちばん充実した時を過ごしているように思えたのは父でした。父が幸せな生活を送れる大きな理由は、毎朝起きて仕事に出かけていくことでした。父は自分の仕事を深く、深く愛していました。父にとって、仕事は何よりも大切なものでした。私は、好きな仕事を選べば幸せになれると心に誓いながら育ったのです。

ジョシーは、デヴィ・クロケットやアメリア・エアハートのような冒険家の伝記を数々熱心に読むうちに、何か価値あるものを与えてくれる将来への夢をもつべきだとひたすら確信しました。10代になったころには、母親と同じ人生は送るまいと心に誓いました。何を選ぶかが成否を決めることを彼女はわかっていました。当時どのように考えていたのか、ジョシーは次のように述べています。

　何が何でも、世の中に自分の足場を築くハーケンを打ち込もうと決心しました。そこでどれだけ足踏みしても、置き去りにはされまい。そんなことをしたら、母のように暗い穴に閉じ込められてしまう、と。

ジョシーは、職業に就くことを予期していなかったオードリーやエリカよりも、幸先よいスタートを切りましたが、キャリアを開発することは、ある面でもっと難しいことでした。途中での支援はほとんど得られず、しばしば懸念や絶望に襲われました。アリスと同じように、彼女は自分が何を望まないかは、わかっていましたが、実際にやりたいことを考えるとなると、別問題でした。「進みながら道をつくっていくようなものでした。よいか悪いかはともかく、何か夢や野心を実現しようともがいていました」。思春期から大人になるころまで、彼女は「グライダーのパイロットのように」、つねに変わる風の中で上昇気流を捉えようと必死になっていました。「自分がバラバラになってしまったように感じて、どうすれば大人の女性として脱皮できるのか、見当がつきませんでした。モデルがいっさいいなかったからです」と、彼女は説明しています。

すでに述べたように、大学3年のとき、ジョシーは一足飛びに結婚していました。それでもまだ仕事に就きたいと思いましたが、何がよいかわかっていませんでした。ウエイトレスのような臨時の仕事に就いてから、図書館員のような硬い仕事にも就きました。夫が「平和部隊」に入ったとき、彼女もついて行きました。

任務のさなかに、女性運動が起こりました。当時、アメリカ中部の小さな町に住んでいました。いまでも覚えていますが、友人が雑誌『ミズ』を送ってくれたのです。世界で何かが起こっていて、それを見逃していたと気づきました。自分もそうした変化に合わせなければ、惨めになるだろうと悟ったのです。「もしもこれをしなければ、母みたいになる」と意識したわけではありませんが、ふいに地平線が開けてきたのです。

結局、ジョシーは結婚生活にピリオドを打って、大学院に入る道を選びました。ひとりで思い描けたものよりもっと刺激的なヴィジョンをもちたいと思って、独力で並み並みでない創造的なキャリアを築いている女性のモデルを探し始めたのです。いま、ジョシーは新たな自己イメージを描く着想を与えてくれた女性運動に感謝したい、と思っています。

女性運動のおかげだと、感謝せずにはいられません。安っぽいと思われるかもしれませんが、運動には希望があり、ヴィジョンがあり、モデルがありました。モデルは復活して、新しいものになりました。私は、『ミズ』に登場する女性たちのイメージを自分に吹き込んでいました。彼女たちは「伝統的な人生はあなたが生きていくべき人生ではありません。それは楽しい人生ではありません。もっとずっとよい人生があるのですよ」と言っていました。

ジョシーはこうしたモデルを手本に、最初に「好きになった」哲学で博士号をとろうという勇気を得ました。「30歳のとき、17歳の子がするようなことをしていました。生活を一変しようとしていたのです」と、彼女は言っています。彼女は結婚し、また離婚しました。今度は完全に自分らしく生きるためにシングルでいることが必要だと悟ったからでした。働くことがジョシーの人生を通して幸せの中心となるものでしたが、大学院を卒業後に始めた仕事は、彼女がつねに憧れていた満足感を与えてくれました。いま、中年を迎えたジョシーは、彼女のアイデンティティと最も大切にしてきた価値観を反映するキャリアである、大学教授として尊敬を集めています。彼女は仕事のことを、嬉しそうに、熱っぽく語ってくれました。

哲学は私が愛してやまない学問です。これからの人生、本を読み、考えて過すことができるのです。人生を内省的に過す職業に就きたいと思って、それを見つけました。それ以上に何を求められましょう？完璧な人生だと思っています。

## 意味の問題

本章で紹介した女性たちの経験は、すべての女性にとって働くことが、大きな重要性をもつことを強調しています。仕事は女性たちの独立心、満足感、自己の定義に大いに役立ちます。容易でないチャレンジをマスターしたという思いを抱くことは、どんな経験にも優る喜びを与えます。女性は職場でこうしたさまざまなチャレンジを見出し、そのひとつひとつをマスターすることで、自分にも何かができるという満足感と自尊心を高めることができます。仕事の世界に入ったばかりの女性は、自分が有能であるという感覚が成長していくことがいかにやり甲斐に通じるかを知って驚きます。多少とも働いたことのある女性が経験する、こうした恵みやチャンスはけっして少なくありません。インタヴューに応じた女性は全員、仕事が有能な個人であるという安心感を与えてくれるうえ、自分がまず何をしたいかをはっきりつかんで、それを日常生活に生かしていくことができたと、報告しています。

インタヴューした女性の全員が高い地位のエグゼクティヴや医師、弁護士などの高等職業に就いているとはかぎりません。しかしそれでも自分もきちんと仕事ができるとわかったことで、単純ながら信じられないほどの満足感を得られることを、女性たちは強調しています。パール・S・バックがかつて言ったように、「仕事の密かな喜びは一言に凝縮されます――うまくできた、ということです。何かをうまくやろうと思ったら、それを楽しむことです」。大学や大学院に行けなかった女性や長いあいだ専業主婦として、また母親として過ごしてきた女性は、専門職の、いわゆる「キャリア」を身につけるチャンスがあまりありません。それでもこうした女性でさえも、仕事に大きな満足感を見出しています。たとえば、エマは子どもたちがまだ小さいころから、秘書として働いてきて、どうにか生きていける賃金を得ているだけです（昨年の彼女の税引き後の給料はわずか1万1千ドルでした）。それでもエマはうまく仕事をこなし、頼りにされていることに、喜びを感じています。「仕事に全力をつくしていると思うと、とても嬉しいのです。それこそ満足感を与えてくれます」と、彼女はいっています。

また、年を重ねるにつれて、仕事に感じる意味と喜びが大きくなってきた、と報告している女性もいます。離婚して、ひとりで子どもを育てた女性は、中年になるといままでより自由に、自分の仕事に没頭できると報告しています。ようやく調子が出たところで、まだ自分の潜在能力を悟るまでには至っていないと感じているようです。モーガンは、20代の初めに結婚して9年後に離婚したのですが、結婚後も仕事を続けてきました。それでも48歳になったいま、自分のキャリアは始まったばかりだと思っています。子どもたちがようやく独立して、仕事に集中できるようになりました。やりたいことを何でもできる段階にはいまだ至らず、まだ頂点を極めていないと自覚し、もちろん、引退するのはまだまだ先のことと思っています。成人してからずっと仕事をしてきた未婚の女性でさえ、仕事が自身にどれだけの意味をもっているか、中年になってようやく理解できたという女性もわずかながらいます。おそらく、そのような実感がなかなかわかないのは、現在、努力の報酬を刈り取っている最中だからでしょう。あるいは、彼女たちはもはや王子さまの出現も待っていないので、野心をさらけ出しても女らしくないと見られる恐れをもうもたないからかもしれません。彼女たちはキャロライン・ハイルブランの「中年の究極の喜びは仕事である」

という言葉を心から支持しています。

# 第11章　乱気流と追い風——働くシングル女性の試練

アメリカ女性の運命を向上させるために差し迫って必要なのは、もっと自分に焦点を当てることではありません。いかにして雇用主に女性のニーズへの関心をもたせ、性差別やハラスメントをどう処理し、性差別主義の障害をどう乗り越えて前進するか、という理念を打ち出すほうが、改善への道となるでしょう。

——デアドル・イングリッシュ

まるで私たち女性は完全装備のレースに巻き込まれているようです。男たちが高性能の、車高の低いレーシング・カーを駆っているのに、女性は地元のガレージ・セールでようやく手に入れたテニス・シューズで懸命に走っているようなものです。

——ナオミ・ワイスタイン

職場で働く女性にとって、シングルであることは重要な利点となり得ます。たいていの組織でシングル女性は同業の男性と同等ではありませんが、それでも既婚女性よりは有利な立場にある場合が多いのです。雇用主はシングル女性について、とりわけ扶養する子どもがいなければ、その時間やエネルギーを奪い合う可能性が少ないと見る傾向があります。シングル女性は自活する必要から、退職する可能性も少なく、妊娠したからといって休暇をとることは滅多になく、夫の異動を理由に辞めることもないと、雇用主は察しています。遅くまで居残り、あるいは週末を返上してデッドラインに間に合わせなければならない特別プロジェクトの「よいカモ」にされる場合も多いのです。雇用主は、シングル女性こそ頼れる要員と見なし、実際に彼女たちがそれに応える場合が多いのです。

危機的な状況のとき、あるいはデッドラインが迫っているときに役に立つシングル女性は、その特性を実証するにつれて、責任の重いポストへ着実に昇進します。中年女性たちは、競争心を刺激されることがほとんどないので、上司や同僚に協力を惜しみません。彼女たちが同僚の男性ほど脅威と思われないのは、女性を真剣に受け取る人がいないからという間違った理由のためだけではなく、彼女たちが表立ったパワー・プレイに参加することも、犠牲を厭わずに人に先立とうとする可能性も少ないからです。インタヴューに応えた女性のかなり多くが、求めずして昇進を告げられていますが、それは、彼女たちが強いられることなくつねに堅実な仕事をしていることに気づく人がいたからでした。たとえば、アンジェラの場合、賃金も安い、つまらない職種から副社長へと昇進したのは、すぐ上の階層にいる同僚なら誰であろうと援助を申し出て、その仕事を学習していたからです。アリスやエリカのようなシングル女性は、献身的に仕事に励み、その結果昇進しています。多くの場合、シングル女性は企業にとって得がたい資産となるので、バーバラ・エーレンライヒがかつて述べたように、企業は「あなたは、結婚や母親となること、あるいはアメリカ合衆国政府を暴力によって転覆することを、現在、もしくはいままで考えたことがありますか?」という、標準的な忠誠の誓いの変形版に、けっして「ノー」と言えない女性をふるいにかけるのですから。勤勉で、必要なとき役に立つシングル女性は、職業の面で報われることが多いのです。有能感、自尊心、同僚との親密な関係、昇進、金銭的な報酬、コンサルタントや講演者としての旅行への招待、同僚からの尊敬、普遍的な栄誉、などです。

## ひとりで飛行することのチャレンジ

シングル女性であるがために、職場で蒙る明らかな不利益もあります。ここ30年ほど前から、労働環境の規則や行動を変える努力が続けられてきたにもかかわらず、女性は――既婚、未婚にかかわらず――割りの合わない困難にいまなお直面します。1989年の『ニューヨーク・タイムズ』の世論調査で、「今日、女性が直面する最も重要な問題は何か？」という問いに、仕事上の差別と答えた女性が圧倒的に多かったのです。さまざまな面で、女性は仕事の世界で同僚の男性よりはるかに多くの試練を経験しています。仕事には就けますが、同じ仕事をする男性よりも収入は相変わらず少なく、同等の資格があるはずの管理職への昇進は見送られがちです。また、性的ないやがらせを受ける度合いが多いのに、それを報告しても信じてもらえないことが多いのです。また、昇進はできても男性と同じスピードではなく、指導を受けられることも、男性の同僚のキャリアを特徴づける金銭的な付加報酬もありません。上級の経営幹部チームの一員になってさえ、男性からのみならずほかの女性からも、ふだんちょっとした「侮蔑」を受ける例もあります。たとえば、秘書は、男性のボスに対しては、「コーヒーでも入れましょうか」とごくふつうに尋ねますが、女性のボスに対しては、自分で入れられるし、自分で入れるべきだと思っています。

働く女性の誰もが性差別による多くの障壁や成功への障害物に立ち向かわなければなりませんが、とりわけシングル女性にとっては、それをうまく処理することが不可欠です。未婚の女性は、頼る人がなく、自活しなければならない（子どもがいれば、扶養もしなければならない）という厳しい現実につねに対処していかなければなりません。仕事にくじけたり解雇されたとき、シングル女性は、夫や子どもを世話するという、ある種の主婦にとってはまだ価値のある選択をしてゲームから「抜ける」ことはできません。シングル女性が居心地のよいライフスタイルや安定感、自尊心を望むなら、つねに自分の仕事をきちんとこなし、周囲の者から尊敬と信頼を得なければなりません。こうした恒常的な圧力に加え、シングル女性はもっと別の障害にも直面します。多くの女性は、女性としての特質や行動、男性を魅了する能力、得難い個人的な関係を維持する能力を損うことなく、これらのチャレンジを上手にこなしていかなければなりません。また、同僚と親密な関係に陥りがちな脆さにも対処していかなければなりません。

## 仕事上の関係の誘惑

シングル女性には、仕事のうえで密接な関係にある相手とのロマンティックで性的な誘惑や落とし穴に陥りやすい脆さがあります。なににせよ仕事は男女がパートナーを組み、結婚の候補者と出会う主要な場の1つです。周囲に魅力的な人がいれば、仕事は一層楽しくなります。シングルがたむろするバーよりも、相手と出会い、相手を選ぶには格好の場なのです。職場では、女性は同じ興味をもつ人と仲よくなるチャンスをもてるし、ロマンスや性的行為に心を奪われるまえに、その男性を知るよいチャンスをもてます。しかし、職場でのロマンスや性的行為は複雑な問題でもあり、女性にとって、とりわけシングル女性にとって大きな悲しみをもたらす原因にもなってきました。

男女が協力して仕事を続けるうちに、公私の境が曖昧になってきます。同じ目標や価値観をもつ同僚と密接な関係のもとで仕事をすることは、親密な男女の仲を発展させる誘因となります。双方の当事者が気づかないうちに、意図せざる親密な仲へと火がつく場合がしばしばあります。私生活でパートナーと幸せな仲にいる人でさえ、そのたががゆるんでしまうことがあるものです。相手に好感を抱き、相互の尊敬の念が深まるにつれて、仕事上の関係はいやおうなしに親密さを増し、性的な、そして極めて複雑なものになっていきます。こうした職場で男性が仕事上の女性のキャリアを助ける立場にあるとき、女性がボスとの関係を不当に有利に利用していると見て、同僚が怒りをつのらせる場合もあります。もちろん、実際に上司の関心を利用して自分の達成目標を果たそうという女性は、既婚、未婚を問わず、確かにいます。個人的な、職業上の関係を通じて手にできる影響力には見向きもしないという女性は、少ないでしょう。とくに自分がいいアイデアをもっていて昇進に値すると思っているときは、なおさらです。こうした不当な影響力の問題は、ボスの「愛息」の場合に多く見られてきましたが、男女のワーキング・チームに性的な影があるときは、当の女性——とりわけシングルの場合——の険悪なうらみにつながりかねません。女性がボスの耳に近づくことは、いかに彼女が有能であってもそうしなければ行使できないであろう力を、彼女に与えることになります。

職場の男性が、個人的な関係を望まないシングル女性に興味を抱くなら別の複雑な問題が生じます。このような場合、自分のキャリアを危うくせずに相手を上手に断ることは、とても難しい場合があります。既婚者は配偶者を防御の盾にすることも、口実や脅しに利用することもできます。シングル女性は、嫉妬に狂う夫の出現を匂わせて、近づく相手をやんわり断るということができません。拒否されたと思った男性は、とかく職場をその女性にとって居心地の悪い場所にしてしまうものです。

シングル女性は、どのように振舞ったとしても、職場のゴシップのタネにされかねません。そうなると、その女性の信頼性は損なわれ、それが長引けば、職場で長く働き続けるのが難しくなりかねません。魅力的なシングル女性は、そのような行為はまったくなくても、性的な魅力を武器に昇進を果したと、あらぬ疑いをかけられる例もしばしばあります。年を重ねるうちに、賢明な女性はこうした状況を避け、あるいは「男性を」怒らせることなく、知らないふりをする知恵を身につけていきます。

## キャリア・ウーマンか「本当の」女性か——女性らしさのジレンマ、その1

組織のトップの地位に上ろうとするシングル女性は、女性であることと同時に専心競争するプロであることと真剣に取り組まなければなりません。組織で力のある人間として成功するためには、女性は男性を魅惑しないように、「女性らしさ」を抑えなければなりません。彼女たちは組織文化の中で生き残り、成功するために、どのように振舞うべきか、いつでも相反するメッセージに直面する苦境に立っています。女性が苦労して男性並みに論理や露骨な競争や歯に衣きせぬ攻勢を力に「ゲームをすれば」、女性の同僚たちからさえも、男みたいだとか、冷たいとか、もっと悪ければ、「去勢された男」といったレッテルを貼られる危険を冒すことになります。しかし、伝統的に女性らしいと見られるやり方をとれば、腰抜け、自信欠如と低く評価され、尊敬を集めることができません。すでに述べたように、女性が本当に「女性らしい」行動をすれば、男を誘惑して懐柔しようとしていると見なされるリスクを冒すことになります。

どんな女性も、女性としての特性を企業内の噂話の犠牲にされる心配がありますが、シングル女性の心配は一層大きいのです。結局、「やせぎすで、魅力に欠ける」キャリア・ウーマンというステレオタイプがつねにつきまとい、魅力と女性らしさの証として寄り添ってくれる男性がいないということになります。こうした脆さは何でも罷り通る企業のパワー・ゲームに悪用されかねません。キャロルの経験を考えてみましょう。

ある従業員の処遇をめぐって、私は男性の上司と激しくやりあっていました。その人はかねてから私にもっと意見を言うように勧めていた人です。私のほうが正しいことは明らかだったので、あとへ引くつもりはなく、議論はますます沸騰していきました。彼は議論に負けたことがはっきりしてくると、ひどく腹を立て、どう見ても彼には最も強力な攻撃と思えたにちがいない手を使って、私に言いました。「やれやれ、おまえは強いな、結婚できないはずだよ。おまえと寝たいという男はいないだろうよ」

最初にこの口論を思い返したとき、彼が言ったことを考えてこれは彼の問題だと判断しました。彼は自分の間違いに気づいたので、私を傷つけようと個人攻撃をしかけてきたのです。明らかに、彼は中年のシングル女性がこの問題に敏感だろうと思ったからこそ、自分の言いたいことを武器にしたのだ、と。しかし、しばらく経ってから、彼の言ったことが本当ではないかと気になりました。私は「男の子」とゲームをする術を身につけたから、ベッドの相手になりにくくなったのだろうか。私が職場で力をつけたので、私の女性らしい柔らかな面は変わってしまったのか、と。

このジレンマに対処するために、職場で伝統的に「女らしい」とされる特質を捨てまいと決意するシングル女性もいます。彼女たちはこのスタイルに満足で、男まさりと喧伝されるスタイルよりも従業員をリードし、その意欲を喚起する効果があると考えています。感受性、支援する能力、協力とチーム・スピリットへの献身、抵抗と対決するより回避する能力などは、強みであって不利ではない、と信じています。彼女たちは、私生活でも職業面でも有利なスタイルを捨てるべきでないと思っています。

しかし、男性が支配的なキャリアの世界で働いてきた多くの女性は、経営管理や話し合いに関して男性側のルールやスタイルに従わなければ高くつくと報告しています。たとえ女性らしいスタイルのほうがうまくいく場にあってもそうだといいます。ドンナは女性が男性並みのスピードで、簡単に昇進しない大きな理由は「女性は公明正大さを重視するから」だといいます。女性は問題に直接取り組み、仲介し、何とか解決しようとしますが、男性はそれほどでなく、そういう努力を軽視しがちです。ジュリアは職場でのこれと同じような状況に不満を感じてきました。

きれいごとは言われていても、職場では男性の価値観が支配しています。男性はあまり話し合いをしません。合意に基づいて問題を解決しようという努力をあまりしないのです。パワー・プレイで解決しようとしています。私は自分の権限を主張し、見解を聞いてもらえるようになってきたと思っています。そのようにしないことは自分のためにならないとわかってきたからです。しかし、そういうやり方はまだあまり好きではありません。もっと協力的なやり方で問題を解決したり、論点と取り組むほうがよいと思っています。

このように、権限をもつ立場にある女性は、成功するためには、責任を引き受け、言うべきことは主張し、ルールに沿って――たいていは男性がつくったルールですが――行動しなければなりません。また、多くの女性はこうした行動が職場を出たとたんに簡単にやめられるものではないことに気づきました。強い権限をもつキャリアを望む一方で、男性との出会いを積極的に求め続けていきたいと望むシングル女性は、ジレンマに陥ります。自分がやりたいことと、私的な領域で払う代償とのバランスをとろうと永遠に努力することになるからです。女性の権力は男性にとって媚薬とならないことをよく知っている女性が多いのです。第1章で述べたグレイスは、仕事で成功を手にするにつれて、興味を抱いてくれる男性が少なくなることに気づきました。「私のようなポストに就いたら、難しいのです。警察幹部の女性を求めてくる男性などそんなにいませんから。私の仕事ぶりを見て、男性は逃げてしまいます」

## 冷静に、自信をもって――女らしさのジレンマ、その2

女らしくするかどうかというジレンマの固有の一面は、感情をどう処理するかということです。感情は、かねてから女性の伝統的な特質と見なされてきて、仕事の場では適切でない（もちろん、否定的なもので、ボスのものでない場合）と一般に思われています。感情を表に出すか、抑えるかという問題――そして表に出すなら、どのように、抑えるなら、どんな犠牲のもとで――は、難しい問題です。既婚女性にとってもシングル女性にとっても厄介なことですが、やはりシングル女性は所得と将来がかかる仕事が頼りなので、このジレンマの解決策を見出さなければなりません。

リディアは職場でのこの問題にふれて、感情を表に出すと厳しい結果になることがわかったと言いました。インタヴューに応じる数週間前に、リディアは年間の査定評価を受けました。ボスから示された彼女の弱点はいろいろなことを物語っています。第一に、彼女はすぐに「切れる《アンラップト》」とボスに言われたというのです。何か法律用語ではないかと思った私は、それはどういう意味かと尋ねました。「いい質問ですわ」とリディアは笑いました。彼女自身も、「それはどういう意味ですか？」とボスに尋ねたそうです。職場で感情を露骨に出しすぎることだとわかりました。

2週間前の月曜日、3人のクライアントが電話をかけてきて文句を言いました。3人はひどい週末を過ごしたらしく、その責任を私にぶつけようとしたのです。おそらくその月曜日、私が怒りを顔に出していたか、うまくいかないことが顔に出ていたのでしょう。何週間も私は60時間か70時間か、80時間も働くことがあります。そういう影響が顔に出てくるものです。私は感情を隠そうとはしません。怒りを覚えたとき、大声を出したり、相手を罵倒したりしませんが、「この怒りは表に出さないほうがよい」と自分に言い聞かせるほど冷静にもなれません。ただいつもの私をさらけ出すだけです。切れれば、そのように振舞うだけです。そういうことをすべきでないとわかってはいるのですが。

リディアは、職場の女性が非難される第二の共通の「欠点」と思われる一面を見せたとも言われました。十分な「自信」がなかったのです。言いかえるならば、この欠点とされることは、女性は、本当は知らないことでも、はったりをかけて知っているように自分にも、他人にも信じこませようという気がなく、能力もないということです。ここでもまたジェンダーの縛りが顔をのぞかせます。多くの女性は、子どものころ、答えがわかっていても黙っているように、自分を強く押し出さないように躾けられました。いま、成人して職場にいる彼女たちにこうして染みついた行動は、同僚からもクライアントからも、自信がないと否定的に評価されます。リディアはこう説明しています。

毎年、私はとてもよい報告書をもらいます。じつによく働く、と。けれども、最後にいつも同じことを言われます。「リディア、自信をもって仕事をしなさい。うちの会社を勝たせたいことは、わかっているだろう。『リディアにこの件を扱ってもらいたい』と、クライアントに言われるようになってもらいたいのだ」

ボスは「完全に自信があると思えなくても、あるように行動しなさい」と、リディアに助言して「この問題」の解決を助けようとしました。自信をもって行動しなさいという命令は、わけ知り顔で行動することを誰からも勧められた経験がなく、ましてや自分の能力や仕事を自慢することなど促されたことも滅多にない女性にとっては、難しい課題です。職場の女性は、問題に直面し、リスクを冒し、解決策を見出す経験から始めて最後まで、自信に満ちたふりをしなければなりません。これはけっしてたやすい、苦痛を伴わないプロセスではありません。リディアは自分にとって最大のチャレンジとなった経験を次のように述べています。

私の事務所では、2週間おきに検討グループの会合を開きます。自分が担当している新しい案件のうち、ほかのメンバーが興味をもてそうなものを報告するのです。初めて検討グループの前で発表したとき、私は死にたいほどの思いをしました。不安が顔にはっきりと出てしまい、あとでグループのリーダーから言われました。「きみのその問題を何とかしなければいけない。みんなの前で話ができるように努力してもらわないと困る」。年毎に、少しずつ気楽にできるようになりました。来月、私にとって初めての陪審裁判があります。私のキャリアの区切りとなる出来事です。それが無事終われば嬉しいです。人前で話すことは毎日研鑽を積んでいかなければならないことです。

女性が本当の意味で自信をもてるだけの経験を積んでいたとしても、うぬぼれではない確かな自信をもっていると見られる精妙な道を歩まねばならない、という問題に直面します。ドンナは、このおぼつかない歩みに挑戦しましたが、逆に、「自信過剰」にすぎると判断されてしまいました。

女性たちが「ガラスの天井」（見えない壁）の話をするときの意味を、いやというほど思い知らされました。自信過剰と言われることがあるのはわかっていたし、会社ではその点が私の問題だったのでしょう。上司の上級副社長は、女性に対してとても厳しい態度をとる人でした。ガラスの天井だか、レンガの壁だか知りませんが、とにかくあれは間違っていました。とつぜん、彼は私をマーケティング部門ではなく、財務部門に移動させようとしました。冗談じゃありません。私は20年以上もマーケティングでやってきた人間でした。

## レンガの壁やガラスの天井にぶつかる

シングルの女性は生計のためには仕事が頼りなので、昇進への努力を促がされる可能性があり、したがって「ガラスの天井」とかドンナのいう「レンガの壁」にぶつかる経験を人並み以上に味わいがちです。わかりやすく言うなら、たいていの組織のトップの仕事はいまなお男性の手に委ねられている、ということです。企業の階段をあるところまですばやく登りつめた女性が、それ以上の経営幹部の地位に上れず、ましてや企業のトップへの最終ステップには上れない場合があまりに多いのです。そうした女性はさまざまな選択肢に直面します。「潮流に逆らいながら」組織に留まって変革に努力する、女性の扱いが異なるほかの労働環境を見つける、会社勤めはいっさい辞めて自営の道を探る、などです。

インタヴューに応じた女性のなかには、企業世界の半ば敵対的な環境に留まって、自分たちの努力が変化をもたらしたことに誇りをもつ女性もいます。自分たちが長年にわたって変革に献身してきたおかげで、あとに続く女性たちに歩みやすい道が拓けたと、彼女たちは信じています。たとえば、ケリーは雇い主が進めている新しい方向に勇気づけられています。

会社がいかに変わったか、信じられないほどです。長い道のりでしたが、経営者側は、家族の問題が仕事の重要な部分だとようやく認識するようになってきました。現場での託児の問題を考えていますし、従業員には休みが必要だと認めてくれています。

あまり希望のもてない経験をした女性もいます。企業ゲームを上手にこなす術を身につけて重要なリーダーシップの地位に昇進した女性でさえ、働く環境が女性にやさしい場ではなく、上のポストに行くほど雰囲気が悪くなると報告しています。たとえば、ヴァレリーはこれまでずっと企業世界に身を置いてきましたが、男性の世界で女性が味わう厳しさはなくならないと報告しました。30年をかけて、ヴァレリーは一介の事務員から部門の副部長という要職にまで昇進しました。彼女の言う「白人のアングロサクソン系男性支配」のシステムを上手にくぐりぬけてきたのです。最初、彼女は台頭してきた若いエグゼクティヴから助言指導《メンタリング》を受け、彼の支援のおかげで学校へ通い、一介の秘書から抜け出すことができました。最終的に高等専門職の流れに加われると、彼女は長時間の仕事にも励み、自身の目標を叶え、それを上回るまでになりました。そして中年になって、一生懸命働いてきた多くの女性の例にもれず、自分の生活を見直し、懸命に勝ち取った「成功」の意味と報酬を考え直してみました。その結果、彼女は、同等の地位と給料が貰えて、責任は軽くなる小さな会社に移る決意をしました。いわば、小さな池の大魚になることを選んだのは、働く時間を短縮して、トップへの長い道程でおろそかにしてきた領域に集中できると思ったからでした。「闘うことに疲れました」と彼女は言います。「いまは、私個人の生活にエネルギーをつぎ込みたくなりました」

レンガの壁に遭遇して、「空しさを感じた」という女性もいます。彼女たちは成功を手にしたのに、仕事にも、対人関係にも、意義を感じられない、というのです。大企業やそれに近いビジネス組織では、企業内の地位の高さにのみ注意が向けられるので、従業員同士で交流を深め、有意義な相互作用を養う時間もなく、その意欲ももてない人が多いのです。こうした企業文化の実り乏しい風土については、多くの男性も気づいていますが、その点に男性は女性ほど不満をもたないようです。バーバラ・エーレンライヒが「企業の人間味の薄い官僚的文化は、ホルモンの影響か歴史の結果かはともかく、女性のパーソナリティとされるものとかみ合わないのかもしれない」と述べているのも、正しいのかもしれません。女性たちは、仕事のうえでは目的をもつことが極めて重要ですが、個人的な昇進そのものが重要な意味を与えてくれることは稀だと語っています。人との関係に細やかな配慮を授受するように教えられてきた女性が何も見つけられないとき、何か欠けていると強く感じるのも当然です。また、シングル女性は、対人関係でのニーズを叶えるのに仕事が頼りなので、こうした環境に潤いのなさを感じるのも当然です。シングル女性（とりわけ子どもをもったことのない人や子どもが成人してしまった人）は、仕事や仕事の関係における意義の欠如をどうにかしなければという気持ちになります。彼女たちの生活に満足感を与えるうえでは、仕事が大きな役割を果たしているからです。

インタヴューに応じた女性のかなり多くが大企業を辞めたか、大企業で働いた経験はまったくないか、どちらかです。その代わりに、彼女たちは第一に自分が納得でき、そこでの仕事には本質的な意味が十分にあると見るキャリアを求めてきました。こういう仕事の計画と実行がもっている独立性と自由が、キャリアの最も満足すべき側面だと、多くのシングル女性が述べています。彼女たちのなかで、医療や精神衛生の分野で働く人の多くが、大病院やヘルスケア・システムから個人の開業の場へ移っています。大企業に働く女性はそこを辞めて、個人企業やコンサルタント業を起こしています。10年以上も勤めていた大規模な法律事務所を辞めて、自営の仕事を始めたアンジェラのことはすでに話しましたが、彼女がその決意をしたのは、トップの仕事への道が閉ざされていることが明らかになったからでした。自分で事業をするという自由と独立性がとても気に入って、仕事にすばらしい意味を見出せたと、彼女は言いました。「私の仕事はとてもやりがいがあります。私はみなの役に立つことをしています。人びとの生活をもっともっと快適なものにできるのです」。同様に、ドンナも、いつになっても性差別が消えない企業社会に飽き飽きしてそこを退職し、自分の会社を起こしました。ネルは、私生活が空っぽになるほど猛烈な男性パートナーの仕事ぶりに疲れきって、その事業の株を買い取ることでジレンマを解決しました。

男たちはまるで例の大富豪のトランプのようでした。つまり、本当に仕事にかかりきりなのです。週に6日夜の11時まで働きます。おまけに、日曜日には仕事の会議をしたいと言うのです！　会議は夜の9時に開いていました。いま、ようやく私生活がもてるようになりました。

こうした女性がひとりでやっていこうとするのは、本当に大変なことです。新しいビジネスが評判を得るまでの貧しい時期を切り抜ける副収入もありません。たいていの場合、企業で働いていたときのような健康保険や年金制度といった付加給付金が欠けています。カバーしてくれる配偶者がいないからです。たとえば、私たちの友人のひとりは、もしもまだ結婚しているのだったら、自分の方針とまったく合わない大学をすぐにも辞めるのだけれど、と言っていました。しかし、3人の子どもを大学までやらなければならず、元の夫は収入が多いのに責任をとってくれないので、経済的な安定をはかる必要から身動きできない思いをしています。もうひとりのシングルの友人は、自分が乗り出したビジネスに必要な新しい機器を調達できるかどうか、ここ数か月前から頭を悩ませてきました。競争に打ち勝つために新しいコンピュータ・システムを購入せざるを得なくなり、担保不足にならないうちに、新しいビジネスでローンの返済ができることを祈って、息をつめています。

## バランスの問題

シングル女性が、自営か、雇われの身かにかかわらず、成功を達成したときのマイナス面は、職業と私生活とのバランスを維持するのが難しいことです。シングルの女性は、仕事に食いつぶされやすいのです。成功への圧力のもとに支援してくれているネットワークがやせ細っていることに気づかず、仕事や仕事仲間のことだけを考えて、友人関係を損ねてしまいがちです。人付き合いに自信がない女性や、シングルだけの場には参加したがらない女性は、仕事を口実にそうした付き合いを回避することがあると言っています。しかし、付き合い好きのシングル女性でさえ、過剰な仕事の責任を背負い込み、長時間働くことになりがちです。グレイスのように、忙しいスケジュールと仕事に満足感を見出している人もいます。しかし、金銭的な報酬や同僚の評価が得られても、それによって私生活に向ける時間の不足を補えるわけではありません。たとえば、リディアは、中年として自分の優先順位を見つめる時期に来ています。弁護士という職業が気に入り、長年にわたってキャリアの成功という報酬を享受してきました。事実、彼女はよい仕事をし、扱った事件の勝利を喜び、事務所のパートナーとなるという目標に向けて働いてきました。キャリアの道に入って早々に、彼女はこの目的のために、私生活のさまざまな側面をあきらめました。たとえば、法律学校で知り合った男性とデートしていましたが、結局、彼女が仕事に一途なあまり、彼は離れていったのです。

彼はすばらしい人でした。電話をかけてきては、「今週末、空いている?」と聞かれました。「うーん、仕事なの」。「その次の週末はどう?」「そうね、次の週末にお返事します」そして次の週末が来ると、「いま仕事しているところ」と答えます。しまいに彼は「消えちまえ」と言いました。付き合いのこうしたパターンがその後のなりゆきを特徴づけていました。ここ数年間、本当に大変でした。自分がきちんとやっていることを証明してみせなければならないからです。

しかし、いまリディアは、男性とのパートナーシップを成就するために必要な犠牲を自分は払いたいのかどうか、答えを出しかねています。

仕事のおかげで、それなりの達成感と幸せを感じることができます。しかし、今は抱いて欲しいと思うときに、法律雑誌をベッドにもちこみたくありません。人生を生きたいのです。仕事をして、できるかぎり最善をめざしたいと思いますが、個人としての生活の時間も欲しいのです。友だちもなく、静かに過ごせる時間もない「働くだけで、遊ぶ時間もない」暮らしはしたくありません。

女性たちは、仕事と私生活のバランスを見つけることの大切さをいろいろと話してくれました。ヘレンはひとりになれる時間が欲しいと言いました。「1週間に90時間も働いたら、身がもちません。働きすぎて、社会から引きこもるのは、自分の身を守るうえで最悪の方法だと思います」。歯科矯正士として小さな診療所で働いているヘレンは、大きな組織で名声や富を求めた経験がなく、高等専門職の仲間と小規模の、居心地のよいパートナーシップを組んで自分の技能を生かす道を好んできました。野心はないのかと尋ねると、彼女は高い地位につくキャリアは望まないとして、次のように言いました。「私が人生に求めることは、楽しいことと、快適に過ごせるお金と、まずまず楽しくやれる仕事です」

女性たちが仕事にふりむけてきた時間を見直しているという声をたびたび聞きました。とりわけ、20代から30代に仕事一筋だった女性たちから、そうした声を聞きました。たとえば、現在息子がひとりいるケリーは、自分のキャリアについてこう語りました。「私はキャリアを十分に積んだので、仕事はもう二の次にしてもよくなりました。すべてをやり尽くしたわけではないのですが、そうするのにどれだけ時間がかかるかわかったいま、やろうとは思いません」。こうした女性たちにとって、中年の喜びは、それまで長いあいだ開拓したくてもできなかった領域に自由に関心を向けられる心境になったことです。成功を求めて長いあいだ一所懸命働いてきた女性たちは、仕事を二の次にして、子どもや旅行や、そのほか好きなことを優先させる態勢になったと気づいています。ミシェルは多くの女性の見方をまとめて次のように言いました。

みなさんには長い経験もあり、十分に楽しんできたのでしょう。私は自分の仕事が社会に大きな影響があるとは思いません。そんなに大きな夢をもっているわけではありません。ただ、何か意味のあるものを生み出して、自分が役に立っていると思えればよいと思っています。しかし、一方で、休みをとっても、どうということはありません。

## 単独飛行の将来についての意味

職場でシングル女性が働くことは簡単ではありませんが、多くの報いも得られます。成功を遂げて、能力があると自覚できるなら、シングル女性個人の生活にプラスの影響を与えるだけでなく、社会の基本的なしくみを変えることにもつながります。両親と暮らす核家族を聖域として尊重する人たちが、女性を仕事中心にさせまいとしてきたのも、驚くにあたりません。シングル女性が職場で成功することがもつ意味に脅威を感じている人が多いのです。チャールズ・ウエストフは、『ウォールストリート・ジャーナル』で次のように、多くの人々の不安を代弁しています。「女性が本当に平等をかち得た社会では、結婚や育児に何が起こるか?」と。彼はさらに、「女性が経済的に独立すればするほど、結婚の魅力は薄れる」と述べています。ウェストフは、妻と母親という役割に女性をつなぎとめているのは、経済的な依存であり、女性が自分で選択するチャンスをもつようになれば伝統的な秩序は崩れると、想定しています。彼の意見には賛成できません。女性は男女の関係を尊重するので、たとえ経済的に独立しても、疑いなくこれからも結婚を選ぶでしょう。しかし、女性が自分の意志に基づいて本当に自由に結婚することを選べるなら、そのルールは変わるでしょう。もはや従属的でなく、虐待されず、家事と育児の面倒さをひとりで背負っていくものとは期待されず、しかも、経済的に独立していれば、私たちの社会のジェンダーを劇的に変える力となるのです。女性が経済的にますます成功できるようになるならば、結婚と家族を現在の形態ではなく、最終的に平等の原則を体現する形で、生き残らせる鍵となるでしょう。選択の可能性があればこそ、女性は婚姻関係を自分たちのニーズによりいっそう適した形で進めていくことができるのです。

# 第12章 地上の応援部隊——シングル女性を支える親しい関係、友情、地域社会

女性は自己を人間関係という背景において定義するだけでなく、人の世話ができるかどうかという点からも、自分を判断します。

——キャロル・ギリガン

世界でいちばん孤独な女性は、親しい女友だちがいない女性です。

——トニ・モリソン

私の人生は、多分、私を第一のパートナーと見る人たちと織り合わされているように感じます。そのおかげで、私は深く愛されていること、そしてふつうの友情がもたらす以上のつながりをもつ存在であると、感じることができます。

——シャノン

リディアが、酒飲みで暴力をふるう夫、ニールとの結婚生活から逃げ出したのは、27歳のときでした。そのとき、彼女の学歴は高卒、お金も住む家もなく、仕事に就く技能ももっていませんでした。「子どもと自分の身ひとつ、それ以外何もないまま、逃げてきました。急いで出てきたのでイヌまで置いてきました」と彼女は説明しました。とつぜんの一人立ち、ニールの妻という以外に自分の身の証ようもわからず、

ニールなしに自分と子どもの暮らしをどう立てていくべきか、まったく見当もつきませんでした。

リディアが早く結婚したのは、高校でよい成績をあげていたにもかかわらず、大学への進学を後押ししてくれる人がいなかったからでした。父親は機械工、母親は地元のレストランでウエイトレスとして働いていました。両親の家族のどちらにも、大学まで進学した人はいませんでした。リディアがニールと出会ったとき、彼はいかにもたくましく、自信にあふれて見えました。何となく不安で、はっきりしない世の中へ出て行く彼女を十分に世話してくれると思えたのです。ところが、いざ結婚してみると、保護には統制が伴うことを思い知らされました。

ニールには、私自身の生活で感じたことのない、相手を統制するような感じがありました。私は心のなかで、統制の枠外にいると思っていました。限界がどこにあるのか、どこが自分の終わりで、どこから世界が始まるのかわかりませんでした。そこへ、ニールが制限を設け始めたのです。

ニールはどんどんリディアのもっともプライヴェートな面に口を出すようになりました。あれを着てはいけない、これは着てはいけないと言い、彼女の好む避妊法も使わせず、バレエ教室に行くことも禁止しました。リディアは一挙手一投足を指示され、批判され、しまいにニールは、口をはさみ、命令する代わりに暴力をふるうようになりました。3年間、リディアは夫の暴力と横暴な言動に耐えていました。自尊心はすっかり傷つけられ、自分の命は守る価値がないと思うまでになりました。しかし、ある午後、リディアはキッチンで幼い息子のジェフを見ているうちに、彼自身は殴られないとしても、やがて虐待者となる危険があることを悟りました。この背筋も凍るような思いから、リディアは勇気を奮い起こして逃げ出しました。

ニールと私はそれぞれに、ジェフを自分の側に引き寄せようと綱引きをしていました。真ん中に、この赤ん坊がいる！　その瞬間、私は「ここから出よう」と自分に言い聞かせました。ニールが出かけるのを待ちました。女友だちに電話をかけ、公共厚生施設のユナイテッド・ウエイに電話をかけ、それからシェルターに行って、実家に帰る飛行機代が用意できるまでそこにいました。その時間は、20回、30回、いや50回と殴られ、血だらけになり、追い詰められたときと比べれば、何でもないように思えました。でも、とても大変な瞬間でした。ジェフには虐待する側の人間になって欲しくなかったし、自尊心のない母親のもとで育って欲しくなかったのです。

リディアは当時を悲しみをこめて、そしてあれほど自分がか弱く、依頼心が強かったことに少なからず驚いたように、振り返っています。「私は頼りない人間でした。どうしてあんなにか弱い人間になってしまったのかわかりません」。でも、彼女はもう弱くはありません。離婚してから11年が経ったいま、リディアは有能な、自信にあふれた弁護士として、十代に成長したジェフと一緒に快適な家で暮らしています。ずたずたにされた人生の混乱と不安定さを、彼女はどのようにして乗り越えたのでしょうか？　どのようにして自身を立て直したのでしょうか？　リディアは、多くの女性と同じように、友人との絆をつくり、共同体意識を養うことによって、勇気と強さを培っていきました。

ニールの許を離れて1週間後、リディアは、家族や友人の支えを受けられるように、故郷の町に戻りました。地域社会が提供するサービスや住宅手当などの資力をフルに活用しました。また、息子を連れて働けるように、ハウスクリーニングの仕事をしながら、独立したライフスタイルを築く能力を養う選択をしました。ユナイテッド・ウエイのカウンセラーの推薦で、地元のコミュニティ・カレッジに入学し、学習の一環として、女性センターのパートタイマー兼業の学生となりました。そこで得た絆が、自己の発見に至る重要な役割を果たしました。「女性センターでほかの女性たちとかかわりをもったおかげで、ここには自己というものがあると悟れるようになりました」と、彼女は胸をたたいて誇らしげに、説明しました。「にわかに小さな明かりが灯ったようでした」

リディアは、暴力を受けたり離婚したりした女性たちのグループを指導する仕事を与えられ、自身の経験から学び取ったことを伝えていくチャンスを与えられています。

> あのドアから次々に入ってくるのは、私が姿を変えた女性たちでした。彼女たちは入ってきても、話をする勇気がありません。でも彼女たちが前の晩に地獄を経験したことはすぐわかります。腕にすり傷、目には黒いあざ、そして黒いサングラスをかけています――私もいつもそうでした。

苦境を切り抜けようとする女性たちを助けることで、リディアは暴力的な夫から受けた傷を癒されていきました。同じく重要なことは、リディアがセンターのほかのスタッフとの支援ネットワークをつくったことでした。「私たちはお互い同士のために生き、呼吸をしていました。彼女たちのためになるなら、何でもやろうと思いました。彼女たちは私の家族でした」と、彼女は言っています。

リディアは親密な友情の重要性を痛感する経験をしてきましたが、私たちがインタヴューした女性のなかで、シングルライフに満足している女性はいずれも同じような経験をしていました。ある女性にとっては、リディアのように、友情のネットワークが難しい関係を断ち切るうえで重要な役割を果たしました。こうしたネットワークはひとりで生きていくことを可能にします。実際、こういう友人たちは「地上の応援部隊《グラウンド・クルー》」であり、その助けを借りて、シングル女性は単独で大空へ舞い上ることを楽しめるのです。

## さまざまな形の親密な関係と支援のありがたさ——２人の女性の物語

女性がさまざまな関係で親密さを経験している事実を無視して、結婚し母親となれという至上命令は、親密さや安定、支援イコール結婚と厳しく宣告しています。このメッセージはさまざまな方法で流布され、女性の友情やほかの友人との関係を損なわせてきました。たとえば、最近、スーザンはバースデー・カードを探しているとき、若い女性が女友だちに「いつもあなたといっしょよ」と言っているカードを見つけました。カードの裏側には、「もちろん、私がデートしないとき」と付け加えてありました。こうした態度は、女性が必要とする「地上の応援部隊」を築く際に、直面しなければならない最も強力な障碍の一つです。

メーガンは、リディアと同じように、至上命令の狭量な考え方を克服して、友情の価値、温かさ、親密さ、そして支援のありがたさを知りました。「女友だちは家族の代わりをしてくれました。本当の支えです」。彼女は周囲の圧力にめげず、友情のネットワークを挟めないようにしています。

緊密な友情は男性との関係に匹敵するわけではないと見なされています。友人というのは、一緒に映画に行く相手ぐらいにしか思われていません。しかし、私にとってはけっしてそうではありません。友情が社会的に認められなければ、私のネットワークは存在しないも同然になってしまいます。

メーガンの態度と対照的なのがネルのそれです。ネルは私たちがインタヴューしたなかでいちばん満足感の薄い女性で、関係も少ない人でした。伝統的な結婚の夢を捨てたくない彼女は、友人、ことに女友だちと過ごす時間の意味にふれたとき、それは現状を維持することとほとんど変わらないと言いました。

ありがたいと思わないわけではありませんが、女友だちと夜を過ごすことは、それほど楽しいことではありません。だって、それは男がいなくてシングルの場合のことでしょう。女友だちと付き合うとしたら、ただ忙しくなるだけです。

ネルは、親密な関係の定義を発展させていません。したがって、彼女は、メーガンのような女性がさまざまな社会的な絆に見出した支援や喜びを、あまり評価していません。メーガンは自分で築いた支援のネットに、たとえ社会が評価しなくとも価値があることを認めているのに対して、ネルは、男性との関係こそが彼女のニーズのすべてに応える唯一のもの、人生のチャレンジを乗り越える唯一の方法だと見ています。その結果、ネルは友人と有意義な関係を築くことができず、いつまでも孤独で満たされない思いをしています。

ネルは、結婚以外の関係は意味がないという信念を執拗に抱き続けている点でユニークでしたが、彼女の思考回路はインタヴューに応じたほかの女性とまったく異質だったわけではありません。離婚した多くの女性は、親しい友人もほとんどいないままシングルの生活を始めました。結婚生活のあいだ、彼女たちは妻と母という役割にすべてのエネルギーと時間を注ぎ込み、友人はいても、そうした関係を優先させることが滅多になかったのです。エリーナは、結婚歴をもたない女性ですが、過去にロマンティックな関係をもっていたとき、友情をいかにないがしろにしていたか最近になってようやく気づいたと説明しました。将来は違ったふうに行動したいと言っています。

男性との関係を続けながら、友人関係をすべて保ってゆくとはどういうことでしょうか。男性と関係があったとき、私はそうした多くの友情を「凍結して」いましたが、それはまずかったと思っています。

女性として、私たちが互いに与え合えるものの価値は社会の支援を得ていませんが、ひとりで生きていく女性の多くは、メーガンやリディアのように、ほかの女性との友情を培うことの重要性を学び取りました。ほかの女性との友情は、たとえ男性と積極的にロマンティックな関係を深めているときであっても、心の支えの何よりも大切な源になると説明している女性もいます。リアはその辺を次のように説明しています。

マークは私の愛する恋人で、生活のパートナーですから、私の生活の中心です。しかし、日常生活の必要という点からすると、彼よりも、女友だちを頼りにしています。

多くの女友だちがいるジーンは、この問題について貴重なアドバイスをしてくれました。

私は、女友だちの価値を認めないわけにはいきません。私を安定させてくれる力です。彼女たちを大切に思う気持ちは、いま私が夢中になっている男性に対する気持ちに劣らないほどです。彼に対して思うのと同じように、彼女たちに対しても元気でいてほしいと心から思い、気遣っています。私は自分のことのように、ほかの人びとのことを気遣います。それはとても重要なことだと思います。

## 自分に合ったものを見つける――力になってくれるネットワークの要素

力になってくれる友情のネットワークは、心の通い合う支えとなり、自分は愛され、大切にされているという気持ちにつながり、共同社会の一員だという意識を育てます。以前は、隣人や拡大家族を通じて、共同社会の一員だという気持ちになれたのですが、移動性や匿名性、離婚が増えた結果、私たちの社会そのものの風景が変わりました。今日では、友情がかつて家族や隣人が満たしていた役割に取って代わっています。とりわけ、シングルの女性にとって、友情のネットワークは、互助的な共同社会とつながっているという気持ちにさせてくれます。こうした心の安定と共同社会のネットは、それがなければ一人暮らしにつきものの脆さを補ってくれます。結局のところ、私たちの誰もが基本的にはこの宇宙でひとりなのかもしれませんが、つねにそうした実存的な事実に向き合うとしたら、人生は暗いものになるでしょう。勝利も悲しみも、分かち合ってくれる人がいると思えることが必要です。たとえ友人の助けを借りたくないと思ったとしても、本当にそれが必要なときに安全ネットを利用できるとわかっていれば、安心です。エリーナも言うように、「友だちがそこにいるとわかっているだけで、安心していられます」

満ち足りたシングル女性のネットワークには、こうした類似点のほかに、さまざまな規模や形態があります。女性センターで暮らすあいだ、リディアはそこで働くほかの女性たちの、緊密に結びついた小さなグループを頼りにしていました。私たちのインタヴューした女性の多くが、同じように小規模なネットワークの話をしましたが、もっと大規模で幅の広いネットワークの話をした人もいました。何よりも重要なことは、女性の個々のニーズや期待とネットワーク自体が「合っている」ことです。ひっそりと孤独な生活をしている女性は、少人数の緊密な友情関係よりも、大勢の友人の輪の楽しさを味わいたがります。エルシーは、自分の生活には多くのつながりがあると思っていますが、「一方では、本当によい友だちを頼りにしている」と言いました。ルイーズも、数人の親しい友人の大切さを強調して、「この町には、私をとても大切にしてくれる3人の女性がいます」と言いました。「私たちはお互いに世話をし合っています。私は孤独が好きな性質《たち》ですから、友情を調節しています。よい友だちであるためには、広げすぎて希薄な関係になってしまってはいけません」

孤独が必要だと述べた人もかなりいました。こうした女性にとって、友人たちの大きなネットワークに気を遣うことは、ひとりで過ごしたい時間の妨げになるでしょう。テリーはこの問題をめぐる気詰まりを認めています。「友情を守っていくためには、友だちに気遣いしなければなりません。私はひとりでいたい時がよくありますが、友だちがいなければ、私の生活に穴が開いてしまうでしょう」。ジェシーも、こうした葛藤を感じています。「私はとても大切な、よい友だちをもってはいますが、とても内向的な面もあるのです。人と過ごす時間が楽しいのと同じくらいに、ひとりになることも楽しいのです」

多くの社会活動にかかわる大規模で幅広いネットワークを求める女性もいます。たとえば、リザは極端に多くの友情を楽しんでいます。小さいころから、リザはいつも大家族と一緒にいたいと思っていました。成人してから、彼女の幅広いネットワークは、子どものときにたったひとりの兄がいるだけのときに感じたような喪失感を補ってあまりありました。彼女のネットワークにはあらゆる年齢層の大人のほかに、友人の子どもたちまで含まれ、彼らに対して大好きな伯母さんの役目を果たしています。日曜日と水曜日にスクォッシュをする友だちのグループ、夏にプールに行くグループ、ヨットに乗りに行くグループ、高校や大学の友だちのグループ、卒業後初めて就職したときの友人のグループ、月に一度のブリッジを楽しむグループ、「ボランティアの友人」グループ、長年にわたって関係してきたさまざまな組織の友人もいます。今年の40歳の誕生日には、パーティの客を100人にしぼろうにも手がつきませんでした。たとえ、時たまの交友でも、100人もの友人とつき合い続けるのはとうてい不可能だと思う女性が多いでしょう。しかし、リザはどの友人も親密な友と思っています。誰もが彼女の生活に特別な場を占め、特別な役割を果たしているのです。

女性のネットワークは規模だけでなく、それを構成する人びともさまざまです。シングル女性の多くは、友情がネットワークの基本だと一致して認めていますが、既婚女性とシングル女性のどちらの友人関係がいいかという点では、意見が一致するわけではありません。やはりここでも、友だちの選択と自分のニーズや優先順位とが「適合する」ことが何よりも重要だと思われます。

シングル女性が外の文化の中で懐疑的な目で見られる場合があることから、ほかのシングル女性との友人関係は、自分のライフスタイルを認めてもらえるだけでなく、同じ志向の人たちとの共同社会の一員だという力強い感覚を与えてくれる、と報告した女性もいます。さらに、こうした女性は、独身女性の友人のほうが自分の生活の難題や葛藤、喜びをわかってくれると思っている場合が多いのです。たとえば、メーガンは、友人によれば「毅然とした独身生活を送っている」ということですが、中年になったいま、ほかの未婚女性との友情に安らぎと受容を求めるのは、同じような疑問や人生の問題に直面しているからだと言っています。こうした類似があるために、経験を共有することで理解し合えると思っています。結婚について思うこと、男性とどのような関係を望むか、子どもが欲しいかどうか、あるいは孤独の過し方など、シングルライフの難しさを克服する方法について、同じような境遇のシングル女性と議論した話もしてくれました。友だちとのつながりについて、メーガンはこう説明しています。

30代後半から40代で独立する準備ができている人などはいません。賛否両論あることはよく承知していますが、本当に寂しくて、この世に自分ひとりだと思うと、とても淋しく、恐ろしくなるときがあるものです。

離婚した女性と友情を結ぶことは、離婚を乗り越えようとする人にはとりわけ重要なことです。マリーは、夫のジムが25年の結婚生活のすえに教え子と駆け落ちしてしまったとき、捨てられてひとりになってしまったと思いました。振り返ってみると、マリーはジムの高圧的な要求に応えることばかりに気をとられ、自分が友人との関係をつくっていなかったことを思い知らされました。「友人も知人も、すべて夫を通じて知り合った人ばかりでした。彼が出ていってしまったとき、私の友だちはひとりもいませんでした。ひとりも！」

孤独になったマリーは、ほかの女性との絆がいかに重要であるか痛感しました。徐々に彼女は一緒に働く女性たちにつながりを求めるようになりました。ひとりになって初めての休暇に、同僚からジムはどこにいるのかと尋ねられました。マリーがジムは出て行ったことを話すと、その女性はすぐにこう言ってくれました。「それなら、私たち何かしなくては。支援グループもあるのよ。3人で食事をするから、あなたもぜひいらっしゃい！」痛手を癒すまでのあいだ、この離婚女性のグループが支える力となってくれたおかげで、マリーは、ジムとの離婚手続きを乗り切り、ひとりで生活を立て直していくことができました。「この3人の女性は、私の悲しい物語をいつまでも聴いてくれました。本当にすばらしいことでした」と、マリーは言っています。マリーと似通った経験をしたサンディも、ほかの女性との関係が離婚後の辛い時期を乗り越える力になったとして、次のように話しました。「まったくのひとりぼっちで、将来の生活には何の希望もないと落ち込んでいましたが、その気持ちを払拭できたのは、仲間の女性たちのおかげでした」

シングルの女友だちは、日常の楽しみや活動を分かち合えるのでとりわけ大切だと多くの女性が報告しました。既婚の友人は、映画や演劇、コンサートに行ったり、食事をしたり、旅行に行くなどのとき、なかなか相手になってもらえません。エリカも言うように、「結婚している親友は、子どもがいるうえ、ほかの用事もあるので、いつも会えるわけではない」ようです。シングルの女性には、本音を打ち明けられる親友が必要ですが、「いっしょに活動する友人」や、同じ趣味をもつ気のおけない知り合いも必要です。こうした友人たちには、夢やトラブルなどは話さないかもしれませんが、だからといって、こうした友人が重要でないわけではありません。ジーンは、多くのシングルの女友だちがいると話しました。

シングルでは夫と過すような楽しい、水入らずの団欒をもてません。ですから、大勢の知り合いを見つけておき、食事に行くとか、映画や美術館に行きたいとき誘える相手を確保しておくことが必要です。

こうした友人は、シングル女性にとって孤独を癒してくれる力になります。日曜日の朝起きて、ふと「何かしたい」と思ったとき、誘いをかけられる相手がいつもいることになります。

## 違いを受け入れるか、拒否するか――2人の女性の、もう1つの話

シングル女性は、シングル女性の仲間が必要だが既婚女性との友人関係も必要だと言っています。とく

に、長年付き合ってきて、たまたま結婚している友人との関係は続けていきたいと思っています。インタヴューに応じた女性のなかには、思春期から大人になるまでの歴史を共有していることから、そうした長い付き合いのある友人こそ大切だという人もいました。

既婚女性との友人関係には特別の利点があります。ヘレンは、シングルの友人よりも、既婚女性のほうが頼りになると思えて好ましいと言いました。「結婚している友だちはシングルの友だちのように、男を見つけて私を見捨てる可能性が少ないのです。もう男がいるからです！」結婚して子どもがいる友人が、シングル女性に家庭生活の楽しさを味あわせてくれることもあり、日曜日の夕食や祝日の祝いに招かれたり、子どもの世話の手伝いを歓迎されたりします。このように、子育てにあまり熱心でないシングル女性も、子どもを可愛がる喜びを体験し、あきたら家に帰ることもできます。ヘレンは結婚している友人やその家族と一緒に海辺へ行くのをとても楽しみにしています。娘を養女として迎える前に、こうした外出が子どもたちと過ごす機会を与えてくれました。いまでは、その友人の家族はヘレンとその娘にとって親類のような存在になっています。

シングル女性と既婚女性との友人関係には議論の余地のない利点がありますが、相手のライフスタイルをどれだけ許容できるかという問題もあります。ベスとエリーナの話は、2人の友人同士が互いに異なる道をとった例です。2人は中学校以来、特別の「親しい友人」でした。数百マイルも離れて暮らすこともありましたが、お互いの興味と似通った職歴が2人の友情を弱めるどころか、強めるだけでした。20代から30代にかけて、親密さは失われず、多くの時間をともに過ごし、秘密を打ち明けあい、相手の勝利を応援し合い、必要なときは慰め合っていました。

ベスとエリーナの生活の共通性は、ベスが38歳で結婚し、子どもができてから、かなり変わりました。ベスはそれまでのようにエリーナの誘いに応じられなくなり、エリーナはもはやベスの日常の現実の重要な部分ではなくなりました。2人の優先事項も異なってきました。ベスは独身時代を振り返って、「毎年、天にも昇るような気分になる」ほど喜んでいたのは何だったかと、不思議に思っています。確かに楽しかったことは事実としても、「もうあれで十分」だと、ベスは言います。彼女は素敵な男性のプロポーズを受け入れ、快適な結婚生活を送ってきました。すべてが安定し保証された生活を享受できると喜んでいます。家族の有難味がわかり、地域社会の一員として迎え入れられたことを嬉しく思っています。一方、エリーナは、シングルライフで味わえる自由と世界各地への旅で出会った新しい人々との出会いをとても気に入っています。この古い友人関係が変わることは、2人にとって辛いのと同じように、人生行路が分かれてしまう多くの女性にとっても辛いことです。

私たちは自らに問いかけました。四半世紀ものあいだ友情の宝を大切にしてきた友人同士がお互いの選択を受け入れるという問題はどうすれば克服できるのか、と。一方の女性が結婚の必要性を感じ、それを望み、子どもをもうけ、もう一方の女性は子どものいないシングルライフのほうがよいと思っていることが、友情を脅かすのです。相手を見て、自分が譲るべきことがないかを見極めなければなりません。既婚か未婚かにかぎらず、すべての女性にとって、相手の選択が魅力的に思えるときがあるもので、別の選択肢があったことを考えて心中穏やかでなくなるのは当然です。シングルの女性が幸せな家族の可愛らしい子どもたち、愛してくれる夫、家族の団欒など、楽しそうな様子を羨ましく思うときがあります。一方、自由に旅行を楽しみ、やりがいのある仕事をこなし、長続きはしなくても熱烈なロマンスにふけるシングル女性を見て、既婚女性が羨ましさを強く感じることもあるのです。

こうした相反する幻想からわが身を守るために、女性はしばしば自分と違うものを貶め、悪いものと決めつけてしまいがちです。2人の友情の深さやその内容は変化し、かつての習慣や期待は失望感と喪失感とともに失われていきます。相手の選択に対する否定的な感情は、違いのギャップが埋めがたいほどに広まるにつれて、友を失うのではないかという恐れとともに、増幅されてしまうこともあります。このような恐れは現実に根拠のある場合もあります。また、友情の力によって、共通性を喜ぶことから、違いを楽しむことへ移り変わる場合もあります。しかし、互いに友情を通わせてきた女性は、相手の気持ちを認め、時間をかけて調整していくことができるので、お互いを認め、相手の経験やそこにある違いが一層豊かな関係を築き、守り続けていくことができるのです。

## 逆巻く海にかける橋——手を差し伸べれば見返りがある

強力で、信頼でき、しかも満足できる友人関係を築いて維持していくには、ほかの好ましい関係に必要なのと同じように、時間、気遣い、熱意、心配りに努力することが必要です。リザは、シングルライフを成功させる方法として、友人との関係が必要な理由を次のように説明しています。

友人は、手にすることのできる最も重要な資源の一つです。しかし、友だちとしての関係を維持する努力をしなければなりません。ときには電話をかけ、相手がしていることに興味をもち、勝利を目指して応援し、悲しみがあれば慰めてあげなければなりません。友だちをもつためには、自分が本当の友だちであることが必要です。

ジーンも同じことを言っています。

友情には手入れが必要です。シングルの生活、それも幸せなシングル生活を送りたいと願うなら、自分でそれなりの人生を築いていかなければなりません。仕事をしているだけでよい、というものではありません。つまり、仕事は、それに余りに多くかかわっているからこそ生活の大部分を占めるのですが、友人をもつことはとても重要なことです。

有効に働くネットワークとしての友人関係を開拓することは、リザが言うように大変なことです。高校や大学を出てから女性が友人をつくるには、自分の枠から外に出ていかなければなりません。オードリーが簡潔に述べているように、「誰かが誘ってくれるのを待っていてはだめなのです。こちらから行動を起こさなければなりません」。しかし、自分から近づきを求めることは難しいという女性が多く、時間がなければますます厄介なことになります。インタヴューに応じた女性たちは、出かける時間があまりないと答えています。自営業のヘレンは、「友人を訪ねたくても、思うように出かけられません。月に1回、空いている夜の時間を見つけることさえ不可能」なことを認めています。グレイスも、仕事に必要なことと、友人のネットワークを開拓する時間のやりくりに苦労していると見え、こんなふうに言いました。「友だちと付き合う時間をつくると、やりすぎだと言われます。こちらが会いたいときに、会ってもらえません」。十代の息子がいるリディアは、働く時間を週に60時間以内と決めたことがうまくいっていると思う一方、友人との付き合いに割ける時間がないと、苛立っています。彼女はこう言いました。「友人はいますが、電話をかけて『金曜日か土曜日に何かしましょう』などと誘いをかけるのが下手で、うまくいきません」。リディアは週末が近づくと、息子と時間を過ごすか、そうでなければ疲れて友人の許へ行く暇がなくなるか、どちらかだと正直に話しています。

　時間がないことだけが、友人を開拓する障害となっているわけではありません。ひとりで生きていけるはずだと考え、シングルでいることはすべてをひとりで処理することだという考えに拘泥して、苦闘している女性もいます。支援を得ることを目的に友人をつくることにとくに罪の意識を感じるのです。見返りを期待するやり方は「不名誉なこと」ではないかと恐れているのですが——もっとも、男女の関係にしろ、ほかの関係にしろ、あらゆる関係に、見返りはつきものです。それでも、シングルの女性の多くは、たとえば上階へ小型のピアノを運び上げるような重労働もしなければならず、心理的に同じような負担のかかる諸問題をひとりで処理できなければならないと思っています。結婚して母親になれという至上命令に従って依存的な人間にならないための唯一の方法として、その対極の生き方をしなければいけないと思っているかのようです。いずれにしろ、完全な独立は、誰にも果たせない幻想です。遅かれ早かれ、シングル女性は誰かの友情や助けを必要とすることに気づきます。

ひとりで家具を動かせないとき、慌てました。誰かが来て手伝ってくれるまで待っていなければなりません。私はけっこう独立的な人間で、ひとの手を借りるのは好きではありませんが、好き嫌いにかかわらず、助けを求めなければならないときがあります。ひとさまに頼らなければならないのです。

ティナは、思っている以上に他人に頼らなければならないとこぼしていますが、レジャーを楽しむ相手としてだけでなく、実際面で手助けしてくれる友人は誰にも必要だと悟りました。こうした力になってくれる友人関係は互いの利益になります。助けを求めざるを得ない状況が長年続くうちに、友人同士に相互依存の絆が生まれ、その助けを借りて、女性は実際上の問題も、実存的な問題も克服していくことができます。助けを求めることができるし、そうしなければならないと認識することによって、誤ったプライドの壁は消え、相互援助と支援の共同社会を築くことができます。

幸いなことに、手を伸ばして助けを求める緊張は、互恵的な経験によって報われます。必要なときに支援の手を差し伸べているうちに、気楽に助けを求められるようになります。アメリカ人の生活における個人主義とかかわりについて、ロバート・ベラーが同僚と共同で行なった独創的研究『心の習慣』の中で、ルース・レヴィは、共同社会の一員であるという認識を育てるうえで、互恵主義がいかに重要であるか、次のように述べています。

仲間に入らなければなりません。何かをしてもらいたいなら、自分がそこへ出て行くことが必要です。挨拶の電話、同情の電話、食物を届ける電話をすることです。しかし、もう一方で、あなたも恵みを受ける側になります。苦境に陥って、誰かを必要とするとき……難事がふりかかったとき、助けてくれる人がいるのです。

ケリーは、男の子を産んでから、友人の支援がしばしば必要になりました。38歳で新米の母親となり、幼児にありがちなちょっとした症状や心配な行動についてほとんど何も知りませんでした。パニックに陥ったとき、心配ごとがあるとき、いつも友人に情報を求め、心の支えになってもらいました。「あの子が泣き止まないの、どうすればよいかしら?」と、いつも彼女は訊いていました。子どもが小さかったころに不安を経験している友人たちは、彼女の不安を取り除いたり、実際上のアドバイスをくれたりしました。友人と情報交換ができることは新米の母親にとって大きな違いをもたらしてくれますが、それはとくに育児の責任をひとりで負うシングル・マザーにとっては、極めて重要なことです。いまでは、ケリーの友人たちは、子どもたちが大きくなったために仕事に復帰しています。今度は、彼女たちが親業と仕事を両立させるために、ケリーにアドバイスを求める番です。この生活の移行期に、友人たちの力になれることは、ケリーにとってとても重要なことです。「私は、手助けやアドバイスをしてくれた彼女たちに少しでもお返しすることができてとても幸せです」

手を差し伸べ、助け合いをするには様々な障害物がありますが、強力なネットワークを開拓することは中年のシングル女性にとって測り知れない報いをもたらしてくれます。インタヴューに応じた女性たちは、そのネットワークがシングルライフの日常の難題だけでなく、予期しない危機を克服するのにどれだけ役立ったか、異口同音に話しました。単独飛行をする女性が不時着しなければならないとき、慰めと支援を与えてくれるのは、地上の応援部隊《グラウンド・クルー》です。

シングル女性が中年に近づくと、もう1つの問題がしばしば起こるようになります。健康の問題です。病気はシングル女性にとってつねに辛い試練ですが、中年の時期になると、重大な病気への懸念が募ります。病気のときは、親類が世話してくれるという女性もいますが、多くはそんな贅沢はもちあわせていません。そのようなとき、シングル女性がネットワークに熱心にかかわっていたならば、たいてい助けてもらえます。たとえば、独身を通してきたヘレンは、数年前に乳癌と診断され、乳房切除の手術を受けました。両親や姉妹ははるか遠方に住んでいたうえに、精神的に弱い親や姉妹には助けを期待できないと彼女は思いました。幸い、長年のうちに培ったネットワークの友人たちが病気のあいだ彼女の許に来てくれました。インタヴューに応じた多くの女性の言葉を代弁して、ヘレンは、「いつも私のために誰かがいてくれました。困ったときでも、ひとりぼっちと感じることはありません」と、しみじみ話していました。回復期の介護に多くの友人の手助けを受け、ヘレンはその体験を通じて自分がいかに他人の世話になっているかを実感しました。

中年になって、いっそう起こりがちなのは、自分自身の健康ばかりでなく、身近な人の健康問題です。第二の人生には、第一のころより喪失体験が多くなることは否定できません。そのような体験を防いでくれる人はいませんが、悲しみを分かち合ってくれる友がいるならば痛みは和らげられます。ケリーの経験を考えてみましょう。息子を出産後の育児にまだ慣れないうちに父親が発作で倒れました。介護にあたる母親を助けるために忙しい日程のなかで時間を見つけなければならないとき、強力な支援体制となっていたネットワークがますます重要なものになりました。フルタイムの仕事と息子の世話に加えて、年老いた両親の面倒をみる辛さについて、友人に話せるだけでも救いになりましたが、友人たちは同情の耳を貸してくれただけではなく、子どものベビーシッターをしてくれたり、父親の緊急入院の際に、手を貸してくれたりしました。

この女性たちが友情のネットワークについて話したことは、親密な関係づくりと支援と共同体の一員となることについて、重要な教訓となります。女性は、自分を支えてくれる、親密な関係を築くのに、結婚しなければならないわけではありません。生活のさまざまな面で、愛や絆や共同体意識を経験しています。どんな関係も1つですべてのニーズを叶えることはできません。1つの絆がこわれれば、ネットワークがすべてつぶれるというわけでもありません。私たちがインタヴューした女性たちは、こうした強さと多様性、愛と慈しみの源があって当然というものではないことを深く自覚しています。エネルギーを注ぎ込み、時間をかけてそれを育てています。それが1つにまとまって、彼女たちを支える共同体をつくりあげ、単独飛行を可能にさせてくれるのです。

# 第4部

# 男性の問題

# 第13章　男——ケーキの飾りで、ケーキそのものではない

誰かと生活を共有できることには多くの利点があるでしょう。けれども、私にとってそれは人目を惹くための飾りにすぎず、おいしいケーキそのものではありません。男性と関係をもてればすばらしいでしょうが、充実した生活を送るのに、男性は不用です。

——ヘレン

なぜ男性は仕事に執着することを許されて、女性は男に執着することしか許されないのでしょう？

——バーバラ・ストライザンド

私たちがインタヴューした女性のなかには、社会風刺漫画に描かれるような、余りにも恨みがましい離婚女や男嫌いのオールド・ミスはいませんでした。男が好きで、「恋をする」のが好きな女性ばかりでした。世間の通り相場以上にうまくいっている、あの恵みを感じる状態にまさるものはないと、誰もが知っています。アリータは、多くの女性の気持ちを次のように代弁しています。

いい男が現れれば、私はすぐにメロメロになるでしょう。自分のことをよくわかっているし、いともたやすく恋に陥ることは経験からもわかっています。それは特別な喜びですし、恋をしないよりしたほうが幸せだと思います。

男性と一緒に暮らしている女性は、男性がそこにいるのが楽しいと思い、男性がいない女性は、ほかの条件が等しければ、男性にそばにいてほしいと思うでしょう。自分は特別に幸せで、満足していると語った女性の多くは——私たちの満足度の測定表で10点満点中8点か9点の女性——特定の男性との関係があれば10点満点になると言いました。自分自身についても、自分の生活についても、満足しているというシャウナは、この点が欠けていると認めました。

残念ながら、私は男性に関心を向けてもらうことが必要です。男性が一緒にいると楽しいです。そうすれば、私は100パーセント幸せということになるでしょう。

アンジェラも、誰か特別な人と関係を結べば、すでに幸せな人生はもっと楽しくなるでしょうと、同じ意見を述べています。

過去に結婚やそのほかの関係で辛い経験をした女性でさえも、男性に「敵意」を抱いているわけではありません。たいていはアーリーンと同じ意見で、おしなべて男性を扱いにくい相手と見ているわけではなく、それは自分が結婚した相手だけに限られることだと言っています。

しかし、男性との関係をもたない多くのシングル女性は男を求める努力は何もせず、結婚の機会を――よい結婚であっても――はねのけている女性もいます。男性との関係をもっている女性であっても、その関係を維持するために自分の時間や感情をどの程度ふりむけるか、慎重にかまえています。彼女たちは、男性との親密な仲が生活を充実させてくれる場合もあることを認めていますが、同時に、自分ひとりで豊かな申し分ない生活を築いてきたという自負もあります。男性との関係に何を求めるかを自覚し、自分がそれを望まないかぎり、妥協する必要のないことも知っています。さらに、「愛し合っている」至福だが常に短すぎる関係を互いに満足できる長い結合に変えるなら、そこに障害が起こってくることもわかっています。

## 中年の女性が男性との関係に望むこと

シングル女性は、男性の所得など物質的な利点を第一に考えることはなく、「セクシーな男」や「精力絶倫の男」を求めるわけでもないと言っています。エイプリルは「独身で、一本気で、定職に就いている」男性がよいと冗談を言い、素敵な恋人であるには性的な面が重要だと言った女性も少しはいましたが、こうした面はすべて交友そのものにくらべれば、二の次でした。男性に求める最も重要な属性は、よい友だちとなれることなのです。すでに手にした充実した生活の喜びを共有してくれる相手を求めているのです。オードリーは、理想の恋人は「すばらしいユーモアのセンスがあり、同じ価値観をもつ人――一緒にいて楽しく過ごせる、優しい人、誰だってそうでしょう？」と言いました。ジェシーとシャノンの二人は、自分の精神的なヴィジョンを共有してくれる人だと言いました。リディアは「バランスのとれた生活をしている人で、遊びを知り、正直で、友だちになれる人」がよいと、条件を挙げました。モーガンは、自分が幸運を得たときそれに脅威を感じず、一緒に喜んでくれる人——つまり、友人から期待するような反応をしてくれる人がよいと言いました。「友人に『年収10万ドルの仕事が見つかった』と言えば、一緒に大喜びしてくれて、『畜生、あいつはおれより稼ぎがいい』などとは言いませんから」。サンディは「目がきらきら輝いている人」がよいと言い、アーリーンは「愛情と尊敬をもてる人、どちらか一方だけではダメ、両方なければお断り」と、断固強調しました。

何よりも重要なことに、シングルの女性が同居相手として望むのは、自分の独立性を尊重してくれる人でした。男性との関係を望んではいても、母親世代が求めていたタイプとは異なります。ルイーズは、58歳の離婚したアフリカ系アメリカ人ですが、幸せな生活を送っているという自負があり、男性との関係に何を望み、何を望まないか明確に決めています。第一に、自分に正直になれることだといいます。

男性との関係は楽しいものですが、生き抜くため、自分自身でありたいためにそういう関係をもたなければならないとは思いません。男だからというだけで一緒になることはありません。何か与えてくれるものがなければいけません。と言っても、金銭的なものが欲しいのではなく、何よりも私をありのままに受け入れてくれなければなりません。「私のやり方にはめ込む」という言い方は好きではありませんが、私は自分がどういう人間で、何がほしいかわかっています。自分のライフスタイルや好みに合わせて、私のやり方を変えさせようという人に煩わされたくないのです。いまの私の生活にとても満足しているからです。

もっと若ければたいてい自分の一生を消尽してしまうほどの情熱に憧れるのと違って、中年のシングル女性は、マキシンの言葉を借りれば、「素敵な男性と出会い、恋仲ならぬ仲間になりたい」と思っています。要するに、中年の女性は、女性であることを位置づけ、自分の生活に構造と意味をもたせるために、男性を求めるのではありません。この女性たちは、すでに十分な構造と意味をもった生活を送っています。要するに、彼女たちは、シングルでいることに心を傾けているのでなく、自分自身であることに心を傾けているのです。彼女たちの、「以後幸せに」という考え方は、流されることではなく、すでに豊かな生活に特別な結びつきを加えてくれる相手を見つけることにかかわっているのです。

私にとって理想の関係は、女友だちや職場の仲間との触れ合いを続ける自由を与えてくれるものです。パートナーも、自分の友人を大切にするでしょう。私たちはおたがいに相手を傷つける心配なしに、一緒に仲よくいるときもあれば、また別々に行動するときもあることでしょう。そういう類の柔軟性があればよいと思います。

相手の男性も自分だけの生活範囲をもっていて、「まとわりつかないで」いてほしいと願うのは、メーガンだけではありません。同じような願望はたびたび耳にしました。マリーが望むのも、「自分の生活をもっている男性」です。ペギーが幾度か結婚の申し込みを断ってきたのは、彼女の自由を喰いつぶすような結婚をしたがる男性との関係を経験したからでした。

私と特定の関係にあった男性にインタヴューするなら、私が自分の時間ややりたいことに関するかぎり、容赦しなかったと言うでしょう。彼らは、たいてい、こちらが割こうと思っているよりもっと多くの時間をほしがったのです。

シャノンは、「私にはひとりでいる時間がいっぱい必要なので、文字どおり自立している人がいいのです」と言い、ジョシーは次のようにまとめています。

私は誰かと一緒に暮らしたいのか、自分でもよくわかりません。一緒に暮らしたくないのかと言えば、それもよくわかりません。はっきりしているのは、誰かと一緒に暮らすとしても、私の生き方がかき乱されるのはいやだということです。自分の生活をもっている人がよいと思います——それが何より大切なことなのです。私より暇が少ししかない人だったら——私のことをどうでもよいと思うからではなく、自分でやりたいことをほかにももっていて——そういう人なら最高だと思います。

ヘレンにとって、望ましい関係とは自由と親密さの両方が得られるものです。残念なことに、これまでに出会った男性は、自由という面で問題があったといいます。

さまざまな面で、自分のことは自分でやりたいのです。互いに行き来できる関係のなかで、相手にも同じ自由があればよいと思います。大きな自由をほしいと思いますが、愛情もたっぷりほしいのです。私はとても敏感で傷つきやすい人間ですから、そういう面をわかってくれる相手であって欲しいと思いますが、それだけの自由を女性に与えてくれる男性はめったにいません。

要するに、ヘレンが望む相手とはケーキの飾りのような存在で、ケーキそのものになりたがる人ではない、ということです。ヘレン自身のケーキに十分な味わいがあるので、自分の基本方針に合わない人と関係をもつくらいなら、ひとりのほうがよいと思っています。中年のシングル女性の多くがヘレンと同じ考え方をしています。関係をもたないか、あるいは自分たちのニーズや願望が重要視されない関係をもつか、どちらかを選ばなければならないとしたら、彼女たちの選択は明らかです。ジュリアは、どちらかを選ぶとしたら、ひとりで生きていく覚悟ができていると説明しました。ときどき、「おまえは年取ってから、植物やネコと暮らすようになるよ」と独り言を言っては、少し考えて、同じ結論になるといいます。「幸せにしてくれない男と関係をもつくらいならネコと暮らすほうがよい」と。

この女性たちがどんな関係が望ましいかを口にしたからといって、それを求めて時間を費やしているわけではありません。彼女たちは適当なパートナーを見つけることにそれほど時間や努力を注ぐ意志がないのです。彼女たちの話から、理想的な関係を見つけることに消極的である理由が3つあると結論づけました。ジェンダーの格差、一身同体を迫られることが余りにはっきりしていること、デートの場面に気が滅入ること、です。

## ジェンダーの格差——性差別という時差《ジェットラグ》

今日の女性は、女性であることが何を意味し、男性と関係をもつことが何を意味するかという考えを再定義し、それを拡大する道を選んでいます。そうした考えはしばしば、結婚して母親になれという至上命令の価値観と矛盾します。その価値観によれば、女性はつねに、そして無条件に、男性との関係をもつことを望むべきだとされているからです。これまで生きてきた短い間の途方もない文化の変化に適応した現代の女性は、出会う男性の多くと波長が合わないことに気づきます。「ジェンダーの格差」、いわば、性別による文化的時差に直面し、そこでは文化変動の境界に生きることは男性なしに生きることを意味する場合が多いのです。自己宣伝でどんな希望を口にするにせよ、中年の男性のなかで、文化の変わり目にある女性に同調する備えができている人はごくわずかです。男性たちの期待は、女性の期待よりふたまわりも遅れた時間帯に根を下ろしたままになっています。

ルイーズの夫は、(ひとたび成功してしまうと) もはや結婚生活を望まなくなったのですが、彼女は、その後出会った同年齢の男性たちは彼女の望む独立をがまんすることが出来ないのだと悟りました。彼女にとって、すでに大切にすることを知ってしまった自由から引き返すことはできません。引き返すことを考えるかと尋ねると、彼女は憤激して答えました。

なぜ自分を欺き、私が拠って立つすべて、私が信じるすべてを二の次に、ほかの人の希望に合わせ、その人を喜ばせ、愛を得るために、自分をその型にはめ込むようなことができますか？　それは私の基本権を売るに等しいことです。そんなことはできません。

インタヴューに応じた女性の多くが、彼女たちの独立心に惹かれた男性はほとんどいないと報告しています。これはけっして意外なことではありません。結局のところ、いま中年を迎えている男性の多くは、こうした女性が自分たちのレパートリーから取り除こうとしている行動を期待するよう、社会に教えられてきたのです。中年の男性は、結婚して母親になれという至上命令の恩恵に与ってきて、女性の全存在の中心になることをいまだに期待しているのです。自分たちのスケジュールや必要に女性が合わせてくれると、思い込んでいます。

このような現象を見れば、中年男性が若い女性に惹かれがちだという理由もいくらかわかります。男性にとって魅力があるのは、若い女性のぴちぴちした肉体だけではなく、従順さでもあります。若い女性は自分の個性をそれほど明確にしておらず、自分の優先順位を決めているわけでもないからです。したがって、彼女たちは年長の男性の期待に合わせようとし、彼らのほうがものごとの「あるべき姿」を知っていると思っています。加えて、こうした男性は、若い女性を惹きつける能力があるとわかれば、自分はまだ若く、死ぬわけでもなく、重要な面でもダメになっているわけではないと、安心します。そのような慰めの幻想は、よいか悪いかはともかく、女性には滅多に手にできないものです。なぜなら、中年の女性にとって、年下の男性との組合せは受け入れがたいものだからです。結果的に、中年の女性と中年の男性との価値観や期待の格差は、ますます広がることになります。

## 相手に融合しようとする力に妨害される

中年のシングル女性が男性との関係を求めようとしない第二の大きな理由は、彼女たちが文化変動の最前線にいるにもかかわらず、すぐ前の世代が「置き去りにした荷物」をたくさん背負っていることに気づいていることです。経験に照らして、男性とお互いに満足できる関係をつくることは見た目よりもはるかに難しいとわかっているのです。女性が信頼していないのは男性の姿勢や行動だけではありません。実際、問題となるのは主として男性、というわけではありません。むしろ、自分たちが中心にとどまる能力をもっているかどうかを問題としているのです。若いころの教え込みがしみついた自分たちの本能に欺かれることを心配するのです。親密な関係の始まりを襲う熱情のなかに、自立した歳月の間に学んできたことや闘いの末にかちとってきた自由を少しずつ捨ててしまうのではないかと、恐れるのです。「自動操縦」に逆戻りし、相手に合わせ、ついにはほとんど誰だかわからず、おそらく好きでもない見知らぬ人間へと変身しかねない自分自身の傾向を恐れるのです。

男性から見て、友人としても恋人としても魅力のある陽気な女性、ジーンの経験を考えてみましょう。ジーンは、若いころ、自由だけを夢見ていたと、私たちに言いました。小さいときから、医者になることを志し、母が台所で使うナイフで毛虫の切開をしたという女性です。しかし、医学で身を立てることを家族から反対され、大学を卒業後、結婚へのプレッシャーを感じたといいます。「あの時点では気にしませんでした。燃え立つような希望を断念しなければならなくなって、すっかり気落ちしていたので、うっかり、別のルートに着陸してしまいました」。ジーンは、愛に動かされたわけでなく、彼女に夢を抱いている人に従わなければいけないというプレッシャーに動かされたことを、認めています。

彼らのメッセージは私の成功はこの男との結婚で決まるというものでした。彼は私にすっかり熱をあげ、結婚をひどく急ぎました。「みんなそうするのだから、私もしなければ」と思いました。「友人がみんな結婚するので、私も結婚しなければならないと思ったわけで、彼のことをそれほど愛していなくても、それは問題ない」と考えました。それで彼と結婚しましたが、ひどい誤りでした——彼は暴力をふるいました。どうかですって? ひどい奴だったのです。それに私は彼を愛してもいませんでした。とてもがまん出来ません。誰かと熱烈な恋愛をして、その男が実はひどい奴だったと、せめて自分に言えるのだったらましだったのでしょうが、そうではありませんでした。

2年後ジーンは結婚生活を逃れ、知り合いがひとりもいない都市に、文字どおり逃げていったのです。彼女は、結婚から逃れただけでなく、結婚を成功とする家族のプレッシャーからも逃れたことを認めています。女性を暴力をふるう夫との関係にしばりつける絶望と無力感が根をおろす前に、家を出られたことに彼女は深く感謝しています。「神の恵みのおかげでした」と彼女は言いました。「『ここへ来なさい、お世話をしてあげましょう』と言う人が誰もいなかったからです——男も、家族の誰もいませんでした」

不幸な結婚生活でしたが、ジーンはいつも男性に惹かれてきました。「恋をするのは楽しいわ」と言ってから、彼女は急いで付け加えました。「けれども、それは必ずしも結婚には結びつかないのです」。離婚後も、ジーンは男性との親密な仲をたびたび経験し、男女の関係が自分の本性をなぜ脅かすのかについて大いに得るところがありました。彼女は、繰り返されるパターンがあることを報告し、ほかの女性からも共感を得ました。ジーンによれば、ロマンスによって彼女は別の世界に押しやられ、そこでは彼女のニーズが愛する人のそれの後回しになってしまう、というのです。しかも、そうした自己洞察も、ロマンス満開の時点では役に立たないようだといいます。まるで相手を喜ばせなければという意図せざる必要に追い立てられるように、至上命令が処方する良妻賢母たれという行動に「すべりこんでしまう」のだと彼女は説明しています。

恋に陥ると、進化の階段を逆さまに落ちてしまいます。すぐにまたニキビさえできてきます。まるで少女のようになって、「あなたは何て素敵なの、すごいわ」というようなことを口にしてしまいます（笑いながら）。おそろしいほどの熱中で、自分の人格や人生と相手との区別がなくなってしまいます。そうなると、どんな取引にも応じます。私はすっかりのみこまれてしまうからです。

ジーンのジレンマは、ジェンダーの格差と文化の変わり目にいて、いまなお直前の世代の荷物を背負ったまま飛行するという一例です。ジーン自身も、彼女が関係をもった男性も、女性は相手に合わせるべきだという子ども時代に身につけた期待を抱えているのです。ジーンが認めているように、ロマンスが始まると知らず知らずのうちに、暗黙の規則をつくりあげ、彼女の要求が優先されないように、あるいは真剣に取り上げられないようにしてしまうのです。時が経ち、相手に合わせすぎているうちに、彼女は自分はいったい誰なのかといぶかり始め、一方、パートナーは彼女が大きな妥協をしていることに気づきません。最初の熱気が続いているかぎり、2人の関係は、たとえ平等とは程遠いものであっても、公平でバランスがとれているように感じます。しかし、数週間、数か月、数年と経つうちに、ジーンは自分が受け取るよりもずっと多くを相手に与えてばかりいることに、気づき始めます。

女性が「いいわ、私の人生も、魂も、家も、つま先までもこの男のために捨てるわ」と言うとき、自暴自棄にさえなったように感じてしまいがちです。私たちはそうするように教えられてきました。そして今私はここに座って、そんなことは二度としないと言うことはできますが、嘘いつわりのないところ、程度こそわずかながら、自分がまさに同じことをしてきたのだとわかります。ときどき自分がいやになるほど妥協をしていました。

ジーンが男との関係のために何をあきらめてきたか気づいた日、彼女の感情は一瞬のうちに狂喜から嫌悪感へと動きました。彼女にとって、関係を維持するために要した妥協は自尊心と自己を失うこと――離婚後に取り戻していた――であり、そうするだけの価値のないものでした。

ジーンのように、子ども時代から条件づけられた対応――一体となれという古い要求――が、真に平等な関係確立をめざす努力の妨げになると恐れ、男性との関係に自己を失う経験を繰り返してきた女性は、彼女だけではないのです。インタヴューに応じた中年の女性の多くが、ジーンのように、男性との真剣な関係のなかで知らず知らずのうちに滅私の状態に陥りがちなのを恐れています。こうした危うい領域で彼女たちが自分を信じられないというのも、驚くにあたりません。47歳の離婚した女性、ジュディスは、困惑顔でこう言いました。「自己というこのすばらしいものに気づいて、それを分け与えたいと思います——しかし、なぜかそれを安売りして、どこかへ消えてしまうのです」。ジュリアは、離婚して15年が経つうちに、このようなパターンがわかりましたが、相手に合わせようとする傾向が続いてしまうことをいまなお恐れ、そうした自己洞察は真の防御手段にならないことを証明しています。

私が築いてきたさまざまな関係を振り返ってみると、自分の知っている自分の大切なものを無視してまでも、相手と一緒にいたいと思うときがありました——つまり、私が大切にしている資質を曲げてまで、犠牲にしなければいけないと考え、そうしてしまうのです。幸いなことに、犠牲を払うことにすぐに疲れてしまい、別の人間のふりをするばかりの人生はすぐに飽きがくると知ったのです。

デートというロマンスにともなう重荷が、女性の自己感覚を脅かすものと受け取られるとすれば、男性と同居し、殊に結婚するとなれば、一層そうした思いは募ります。長いあいだひとりの男性との関係を続けている女性は、その相手と同居し、あるいは結婚した場合、自分はどのように変わるか、不安になるのです。長年、同じ男性との付き合いを楽しんできたエマは、もしも結婚すれば、自分の心に深く刻まれた価値観が「手を伸ばしてきて、自分を捉え」、意志に反して行動を変えさせてしまうのではないかと、恐れています。

結婚していたときと同じ状況に追い込まれるのではないかと恐れています。6時までに夕食の用意をすませ、彼のワイシャツを洗濯し、アイロンをかける、といった類のことです。「これはあなたが汚したシャツでしょ、自分で洗いなさい」などと言うことはできません。私が何を言いたいかおわかりでしょう。「諸々の規則」が私にインプットされているのです。良き妻として料理や洗濯や掃除をし、子どもを産むように躾けられてきました。頭を使うことなどどうでもよいとされてきました。

エマが抱く恐れは、良妻賢母となれという至上命令で処方された役割や価値観がどれだけ強い力を発揮しているかを示す証拠です。この女性たちは、生活のあらゆる面で、受動的でもなく、従属的でもありません。自己を主張し、はっきりと意見を口にします。ロマンティックな関係を築いた当座は、女性が強さと自立的な立場を維持できたと話す女性が多いのです。たとえば、リアは、夫だった男と結婚するまではオープンで平等な関係を楽しみ、伝統的に女性のものとされてきたことも2人で協力してやっていました。しかし、結婚したとたんに、平等性は崩れてしまいました。味方になってくれる友として結婚した男が、結婚式のさなかに邪悪な魔女によって変身させられたかのように感じたと、リアは説明しています。

ハネムーンから帰った翌朝、まだベッドにいたときに夫が言いました。「今晩、どんな料理をつくってくれる?」と。「考えていない」と私は答えました。結婚するまで、彼がたいていの料理をするか、手分けして用意をしてくれました。彼は怒って「夕食の料理ぐらい考えておけよ!」と言ったのです。私は、わずか1週間後に散歩に出て行って海を眺めながら、どうすれば彼に分かってもらえるか考えたのを覚えています。私は彼の養父と結婚したかったわけではありません。それが私にとって重要な転換点でした。なぜなら、結婚するまで、私たちの関係はとてもよいと思っていたからです。

## デート・ゲーム——気分と品位を貶める不快なこと

中年の女性が「男を探そうとしない」のは、デートは時間の無駄、退屈で、恥さらしにさえなると思っているからです。エリカが言うように、「プレイヤーにならなければ、ゲームに勝てない」ことはわかっていますが、ひとりでも完璧な自分でいられるという思いを手にしたとき、自尊心を失うような経験を味わう気になれないからです。思春期から大人になるころに経験したデート・ゲームがあまりにも屈辱的で、生涯に影響を残したと話した女性もいます。そのひとり、ヒラリーは次のように説明しました。

新しい男性と会おうとすると、いつも退屈で自尊心を傷つけられます。バーやクラブのような男性が集まるところに行かなければならないし、そこで誰かに注目され、気に入られて、こんにちはと挨拶してもらえるまで待たなければならないからです。

中年のシングル女性の多くは、シングルの集まるバーに「たむろすること」も、シングルのイベントに参加することも、とうの昔にやめています。グレンダにとって、そのようにしてまで男を見つけることは問題外です。「いまは自分のことがとても大事です。それに私がこれまでそうした場で出会った男性のゆうに90パーセントは、興味を惹かない人たちでした」と、彼女は言っています。男性との関係をもっていない女性でインタヴューに応じた人の多くが、望ましい男性と出会う最小限のチャンスでさえ、腹を立てるほどの価値もなかったと思っています。アンジェラの言葉はこの点を指摘しています。

男性とのお付き合いをもちたいと思いますが、バーには行きたくないし、シングルのクラブにも行きたくありません。そういうところは居心地が悪いのです。仕事の面で大勢の人と出会いがありますが、積極的に男を探す気にはなれません。

ヘレンは、「デートの相手を探しに出かけることくらいいやなことはありません」と強い口調で言いました。アリスは、すっかりあきらめた様子で、「夫になる男性を見つけたいと思ったとしても、どうすればよいのかわかりませんから」と、言いました。

このように誰もがあきらめとも思える姿勢をとるのは、中年の女性たちが自分から望む相手を探し出すのでなく、受身の姿勢で選んでもらうのをじっと待つように躾けられてきたからだといわれます。これはある程度確かかもしれません。彼女たちにとって、積極的に男性との関係を求めることは自然な振る舞いとは思えないのです。しかし、デート・ゲームが気分を滅入らせ、プライドを傷つける経験であり、当節は、危険なことでさえありうるのも事実かもしれません。この女性たちは、第三者の紹介による、いわゆるブラインドデートや仲介業者、個人広告を通じた出会いを経験していますが、まさにそうした経験があればこそ、そんなことに努力する価値はないと考えているのです。みんなとは違って――時間やお金や、退屈であったり屈辱であったりする感情のリスクを冒して――男性との関係を求めようと思った女性はほんの僅かです。たとえば、サンディは、バーでのデートは避けていますが、最近はスキー・クラブに入って、適切な配偶者を見つけるチャンスにしようと思っています。

男性との関係は向こうからころがりこんでくるものと、いつも思っていました。いま私は、興味を惹かれ、学歴もある人たちと一緒に仕事をしていますし、クライアントもおもしろくて、学歴のある人たちですから。でも、そういう事態にはなりませんでした。ですから私は自分から出ていくようにしなければなりませんが、それには努力もいるし、時間もかけなければなりません。もう一度、居心地の悪さを我慢して、出ていかなければ、と思っています。

男性との関係で「にこにこ笑っているだけの女性」になり、次第に曖昧な存在となって消えてしまうのを恐れているのか、あるいは性的な差別意識の強い男性との悶着を嫌うためか、あるいは、デートで起こることにうんざりしているだけなのか、理由はともかく、シングル女性は、シングルであることが本当に不幸なのであれば、伴侶をもっと求めようとするはずです。「うまくころがりこんできた」関係があれば、それを拒むという女性はいなかった半面、いまの生活を中断して理想の男性を探し求めるという意図がないことも、明確でした。その点で、たとえ、見つかるとしても平凡な男性で、おそらく自分が妥協しなければならないほどの価値はないと、多くの女性が思っています。20代のシングルだった日々を覚えている女性の誰もが口にするように、王子さまに出会えるのは、万に一つの幸運にすぎないという、古くからの言い伝えが真実だということです。中年を迎えたシングル女性の多くは満ち足りた生活を送っているので、残りの人生をつまらない男との付き合いに費やす気になれないのです。こうした女性たちは、男性とのロマンスを実際に期待しているとしても、それは現在感じている心地よい満足感とはとても比べものにならないのです。

# 第14章 ケーキが手元にあって、食べもする
## ——限られた親密さ

男女は睦まじく暮らせるのか、疑問に思うことがときどきあります。おそらく男女は隣同士に住んで、ときどき行き来するのがよいのではないでしょうか。

——キャサリン・ヘプバーン

私に3つの願いがあるとすれば、愛があって、いくらか長続きする男性との関係、しかし必ずしも結婚しなくてもよい、そういう関係があればよいと思います。

——キム

中年のシングル女性の多くは、いわば「文化のはぐれもの」で、男性との関係を結ぶ伝統的な、絶対的手法から脱して、自分自身の計画にそった伝統にとらわれない関係をつくりだそうとします。かつては男女の関係に求められていた代償をはらわずに、親交から生まれる多くの楽しみや満足感を味わう方法を見出しています。相手に合わせ、自己を犠牲にし、依存する古い習慣に逆戻りしない方法を見出したのです。そうするなかで、男女関係における可能性の限界を広げようとしているのです。

こうした非伝統的な関係の基本的な特徴は、境界線です。女性が男性との関係をもつとき、自己の感覚を失わないようにするためにははっきり引かれた、肉体的、感情的、心理的な境界線です。女性が別の家に

住み、あるいは別の都市に住んで、関係に費やす時間と感情的エネルギーを制限することにより、こうした境界をつくるのです。境界は、女性が関係を結婚に結びつけようとはしないことで、一層強力になります。事実、パートナーがその関係に必要以上に心を向けるよう要求するからという理由で関係を解消した女性さえいます。別に前からの関係をもっている男性や、すでに結婚していたり、仕事を結婚相手としている男性をわざわざパートナーに選ぶ女性もいます。

私たちはこのような関係を「限られた親密さ」と呼び、多くの女性が男性との関係で直面する、「相手への融合の圧力」という古くからの問題を創造的に解決する方法だと考えています。この「限られた親密さ」にどのような制約があるにせよ、その利点は、女性が独立性、尊厳、自己決定性を脅かされずに、愛とセックスと交流を経験できることです。こういう同盟関係は女性に、パートナーとの愛を楽しみながら、自分の興味と関係を培う時間と自由を経験させてくれます。こういう組合せを定める境界は、女性が男性との関係をもつために自己を「売る」ことがないように守ってくれます。このような関係にあれば、女性は、自分の複雑な生活を織り成す糸の1本に過ぎない男性との関係を最も楽しめることを発見したのです。

## 二都物語

即座に具体的な境界線を与えてくれる関係は、男女が遠く離れて暮らす場合です。エリカは、車で4時間かかる町に住む男性との長年にわたる関係を「完璧な仕組み」だと述べています。「自分本来の姿を失わず、しかも週末ごとに仲よくできたのですから、本当に楽しかったわ」。テリーも、遠く離れて暮らす関係が、長期の中断があっても、いかにうまく行くかという例を話してくれました。彼女は同じ町で暮らしたことが一度もないトムとの関係を10年間続けてきました。トムと初めて会ったのは、2人がともにオレゴン州の国立公園局で森林警備隊員《レンジャー》として働いていたときのことでした。そこで2人はテリーの言う大切ながら「とても、とてもルーズな関係」を始めました。

私の中にある遊びたがる気持ちを満たしてくれますし、彼も同じことを言うと思います。私たちはどんなカップルよりも仲よく一緒に遊べます。本当にすばらしいことですし、いつだってそうでした。相手として「ぴったり合っている」のです。2人とも11歳の子供に返って、短時間ながら別世界に入ることができます。2人で一緒につくる世界は、とてもすばらしいのです。とても気ままな関係です。

テリーの世界にトムが占める場は、しきたりとはひどくかけ離れています。トムはテリーの生活のはるかに広く複雑に入り組んだパターンの一つにすぎません。2人の関係は、彼女の仕事や友人との親睦、そして彼女の自分自身との関係を高めてはくれても影を落とすものではありません。

いまの時点で、私の生活に欠けているものは何もありません。私が欲しいと思うものは、選ぶ権利も含めて、何でも得られます。仕事で達成感を味わうこともできます。私の生活に刺激を与えてくれるからです。ひとりでいたいと思う時もありますし、それがいやな時は、トムをはじめ、一緒に過ごせる人がたくさんいます。いまの生活は何にも代えがたいものです。

テリーとトムとの関係は、平等性が高いという点でも特徴づけられます。テリーが自分の生活のほかの側面に打ち込むことを、トムは認めるだけでなく、奨励さえしています。テリーが自立の意識と尊厳を維持できるのは、2人の関係に境界を設けたからにほかなりません。2人にとって、境界線は地理的なものであると同時に時間的なものでもあります。月に二度ほど電話で話をし、5、6週間おきの週末に会って長時間を過ごし、夏にはもっと長い休暇を一緒にとります。トムと同居するか、2人の関係を法的な関係にしたならどうなるかテリーに質問してみました。2人がともに東海岸に引っ越したとき一緒に暮らすことを考えたそうですが、うまくいかないだろうと判断したと、テリーは次のように説明しました。

私たちは、まるで魔法のように、いつも時間と場所をひねり出すことができましたが——それはそうした努力を意図的にしたからであり、しかも非常に抑制された状況のもとでのことでした。毎日のことだったら、あんなに魔法のようにひねり出せるかどうかわかりません。

離れて暮らす関係を続けるには、現実の難問が立ちはだかるでしょう。関係を結びつけておく「糊」の役をするのは、日常生活の共通の経験である場合が多いのです。離れて暮らす関係がうまくいかなかったというある女性は、そのような離れた距離に「留められた」ことがとても苦痛だったと言いました。「生き生きした気持ちをもたせる努力をしなければなりませんでした。気持ちが死んでしまいそうに思えるときがありました」。もっと頻繁に会える人に代えられてしまうリスクもあり、そのような状況に起こりがちな嫉妬もあれば、拒絶され、失ってしまう恐れもあります。テリーも、トムとの関係でそのような時期があったと述懐しています。

彼は例の女性と関係をもっていました。実際、一時期、彼女と一緒にいるためにヨーロッパに行ったことさえありました。そういう状況はとてもいやでした。時間が経つうちに、彼がほかの女性と関係することが、それほどいやだと思わなくなりました。しかし、長い休暇や夏を過ごす相手がいなくなるのが心配でした。ふつうの意味での嫉妬とは違うものでした。どんなことがあっても、私たちは友だちのままでいられるといつも信じてきました。それでも、こうした関係を守っていくのは本当に大変です。ときどき、どちらかがほかの誰かと真剣な関係にはまってしまったらどうなるかと思うことがあります。

さまざまな難関があるにせよ、遠く離れて暮らす「限られた親密さ」は、多くの中年シングル女性にうまくいっているようです。テリーは、自分たちの関係のあり方が誰にでも通用するわけではないことを認めていますが、彼女自身にとっては完璧な組合せだと思っています。「これぞ完璧な関係だなどと見せかけるつもりはありません。大方の世の中では、うまくいかないでしょう――つまり、十分に満たされるわけではない、ということですが、私たちにとっては、十分です」

レズリーも、大陸の反対側までの3分の2ほども離れたところに暮らす男性との関係を20年余りも続けてきましたが、彼女にとって、遠く離れて暮らす関係には利点のほうが難問より多いと思っています。医大に在学中にハリーと知り合い、それからしばらく音信も途絶えていましたが、同窓会で再会しました。2人ともスキーに興味があるので、友人として一緒にスキー旅行に行くようになり、合間には手紙のやりとりもするようになりました。最初の4、5年、2人はプラトニックな関係を続けていましたが、ある秋の医学会で会ったとき性的に結びついたのがきっかけで、2人の関係はすっかり変わりました。以前よりも頻繁に、定期的に会うようになりました。レズリーによれば、「いちばん長く別れていたのは3か月、6週間か8週間に一度会っています。彼は毎日電話をくれる」ということです。ハリーはレズリーの生活の重要な部分となりましたが、彼女は医師としての仕事に没頭し、家族や幅広い友人との密接なつながりも保っています。彼女にとって、遠く離れて暮らすことが2人の関係のあるべき姿となっています。ときどき、ハリーは結婚を迫りますが、レズリーは2人の関係の「限られたかたち」を変えるつもりはないようです。

　現在の関係が私にとって申し分ないと思えるのは、まるごと1週間それにかかりきりにならないですむからです。もっと別の面にとても興味があるので、全時間を2人の関係にあてることはできないのです。この関係のままで十分満足です。男性との関係がなかったら、悩むでしょう——私にはこういうつながりが本当に必要なのです。

　ミシェルの関係はレズリーの場合ほど離れて暮らすものではありませんが、同じ理由でうまくいっています。ミシェルは、結婚しているときは夫の必要やキャリアの夢を中心に生活していました。しかし、離婚後はかなりの時間とエネルギーを自身のキャリア開発に注ぎ込んできました。ここ数年間の産科実習期間中、週に60時間から70時間もそれに費やすことがたびたびありました。しかし、離婚してから仕事だけを優先させてきたわけではありません。「楽しむ術も学びました」。姉妹やほかの女性との親密な関係も築き、ピーターとの関係にも入って、彼女の全生活の重要なもう1つの「断片」になりました。2人の関係は夫とのときよりも、感情的にも性的にもオープンで正直なものです。

ピーターは、とくに前の夫と比べると素敵な人です！　私たちの関係で、セックスは重要な側面ですが、ほかの面もたくさんあります。つまり、彼がとてもよい友人だということが私にとっては一番大切なのです。性的な親しさに加えて、感情的な親しさもあって――彼は私という人間をよくわか
っ
て
くれています。彼と出合ったのは研修生のとき、36時間の勤務明けで疲れきって自分をさらけだしてしまったときでした。彼はしっかりした意見をもっている人ですから、私は思っていることを彼に話します。彼もいろいろな話をしてくれて、同じ気持ちを分かち合うことができます。セックスの点だけでなく、話合うという点でも、これまで経験したことがないほど親密なのです。

## 次の週末の同じ時間に

別の町で暮らす男性とよりも、同じ町に住む男性と関係を結ぶほうがずっと一般的です。このような関

係で女性が守る境界は、たいていの場合、別居して、決められた時間だけを一緒に過ごすというものです。こういう女性は、週日はまったく独立した生活をおくり、週末にはきわめて積極的な関係を楽しみます。

ヴァレリーとジョンとの関係は、この種の「限られた親密さ」を代表するものです。ヴァレリーは苦労して勝ち取った成功と独立を徹底して楽しんでいる女性です。20歳のとき大学を中退し、両親から援助を拒まれて、やむなく自活しました。ロサンゼルスに移ってウエイトレスの仕事に就き、女友だちと同室で暮らし始めました。当時を振り返って彼女は「信用借りの仕方、家賃の払い方、代金の支払い方を教わりました。早くから、そうしたことを身につけたので、あとでとても役に立った」と話しています。

数年後、大都会の生活に飽きた彼女は、生まれ育った小さな町に帰って、秘書の養成コースで学び、仕事に就いて結婚しました。決して自立できない夫はアルコール依存症でした。「彼の妻であり、母親でもあるような生活になった」と彼女は言います。家でこんな夫の「お守り役」をすることに加え、仕事を続けながら夜間大学に戻り、学位を取りました。夫との関係はさらに悪化し、ヴァレリーは夫の許を去る決意をしました。その後はもっぱら自分のキャリア開発に取り組み、長時間の仕事をこなすなどして上級幹部の地位に昇進しました。

成功を成し遂げたヴァレリーは、週日の夜は趣味にあて、女友だちとの密接な関係もできました。しかし、週末は、離婚以来ずっと関係をもってきたジョンともっぱら過ごします。仕事や女友だちと並んで、ジョンとの関係は彼女にとってとても重要なものになっています。「ジョンとの関係から大きな満足を感じています」。ジョンがもっている海辺の家で、「週末は仲睦まじく過ごせます――定期的に一緒になれるので、お互いに本当に楽しめます」と、彼女は言っています。また、ジョンとの関係では、結婚生活では味わえなかった性生活での満足感もあって、自分を大切にしようという気持ちに駆り立てられます。

ヴァレリーはジョンのすでに成人した子どもとも良好な関係を築いてきました。そのうちのひとりに最近子どもができたので、ヴァレリーは「おばあちゃん」役を楽しんでいますが、「彼が『おばあちゃん』などと呼んだら、殺してやります」と、笑いながら言い添えました。

ヴァレリーはジョンとの生活のこうしたすばらしい面を気に入っていますが、2人の「限られた親密さ」という面は変えたくないという気持ちをはっきりともっています。初めのころは、伝統の圧力に悩まされ、ジョンと結婚しなければいけないと思ったこともありました。しかし、その後、いまの自分の生活に結婚は適当でないと判断しました。ジョンと離れた暮らしのなかで、多くの友人との付き合いや趣味を楽しめるこのライフスタイルを変えたくないからです。


頭のうしろで「男との関係ができて愛しているなら、結婚すべきだ」という、古いしきたりの声が聞こえていました。そのうちにわかったのは、人が結婚するのは毎日一緒にいて、家族の団欒を楽しみ、子どもを育てていきたいからだ、ということでした。私たちは、それ以上のことをしているのです！　シングルの時期が長くなればなるほど、シングルでいたいと思うようになりました。独立して、自分のことは自分で責任をもちたいのです。長いあいだ、母のこと、兄弟のこと、夫のことに責任を感じてきました。もう一度いやな結婚生活に入るのは怖いし、自分の家も、自分のものもあるのがとても気に入っています。自分のものと他人のものを一緒にする気にはなれません。

リアは、「来週末の同じ時間に」という取り決めがうまくいくことに気づきました。マークとの9年にわたる関係について、彼女は「2人が同居していないことが本当に重要だと思う」とはっきりと述べています。マークを愛し、第16章で説明するように、彼とのあいだに2人の子どもまで設けているにもかかわらず、現時点でマークの妻になる気持ちはまったくありません。

2人とも、結婚に失敗した経験があるので、いまの関係を結婚と呼びたくないのです。お互いを夫と妻と呼びたくないのです。そういう期待の引き金となるのはいやなので、一緒に暮らしたくないのです。

マークは土曜日の夜から日曜日にかけてリアの家で過ごしますが、週日は別居生活を続けています。最初の結婚と一人立ちしてからの自分の行動を吟味するうちに、リアは躾けられた因襲的な女性の役割に傾いていくのに気づきました――私たちが「相手への融合を求める圧力」と呼んでいるものです。そこで、マークとの関係に時間と空間の境界線を設けて、過去からの影響に左右されずに彼との愛を楽しめるようにしたのです。

誰にも歴史があります。私が育ったころは、夫を喜ばせるのが義務だと母や祖母から教えられました。マークはそのような態度を見せませんが、それでも私は大急ぎでおいしい夕食を用意して、「コーヒーでも入れましょうか?」と言います。そうしてから、我に返って、そうした相手を喜ばせる行動があれほど簡単に出てきたことに首を横にふりたくなってしまいます。

２人の限られた親密さのおかげで、リアは自分の10代の娘とマークとのあいだにできた２人の小さな子どもの育て方を自分で決めることができるといいます。「私にとって、これは私の家だと思えることがとても重要なのです。母系家族の主だと誇りをもって言えるような気がします」と、彼女は言っています。リアとマークの生活スタイル（金銭の使い方も）には大きな違いがあります。マークは芸術家で、収入が少なく、いわば清貧の暮らしです。リアも金銭にそれほど執着した生活をしているわけではありませんが、子どもを育てることはお金を計画的にやりくりして、必要なときに融通できる資金を貯めておくべきだと考えています。一緒に暮らしていたら、リアが説明したように、「２人の目標が衝突するでしょう。お互いにかみ合わなくなるでしょう！」一緒に過ごす時間を制限しているからこそ、リアとマークは金銭面などの違いをめぐって絶えず争うこともなく、共有の生活を楽しむことができます。

リザも、週末だけの関係で、自己本位で過すことのできる生活の流れのなかでうまくやっています。39歳で大卒の学歴をもち、結婚経験のないまま大好きな仕事をしてきたリザは、自身の生活の満足度を10点満点の9点ぐらいと評価しています。大人になったら、結婚して大勢の子どもをもつと確信していたことを真っ先に認めましたが、最初に現れた男性や、出会っただけの男性と結婚を考えるほど、はっきり結婚したいと望んだことはなかったというのです。シングルの身を不幸だと思ったこともないので、万一独立しているときより幸せになれるならば、結婚しようと決めています――何年間も積極的な、刺激的な生活を送ってきた彼女に対してそのような条件を満たすのは大変でしょう。

６年前に、リザはアンドリューと出会い、恋に落ちました。年が経つうちに、２人の関係は少しずつ変わりましたが、来週また同じ時間にという取り決めをして、それがとてもうまくいっています。旅行好きの活動的で社交的なカップルとして、一緒にカナダへ山歩きに行き、バハマ諸島へヨット乗りに行った旅行について、リザは熱っぽく話してくれました。概して「限られた親密さ」の関係に留めていることが、楽しく愛し合える関係が続いてきた理由のようです。常時一緒にいれば、楽しみに影を落とす不都合な事態が生じることが一時期、一緒に暮らした経験からわかっているからです。当時、彼は腰の手術を受けたあとの回復期にあって、身のまわりのことがうまくできなかったため、彼女が荷物をもって手伝いにいきました。合意のうえで、彼女は2年半ほどそこで暮らす約束をしたのです。

あれは、私の生涯で一日中男性と暮らした唯一の時でした。あの生活は気に入りました。アンドリューは素敵な人で、土曜日の朝など、彼のそばで新聞を読んで過ごすのはよいものでした。コーヒーを入れて、新聞を読み、「……の記事読んだ?」などと話す相手がいるのは。

完璧のように聞こえるこの関係は唯ひとつの大きな問題がなければ、申し分ないことだったでしょう。リザは、2年半後に自分の家に戻った理由を即座に付け加えました。

アンドリューには酒という問題があります。彼は1日中よく働くし、成功もしていますが、夜になるとめちゃくちゃになります。お酒を飲まないときの彼は大好きです。とてもすばらしい男性なのです。

リザがアンドリューと結婚していれば、毎日酒を飲む彼に合わせるしかなく、それに伴う情緒不安をひきずっていくか、あるいは彼の許を去るしかないでしょう。別居しているからこそ、彼女は自分の仕事をする時間ももてるし、ほかの好きなことや友だちとの付き合いもしながら、しかも、アンドリューの飲酒癖を避けて、関係のよい面を楽しむことができます。リザは、アンドリューの酒問題に対応するために、意図的に週末だけの関係にしたわけではありません。現実と、あるべき姿との妥協をはかり、現実と可能性との妥協の産物です。重要なことは、自分を伝統的な期待から解放し、アンドリューとの関係が自分のすでに満たされている生活にさらに満足感と喜びを加えられるようにしたのです。

　絡み合った生活を維持しながら、別々に暮らすことは、子どもがかかわり、その育て方の相違がかかわるとき、創造的な解決策となります。別居はグレタが最初から選んだ方法ではありませんでしたが、あとで考えると、娘たちの育て方をめぐる対立からグレタとパートナーを守ってくれたと、彼女は認めています。5年前の43歳のとき、グレタは2人の娘を抱える身で離婚し、下の娘と同い年の娘をもつ妻を亡くしたジョーと出会いました。2人を申し分のないカップルになると見た友人が紹介してくれたのですが、そのとおりでした。何年か経つうちに、グレタとジョーは、週日は別々に暮らして、週末や長期の休暇や休日は一緒に暮らすというパターンをつくりだしました。グレタはジョーのことを次のように言っています。

　私たちはいろいろと同じことをするのが好き、同じことに関心があります。一緒にいるととても居心地がよいのです。彼は本当に私の最上の友となりました。親でもないかぎり、ほかのどんな男性ともこれほど親密なかかわりはもてないでしょう。

皮肉なことに、グレタに最も親密な関係をもたらした要因、つまり親業が、2人を別居させておく要因にもなっています。

私たちの場合、関係がもつれるのは、いつも子どもの育て方に関する食い違いです。ジョーも他人の子どもに口を出すつもりはないでしょう。

2人の関係のなかで、グレタが「夢」の魅力にひかれて、もっとかかわりを深めたいという話をしたことがありました。そのとき抵抗したのはジョーでした。まったく関係を断たれるリスクを恐れて、グレタのほうで別居のよさを受け入れ、楽しむようになりました。

## あてにできない男性

時間と空間の境界線だけが、男性との関係で女性の自己感覚の喪失を防ぐ方法というわけではありません。なかには、自分独自の境界を設けている男性と関係をもつ女性もいます。たとえば、エレーネは、「確信的独身男」を自称するジェフと、18年におよぶ親密な関係をもってきました。エレーネは彼のことを「結婚できるタイプではない」と言っています。ジェフが自分の家とシングルの身分を維持していくと明言していることが、「限られた親密さ」の関係をつくるのに必要な境界となっています。

エレーネとジェフは、週末と週日の夜の空いている時間の大半を一緒に過ごします。ジェフは明らかに男性の伝統的な役割とはされていなかった役割を果たしています。「彼は私の邪魔にならない仕方で私を守ってくれます。本当に尽くしてくれて、断るのもはばかられるほどです。仕事とジョギングを除いて、彼の趣味は私だけといった感じです」。ジェフのほうがエレーネよりもスケジュールの融通がきくので、彼女がクリーニングに出したものをとりに行くなど、使い走りもしてくれるときもあります。エレーネにすっかり夢中のジェフは、毎晩自分の家に帰る前に、彼女の朝食に、好物のシリアルを用意していくほどです。

このようなやり方は、エレーネにとってとても具合のいいものです。彼女にとっては、つねに仕事が第一だからです。これまでの人生で、彼女はいつも競争心を燃やし、達成重視を貫いてきました。ジェフが結婚に反対したために2人の間の境界が曖昧になることがありますが、「私たちは、結婚はしません――おそらくそれが長続きしている理由でしょう」と、彼女は認めています。またジェフが彼女の仕事によい影響を与えていることも認識しています。

ジェフはこれまでずっと私のキャリアを育て、支えてくれました。私たちの関係はさまざまな面で私の自己実現に役立ってきたと思います。私は完全に独立して、自分のことは自分でやれますし、しかも支えてくれる人がいます。私をずっと支えてきてくれたものがあるのです。

既婚の男性との関係をもつことも、「限られた親密さ」を確かなものにするもうひとつの方法です。このような関係は批判や非難をせず中立的な立場で論議するのが難しい場合がしばしばあります。私たちも、そのようにならないことを願っています。婚外関係が議論を呼ぶことは否定できません。キャサリン・ヘプバーンとスペンサー・トレイシーの関係はハリウッドでは受け入れられたかもしれませんが、アメリカ中西部では、もちろん認められなかったでしょう（少なくとも、20年か30年たって人々がその考えになじむようになるまでは）。それでも、このような関係が社会という織物の一部となっているという事実があります。インタヴューに応じた女性の多くは既婚男性との関係を避けていますが、そうした男性と現在あるいは過去にかかわりをもったことのある女性もいることは確かです。もちろん、このような関係は、私たちの言う「限られた親密さ」の基準に合致し、結びつきも強く、むしろもっと明白な境界も備えています。また、この関係には潜在的にある種の不名誉や秘密性がつきまとっています。既婚男性と恋愛関係にある女性は、そのことにふれたがらない場合がありますが、話をしはじめると、こちらが予想したより明るい物語が出てきました。孤独な週末や祝日には落ち込み、人生の祝宴ではテーブルの残り物にしか与れない孤独な女性たち、と言われるのとは大違いで、多くの女性はこうした関係を、ロマンスとセックスの喜びを与えてくれる場として経験し、自分が与えたいと思う以上のものは求めないようにしています。

いま54歳のパメラは、2人目の夫との結婚生活がまだ続いているときから、別の既婚男性と愛し合うようになり、その関係は彼女が結婚生活から脱け出す力になってくれました。不倫をするつもりだったわけではなく、理性のうえでは、こうした関係に賛成してはいません。

この情事は誇れるものではなくたまたまですが、とてもよい関係でした。彼は結婚していて、家庭ももっていましたが、この関係が私にとってよかったのは、そのおかげで私のキャリアを進められたことです。彼はとても大きな支えになってくれました。私の最上の友であり、恋人でもあります。彼はすべてでした。よくある情事とは違います。一緒に旅行もしました。1週間のうち4日や5日は私の家で過ごしました。週末も私の家にいてくれました。

パメラの情事はまる7年続きました。残念ながら、私たちの母親たちが警告したように、その結末は、彼女にとって辛いものでした。愛人は、妻と彼女の許を同時に去っていきました。「彼が出ていってしまったとき、私はすっかり打ちのめされました。彼が私の許を去ったのは、もっと若くて子どもを産んでくれる女性と出会ったからでした」。なぜあのような形で終わったのかを理解し、立ち直るまでに相当長い時間がかかりました。悪い形で終わる関係は女性を後悔の念に追いやりますが、失恋の痛手にもかかわらず、パメラは既婚男性と関係をもったことにあまり呵責を感じていません。彼女のほうからこの愛を終わらせようとは思わなかったことは確かでした。親密さと自由とのバランスは、彼女にとってとてもうまくいき、彼女の幸せにとって不可欠ではなかったにせよ、人生に満足感を与える大きな力になりました。

# 第5部

# 子どもの問題

# 第15章　至上命令への挑戦――母親にならない生き方

女の子が女性として成人するためには母親にならなければいけないという前提にチャレンジしたとき、初めてその女性の運命は自分で決められることになります。

――マーディ・S・アイルランド

生物学的な可能性や欲望は、生物学的なニーズと同じではありません。女性には子どもを産む器官が備わっています。女性がその器官を使わないという選択をすることは、男性が筋骨たくましかろうとそうでなかろうと、重量挙げ選手にならない選択をするのと同じように、本能を妨げるものではありません。

――ベティ・ローリン

子どものいない女性は、中年になると、母親となる選択肢を失う時期が迫っていることに気づき、もっと若い時期にその選択をしなかったことについて自分の気持ちを見つめざるを得なくなります。自分は本当に子どもが欲しいのかどうか、自分の子どもを産むことがどれほど重要なのか、母親となるのに結婚をどれだけ重要と見なすか、意志を決めなければなりません。とりわけ女性にとって本当に重要なことは、自分にとって正しいと思われる選択を自由にできると思えることです。

良妻賢母になれという至上命令から逸脱することが不名誉とされたことから、女性の気持ちも、母親になることについての選択も、複雑になります。子どものいない女性は、不幸で、満たされず、女性として完全でないと思われがちでした。不運や選択の誤りとして同情されるのが関の山、悪くすると、利己的で自然の摂理にそむいた欠陥女性と見なされてしまいました。こうした態度があるので、女性は母親になることについて正直になること、進んで母親になる気持ちはなく、母親ではないことを決して残念に思ってはいないことを、認めにくいのです。英語には、こうした女性の経験を言い表す言葉、すなわち彼女たちの状態を偏見なく表現する言葉がありません。最も頻繁に使われる「子どものない《チャイルドレス》」という言葉には、子どもをなくしたといった否定的な意味が含まれ、選択の権利や尊厳という意味はまったく伝わりません。より積極的な「チャイルドフリー」では、十分でなく、これではまるで母親になることが一種の束縛で、子どものない女性はそれを逃れたように聞こえます。

しかし、今日の女性は子どもを産まない選択をすることができるのです。有効な産児制限や中絶を認める法律もあり、こうした選択が保障されます。また一方では、職業への進出が拡大して、女性が子どもをもたずに別の舞台で創造的なエネルギーを発展させることができます。結婚して母親になれという至上命令の圧力は引き続いてあるものの、子どもがいない女性が、数十年前には想像できなかった方法で、子どもをもつ夢を実現することもできます。子どもをもたない女性でも、地域社会の大切な、またそこに貢献できる一員として幸せになることができるのです。

## 子どもをもたないという選択を評価する

母親とならない女性に対する否定的な文化を超越したいという女性は、母親になるということと幸せや成熟の定義を分かつことによって、そうした思いを果たしています。この2つが成人女性にとって同意語でないのは、父親であることが成人男性にとって幸せや成熟の同意語でないのと同じです。インタヴューに応じた女性の多くは、子どもをもっていませんが、そうした文化的に条件付けられた信念に束縛されない生活を楽しんでいます。人生を大いに楽しんでいるジーンは、この問題について次のように明確な捉え方をしています。

> 母親であることは女性であることの本質的な要素ではありません。男性が父親になることは本質的な要素でしょうか？　もちろん、そうではありません。男性が子どもを欲しがらないからという理由で、異常だと非難する人はいないでしょう。しかし、女性は生殖器官と見なされています。これは不公平だと思います。性別や生物学的な要件は人間としてのアイデンティティを優先させたうえで、考えるべきことです。

ジーンは、子どもを産むことのすばらしさや子どもを育てる喜びや重要性を軽視しているわけではありませんが、母親となることがすべての女性の存在の頂点であるかのような見方には、強く反対しています。

若いころに受けたこうしたメッセージに断固として反対し、母親になることは、結婚と同様に、女性に開かれた多くの意義ある道の一つにすぎないという見方をするようになりました。

すべての生物が子どもを育てる能力をもっていると思います。親との結びつきの重要性を軽視するつもりは毛頭ありません。すばらしいものだと思います。私たちが経験する数少ない好ましい感情の一つだと思います。しかし、男女を問わず、人間をこうした規範の犠牲とさせるようなばかげた考えが、女性は子どもを育てて母親になることしかできないように思わせてしまうのです。

女性としてのアイデンティティを母親の役割と分けて考えられる女性は、結婚して母親になれという至上命令によって定義されたのとは異なる、自己実現の感覚を享受することができます。こうした女性は、仕事や高等専門職を目指すことに没頭し、自分たちのニーズや環境に適していると見なす方法で、どうすれば世のために貢献できるかを考えます。それと同時に、他者との深い関係を築いて意味のあるつながり、お互いの向上の源としています。

女性が母親にならずに中年に達するには、選択とチャンスの複雑な組み合わせがあります。インタヴューに応じた女性は、母親にならずに生きる決意をして、子どもがいなくても満足感のある生活を築くまでのさまざまな感情や出来事を語りました。母親になりたいと思ったことがなく、比較的容易にこのプロセスを経てきた女性もいます。子どもを欲しかったけれども、シングルマザーにはなるまいと決意して、現状から見ていまのありようを最善の決断として受け入れた女性もいます。まだこの問題と闘っているという女性もいます。

## ヴィジョンを明確にする――母親になりたいと思ったことのない女性たち

子どものころから、自分は母親になる、あるいは医者になる、女優になると、将来をある程度決めて考えたがる女性がいるように、母親になるものと決めつけたくなかったと自覚している女性もいます。こうした女性は、早くから、母親にならなくても何かを達成できるという明確なヴィジョンを抱いていました。エレーネは、子どもを産みたいとか、伝統的な家族生活への憧れを抱いたことがない女性の代表的な例です。それよりも彼女の夢は競争や成果に向けられていました。少女のころから、「人形で遊ぶより、男の子と遊ぶほうが好きでした。外で遊ぶのが好きで、木登りなど、男の子がするようなことが好きでした」と彼女は言います。子どもを産みたいと思ったことは一度もありません。こうした自身の選択を振り返り、エレーネは次のように説明しています。

　母親になることは、私には向かないことだといつも思っていました。それを悔んではいません。ノーマン・ロックウエルが描くような家族の生活をすばらしいと思うときもあります。つまり、人は誰でも家族がいることをすばらしいと思う、ということです。家族より強い絆はありません。しかし、神様はすべての人にそれを求めているわけではありません。

エレーネは自分にとって何よりもやりがいがあると思うことに専心してきました。彼女に生きがいと満足感を与えているのは何か尋ねると、答えは明白でした。「おそらく仕事が第一でしょう――成果をあげ、競争することです」。職場のほかの女性が仕事と親業の両立に苦心しているのを見て、エレーネは、子どもがいたらそれまで成し遂げてきたことはできなかっただろうと確信しました。18年間一緒に仕事をしてきた親友、メアリーのことを引き合いに出して、彼女はこう説明しました。メアリーとエレーネは同じ会社にインテリア・デザイナーとして同じころ入社し、同じくらいのスピードで昇進してきました。エレーネから見て、メアリーは同僚の誰よりも頭の切れる有能な女性ですが、出産して仕事の時間を早く切り上げるようになってから、昇進のスピードが鈍りました。仕事と家庭を両立させてはいますが、エレーネが高く評価している仕事のいくつかをメアリーはあきらめなければならなかった、というのです。

メアリーはフルタイムで働きたくなかったので、昇進のチャンスをあきらめなければなりませんでした。誰よりもその昇進を手にして然るべき人ですが、それができませんでした。とても尊敬されていますが、ここではいろいろな面で、輪からはずれてしまっています。

エレーネにとって、「輪の中にいること」が極めて重要なことですが、メアリーにとっては、そうではありません。エレーネは、仕事をやり遂げ、仕事に熱中することが自分の最も望む喜びを与えてくれると思っています。

インタヴューに応じた女性の多くが、エレーネと同じように、一度成功の味をかみしめると、母親の責務を果たすために働く喜びをあきらめるという気持ちにはなれないのです。エンタテイナーの仕事をしているハンナは、子どもを育てるために仕事をやめることはできない、と早くから悟っていました。子どものころから、大きくなってお母さんになることを考えたことはない、と、彼女は私たちに言いました。35歳で思いがけず妊娠したとき、自分がいかに仕事を通じて自己を定義し、自己を表現しているかを悟ったと、いいます。産婦人科医から、出産のために身体を酷使する仕事を休むように言われました。子どもをもつことは、自分にとって何が正しく、何ができるかという考えから程遠いものだったので、「冗談じゃないわ」と思わず口に出してしまいました。その瞬間、彼女は自分がつねに描いてきた人生のヴィジョンには母親になることが織り込まれていないことを実感しました。

母親になるよりも仕事に取り組むほうが向いていると決めた女性は、他者との密接な、そしてお互いに高め合う関係を築く必要性や能力を欠いているわけではありません。エレーネは、自身の周囲に大切な人々からなる共同社会を築きあげています。こうした友人たちも、子どもをもたないという彼女の選択を支えています。

私の周囲にいる人たちは同じ価値観をもっているので、その点であまり偏見をもたれた経験がありません。ふつうの家族のいる友人でさえ、そんな家族をもたない友人について興味をもって知りたがります。

さらにエレーネのような女性が自分の仕事に満足感を覚えるのは、他人の生活に大いに役立っていると感じるからです。エレーネは雇主であると同時に導師でもあり、職場の多くの若い女性を育て、支えてきました。彼女は次のように説明しています。

女性の昇進を手助けできるのがとても楽しみです。私の下には4人の秘書がいますが、その4人を高い地位につながるようなキャリアの道へ慎重に導いています。このように部下を育てる仕事がとても気に入っています。

マーナも、同じような理由で仕事が気に入っています。現在、大学の教授を務めるマーナは、結婚も、母となることも優先事項ではなかったと、臆することなく宣言しています。13歳のとき、マーナはジョージア州の農村部の公立学校よりもよい学校で勉強するために、私立の寄宿学校へ行きたいと、両親に頼みました。両親は彼女の要求に当惑しましたが、結局、同意しました。翌年の秋、マーナは農村を出て、ニューイングランドの学校の蔦に覆われたホールへと向かいました。彼女が早くから寄宿学校へ行く決意をしたことが、生涯を教育に捧げることになる最初のしるしでした。いま、彼女は、子どもをもたないことが、自ら自由な選択をした結果だという思いに深い満足感を覚え、子どものいない女性がしばしば経験する不名誉な思いはいっさい感じたことがありません。

私は「子どもがいれば、本当に女性なのだと思えるのに」などと言うタイプではありません。私がよいお母さんになれるとは思いません。育児のために、いろいろなことを我慢できるような人間ではないのです。子どもが嫌いだというわけではありませんから、誤解しないでください。結婚に反対するわけでもありません。実際、何かに反対しているわけではありません。

マーナは、自分の生き方に満足し、親業が自分には適さないことをはっきりと認めています。若い姪や甥を集めては、ひとときの楽しい時間を過ごしますが、姪や甥と話がかみあわないとわかると、すぐに苛々してしまいます。「子どもがまわりにいると『早く帰ってくれればいいのに』と思い始めてしまいます」と、マーナは笑いながら私たちに話しました。

マーナは仕事と家庭を両立させることは可能だと思ってはいるものの、ものごとを浅く広げるよりも、一つのことに集中するほうがよいというタイプの女性です。

妻そして母であり、しかも高等専門職に就いてうまくやれる女性をとても尊敬します。そういう女性はいろいろな役目をうまくこなせる能力を備えているのでしょう。私はそういう類の女性ではありません。一つの役割を引き受けて、それに全身全霊を傾けるのが好きなのです。

平均して週に60時間働いているマーナは、子どもをもつことになれば、何かをあきらめなければならないと自覚しています。教師として、学生の導師として、多くの人々の人生に大きな影響を与えていると自負しています。最近、ある男性が彼女のオフィスを訪れました。誰だか思い出せないことを正直に認めると、その男性は「70年代の初めに、アドヴァイスをくださいました。私は学問上の理由で大学を解雇されたのでした。あなたはそのときまさにこの椅子に私をすわらせて、教育の価値を熱っぽく説いてくださいました。胸にじーんとくるお話でした。今日は私のドクター・コースの講義の初日だということをお知らせしたくて、立ち寄りました」と、その男性は説明したそうです。この話をしながら、マーナは目を輝かせていました。「これこそ教師冥利につきることではないでしょうか」

## 母親となるべきか否か——複雑に揺れる心

いま述べた女性たちは比較的容易に母親にならない決断をしていますが、母親となるべきかどうかの決断は最も難しいと思っている女性もいます。その多くはまだ若く、母親となる可能性の扉はまだ開かれています。こうした女性たちはどちらにするか悩み続け、しばしば最終的な決断を避けています。

12月も末のある晩、私たちはエリカと彼女のオフィスで話をしました。事務所のスタッフのほとんどがすでに帰ったあとでしたが、エリカは翌朝からクリスマス休暇をとるのに備えて最後の仕上げの仕事をしていました。インタヴューの途中で、エリカは、オフィスを見回しながら、感慨をこめて言いました。

私はこんな仕事をするとは思ってもいませんでした。いまごろは5、6歳の子どもが2人か3人いて、家でクリスマス・ツリーの飾りでもしているだろうと思っていました。私の人生はそのようになるだろうと思っていました。現実は大違いです。

38歳のエリカは、子育てのできる年齢も終わりに近いと見越して、気持ちをどう整理するか迷っていました。その気になれば、まだ子どもを産める年齢ですが、気持ちにけりがつかず、中ぶらりんの状態にいます。一方では、いま現在が子どもをもつことをよく考える時期であり、そう考えるとシングルでいることに落胆し、幸せではないことを彼女は認めています。母親であることは、彼女の考える女性としての成熟、幸せ、実現、女性性と、つねに密接に結びついていました。こうした考えや気持ちに駆り立てさせるのが両親です。両親は「早く結婚しなさい」と圧力をかけ続けているからです。

もう一方で、彼女は結婚せずに子どもをもつという気持ちにはなれません。インタヴューに応じたシングルマザーの多くがほかの女性や家族から支えを受けられると期待していたのと違って、エリカはシングルマザーがその感情的欠乏を満たすにはボーイフレンドに頼らなければならないと思っています。また、結婚しないで子どもをもつことになれば、両親が反対するにちがいないと思っています。「父が口をきいてくれなくなることはわかっています。二度と私の顔を見たくないと言うにちがいありません」と、言っています。家族が反対するにちがいないという懸念がシングルマザーになるという計画に重くのしかかっています。しかし彼女を押し留めているのは、それだけではありません。彼女自身の気持ちも強く作用しています。エリカは、子どもが少なくとも5歳ぐらいになるまで母親は家にいるべきであり、生活の基準が保障された環境の下で育てるべきだと考えています。こうした2つの条件を自分ひとりでは満たせないのではないかと恐れて、エリカは子どもを自分の世界に引き入れることは自身の正義にもとると思っています。

エリカは、自分の人生が自身や両親がとうの昔に描いていた道とは異なることを認めることが自分にとって必要であり、重要でもあると認識しています。母親になる可能性を即座に消してしまう覚悟は出来ていませんが、どちらかの選択をしたときにようやく幸せになれると信じていることは確かです。前途に横たわるプロセスとそれが自分の人生に及ぼす影響を深く洞察して、彼女はこう説明しました。

結婚して子どもを産むという道をとらなければ、私は心の一部で罪の意識を感じるでしょう。適切な男性を見つける努力をあまりしなかったことについても同じでしょう。けれどもすっきりした気分になれる部分もあるだろうと思います。自分の人生は自分の手に委ねたいのです。自分でコントロールしたいのです。私にとって厳しいことになるでしょうが、それを切りぬければ、違った人間になれると思います。私の、こうした隠れた部分は自由に満ちあふれ、もはやリスクを冒す心配をしなくてすむでしょう。私は自分にこう言うでしょう。「ずっとこのようになると思っていたけれど、小さな夢は実現しなかったわ。だから、いま失うべきものは何かしら?」

## 失った夢を弔い、新しい夢を育てあげる

子どもをもつことをかつて夢見た女性は、子どもを産んで母親になるという夢を失ったことを弔う悲しみのプロセスを経てから、別のものに焦点を向け満足できる生き方を築く方向へと進んだ、と述べていま

す。失った夢を弔うことで、否定的な感情――子どものいない人生――から、明るい積極的な感情――子どものいない人生が与えてくれる可能性やチャンス――へと、焦点を移すことができます。エリカより10歳年上のジェシーは、中年を迎えて失われた夢を弔うことで、子どものないことに折り合いをつけることができたと、いいます。

子どもをもたないことは私にとってとても辛いことでした。年月が経つにつれて、子どもを産むことはますます難しくなりました。関係をもった多くの男性は精管切除手術を受けていたのです！　女性たちが子どものことを話し始めると、私は耳をふさぎたくなりました。とても辛かったのです。しかし、40代も半ばになると、気分的に楽になりました。いまでは辛くありません。子どもがいなくても、実際に幸せですから。それは私の人生に必須のものとは思えません。母親業に「携わっている」女性に憧れますが、私自身の性格からして、子どもをうまく育てられるとは思えません。すっきりした気持ちになれましたが、それまでに長い時間がかかりました。

ポーリンも、子どもをもてない辛さ、弟夫婦に初めて子どもが生まれたとき、どれほど羨ましい思いをしたかを話しました。「私は産後の鬱病にかかっている女性のような気持ちでした。『あの娘が欲しいのに、私の娘ではない』という思いに襲われました」。けれども、この鬱状態をくぐりぬけてから、女の子を産みたいという昔からの夢を捨てて、姪や甥と親しい絆を結び、その絆のおかげで、母親になれないという悲しみを和らげることができました。

家族や友人の反応も、母親になることが完成された女性として必要だという考えをなかなか捨てられない原因となります。スーザンは次のように回想しています。

私は母親になることについていつもあいまいな態度をとっていましたが、自分が母親になることは間違いないと思っていました。それは天から授かった明白な将来像でした。しかし結婚してから、母親になることについての考えが2つの点で変わりました。仕事がとても面白かったことと、夫が子どもを欲しがらなかったことです。最初のうち、私は子どもをもたないことに居心地の悪さを感じましたが、この問題を正面から考えないままに月日がどんどん過ぎていきました。少しずつ、成り行きにまかせていくうちに、妊娠するには遅すぎると悟ったとき、思ったより辛いとは思いませんでした。しかし、私がまるで自然に反する罪を犯しているとも言いたげな言動を多くの人から見せつけられました。私が子どもをもつ努力をしていないのではないかと思われて、人々は恥じらいもなく、そのことを私に言いました。ときには私の母までが、まるで私がわざと孫をつくらないでいるかのような言い方をしました。

女性は、子どもをもつという夢を失った悲しみのプロセスを経てからは、子どものいない生活の語られざる利点を自由に謳歌します。インタヴューに応じた女性たちは、生活のほかの面に焦点を向け直すことに、満足感を見出す鍵がある、と語ってくれました。世の中に重要な貢献をしていることに満足感を見出そうと、積極的にキャリアの道を進みます。友人や同僚と、切磋琢磨し合う強い関係を築き、また多くの女性は自分の生活に子どもたちを積極的に巻き込む方法を見出しています。たとえば、リザは友人の子どもたちと大切な関係を結んでいます。子どもたちからは、リザおばさんと呼ばれ、彼女もそれに応えて、慈しみ、愛情をかけています。

子どものいない女性の多くは、週末に郊外をサイクリングしたり、山歩きをしたり、自由を楽しんでいます。生活にゆとりがある女性は――子どものいないシングル女性は子どものいる女性よりはるかに多くの可処分所得があります――旅行を楽しみ、パリや万里の長城、マチュピチュへと異国情緒あふれる旅をし、オーストラリアの奥地にまで出かけていく人もいます。しかし、子どものいない女性が自由に求められるのは旅行だけではありません。母親としての責任がある女性よりも、はるかに自由に外出を楽しみ、機会さえあればロマンティックな誘いにも即座に応じられる自由があると報告した女性もいます。キャロルは、50歳のときにマリアを養女に迎えましたが、世話する相手のいなかった自由な日々を懐かしむように話していました。

あらゆる自由と、好きなことに没頭できたことがとても楽しかった！　旅行も、読書も、温泉につかることも、男性の誘いで週末にイタリアへ行ったことも。あのころは、子どもをもつかどうかということなど、あまり考えませんでした。ただ、みんなと大いに異なる生き方をしていました。振り返ってみると、自分はかなりセクシーな女性だと思っていました。ロマンティックな関係を結ぶ可能性にも恵まれ、たいてい素敵な経験でした。仕事に励んでいるときも、快楽主義者のように振舞っていました。いまはそんなことを考えることは滅多にありません。マリアのいない生活は想像できませんが、当時は何か欠けているものがあるとは思いませんでした。

エレーナは母親としての責任がないからこそ味わえる利点を、まとめて次のように言っています。

私には無限の平和と静けさがあります。シングルマザーが背負う経済的な負担もありません。自由に動けるし、自由な時間もあります。行きたいところへ行き、やりたいことができる自由もあります。だから私は子どもを欲しくないのです。

インタヴューに応じた女性たちは母親になる夢をあきらめてから、ほかの面でも変化があったと言いました。シャノンは、子どもをもたないという事実を受け入れる前は「時間がなくならないうちに」結婚できる男性を探すのに夢中でした。いまでは気持ちも落ち着いて、ひとりの生活に誇りと喜びをもって打ち込めるようになったと、いいます。

メーガンもシャノンと同じ意見でした。母親になることをあきらめる悲しみの儀式を終えて、自分の環境や必要にはそぐわない、夢に従うというプレッシャーから解放されました。「子どもをもたないと悟ると、『なぜ結婚するの？　結婚する目的は何？』と自問できるようになりました。そのときまで、2つのことがいかに結びついているかわかりませんでした」。

子どもをもたないという明確なヴィジョンをもった女性は、早くからこうした利点を活かすことができましたが、母親になるという夢を抱いていた女性も、子どもがいない暮らしのなかで多くの楽しみを発見するようになります。ジョシーは、かつては子どもが欲しいと思っていましたが、いまではほかの面に自由に心を向けられるようになりました。3人の子どもの責任を負っていた男性と3年間、関係をもっていたとき、母親役の「リハーサル」をしました。その3人をとても可愛がりましたが、仕事と学校に通うことと親業を一度にこなすうちに疲れてしまいました。現在のジョシーは、「子どもがいないことでしばらく悲しい思いをしましたが、すぐに、すっきりしました」と言えるようになりました。

第16章

# 勇気ある選択――シングルマザーの道を選ぶ

私が子どもを欲しがっていたことはまぎれもない事実です。私が子どもを育てられることも疑う余地がありません。そして、私が理想の男性に会えなかったこともまぎれもない事実です。

――ジェーン・ウォーレス

子どもをもつという選択をすること――それは容易ならざることです。永久に心を肉体の外へ歩ませるという決断です。

――エリザベス・ストーン

多くの女性は中年になることを母親になるという夢の扉が閉じるときと捉えますが、そうした夢を実現する決意を強めるときと見なす女性もいます。このような女性は、母親になるのに必ずしも結婚する必要はないと考え、子育ての経験を逃したくないと決意するのです。中年になると、そのような決断をするのに必要な強さと智恵も授かっています。たいていの女性は、中年になるまでに、自分が本当に何をしたいのかを決められるだけの経験を積み、それを追い求める勇気も身につけています。実際、私たちがインタヴューしたシングル女性のなかで、中年になって母親になることを選んだ人たちは、この経験を熱心に望みました――かつて妻になる経験を望んだよりもはるかに熱心に。子どものいない生活よりも、結婚しない生活を決断するほうがはるかに簡単だと、多くの女性が公言しました。男性が傍らにいないからというだけで子どもをもつ夢をあきらめたりしない、というのです。このような内に秘めた確信があればこそ、結婚を前提条件としないで母親になるという選択肢を考えることができたのです。

　幸いにも、社会的な変化や技術革新によって、数十年前には考えもつかなかった選択肢を選べるようになりました。人工授精や体外受精などの、新しい生殖技術はますます広く受け入れられるようになりました。また、個人や国際的な養子斡旋機関がシングルマザーを養母として受け入れるようにもなってきました。さらに、離婚率が上昇して、「未婚の」母になるという選択に、以前ほど居心地の悪さを感じなくなりました。片親の家庭で育つ子どもが非常に多くなってきているからです。

　インタヴューに応じた女性のなかで中年になって母親となった人たちは、3つの選択肢のなかからそれを選びました。リアが恋人のマークに簡単な言葉で示した「養子か、人工授精か、あなたとの子のどれか」という3つの選択肢です。どの選択肢も女性にとって独自のチャレンジとなりますが、どれもこの上ない喜びをもたらしてもくれます。この経験をした女性の多くが、この決定的な決断を下し、そのような冒険をおかす勇気を奮い起こすことに、途方もない興奮と幸せを感じていました。実際に子どもを育てて感じる喜びは、期待していた以上に大きいものでした。いかに子どもがただでさえ多忙な生活の中心となっていき、彼女たちのエネルギーと心を捉え、優先順位を永久に変えてしまったかを、彼女たちは語りました。毎日求められることは容赦ないものであると述べてはいても、彼女たちは報われることの多さ、経験する深い感動に、いつも驚かされています。

## 妊娠するという選択——人工授精

人工授精は母親になりたいというシングル女性が増えているなかで、選択肢の一つとなっています。たやすいとはとても言えませんが、この技術は女性に最大の統制力を与えるものです。女性が、結婚していない男性に父親になることを依頼した場合に生じ得る諸々の複雑な問題にかかわらずに、自身の生物学上の子どもを産み、育てることができます。子どもの父親になる相手の男性が誰なのか、また誰がその計画に合意したのか、すべての女性が知っているわけではありません。たとえ知っていたとしても、このような取り決めは、複雑な感情的なもつれや将来の後見義務にまつわる紛争を起こす可能性があります。人工授精の選択は、シングル女性が、自分たちへの偏見の多い養子文化で遭遇する官僚主義的な障害を回避できるという利点もあります。これらの理由から、母親となるために、人工授精に伴う現実的な問題を乗り越えて、その決断をする女性が多いのです。

現在42歳で、人工授精で授かった4歳のジョシュの母親でもあるジャミーの例を考えてみましょう。ジャミーが子どもを産む決断をしたのは、人生の重要な転換点を迎えた多くの女性と同じように、思いがけない発見の結果でした。ジャミーは20代から30代にかけて自由を謳歌しながら、ひとりで暮らしていました。仕事の時間と遊ぶ時間を分けて、キャリアを築き、世界を探検して多くの冒険をしました。ヨーロッパ中の山をひとりで歩き、アラスカでは漁船に乗って働いたこともありました。

36歳のとき、スキー板から足がはずれて頭から突っ込むという事故にあいました。ふと我に返ると、自分の生活をつくづくと考え、将来の目標を探っていました。

そこにすわって考えていたのを覚えています。「次に何をすればよいのだろう？ Ph・Dを目指して学問を続けたいのか？ 別の学位をとりたいのか？ ほかの場所に移りたいのか？」そのとき、私が何よりも欲しいのは子どもだと悟りました。

ジャミーは母親になりたいといつも思っていましたが、それまで自分のその厄介な声に関心を向けたことはありませんでした。ふいに、結婚しなくても幸せに暮らせるとしても、母親になれなくては幸せに暮らせない、と悟ったのです。

私は子どもを欲しいとずっと思ってきました。子どもが欲しいなら、誰かと出会わなくてはというプレッシャーを感じたこともありました。子どもをもつことは結婚することよりもはるかに重要なことでした。

ジャミーは、子どもが欲しいという希望がいかに強いか気づくや、決心は明白でした。「それは何よりも望んでいたことだったので、決断は私の生涯でおそらく最も簡単なことの一つだったでしょう」と、ジャミーは説明しています。

外に出られず、雑誌を読みながら、ジャミーは逸る心を抑えられませんでした。「時間がどんどんなくなっていき、子どもを産むなら一刻も早くと、にわかに気づきました」。それと同時に、満たされない屈折した思いにとらわれました。中年というぬきさしならぬ状態から救い出してくれる夫なり父親なりの候補者がいなかったからです。パニック状態に陥っていたとき、たまたま雑誌『ニューズウイーク』の人工授精の方法と利点を描いた記事に目がとまりました。人工授精という選択肢はそれまで考えたことがありませんでしたが、読んでいくうちに、ますます興味を惹かれました。人工的に受精するという考えは彼女に希望を与え、自分にも可能性があると思いつかせました。この選択肢をさらに研究していくうちに、ひとりで子どもをもつことを考えているシングル女性のグループが地域にあることを知りました。それぞれにその選択肢を考えているグループの女性たちに助けられ、ジャミーは人工授精を受ける決意をしました。

そのプロセスを始めた途端に、ジャミーはこの「完璧な解決策」を赤ん坊という現実に転換するには、相当の時間と忍耐と幸運と熱意と勇気がいることを思い知らされました。精子は郵便による注文で送られてきて、言ってみればスポイトで注入されるのですが、受精するまでの処置は非常に難しいと彼女は説明しました。費用がかかり、受精が成功しないこともしばしばあります。ジャミーの場合、妊娠するまでに、精神的に疲労困憊するほどの努力を16か月も続けなければなりませんでした。3つのエージェントを通して受精を試みた末に、ようやく妊娠に成功しました。しかし、こうした苦闘も息子ジョシュの誕生の喜びに比べれば、何でもなかったと思えます。現在、ジャミーはジョシュが健康で幸せに育っていくのを見て、大きな喜びを感じながら、一緒に子ども時代を再現するような経験を楽しんでいます。彼女に満足感を与える最大の力は何かと尋ねると、「子どもです」と即座に答えが返ってきました。さらに、子どもがいるおかげで、若いときのように子どもの父親となる相手を必死に探すことなく、自由に男性と関係を結べるようになったと、いいます。
ジャミーは、ジョシュの病気のときもたったひとりという、既婚の妹たちにはない、重い責任を負っています。「ある晩、ジョシュが高熱を出し、怖くなりました。『誰かここにいてくれればよいのに』と、つくづく思いました」とジャミーは回想しています。金銭的な問題もありました。ジャミーは良質の託児を望んでいるので、費用の捻出に苦労していますが、最近、家を売りはらい、ジョシュの託児センターに近いアパートに引っ越して費用を切り詰め、質素な暮らしを心がけています。
もう一つの問題は、ジョシュが父親のいないことについて、いろいろ質問するようになったことです。模範とするロール・モデルが少ないので、ジャミーはひとりで子育てするという難題に答える方法を見つけていくしかありません。ジョシュが何を知りたいのか、どの程度まで教えるのが適当か、見極めようと努力しています。現時点では、ジョシュが生まれたとき結婚していなかったので、父親がいないのだと説明しています。また、いろいろな家族があって、父親がいる家もあれば、いない家もあることをジョシュに説明するように努めてきました。

これまで私は家族といってもいろいろあって、ママとパパのいる家もあるし、ママだけの家も、パパとおばあちゃんがいる家もあると話してきました。どうやら彼も、私たちの家が別に悪いわけでも、ふつうと違うわけでもないと思っているようですが、男性のロール・モデルを探しているのではないかと思います。

ジャミーは父親代わりの男性をジョシュの生活の場につれてきました。「パートナーのいない親」、「ビッグ・ブラザース」といったシングルマザー向けのプログラムを頼りに、ジョシュが彼女の男友だちといい関係を結べるように努めてきました。最近、ジョシュを寝かしつけているとき、ジョシュが「いいこと考えた」と言い出して、一緒に西部へ行ってカウボーイの父親をふたり見つけてこようと提案しました。ひとりは自分のため、ひとりはジャミーのために、というのです。思慮深くもジョシュは、その上西部で馬も見つけられるとすごいね、とつけ加えました。

ジャミーが人工授精を決意したとき、家族から猛反対されました。両親は、「ショックを受け、畏れおののきました。母親が何より畏れたのは、世間の人々から何と言われるか、ということでした」。ジャミー自身も、職場の人たちの反応を恐れ、解雇されるかもしれないとさえ心配しました。もっと若かったら、こうした否定的な反応を受けるリスクに耐える自信がなかったでしょう。しかし、中年の贈り物である内なる決意があったために、子どもをもつという重大な問題について、他人の意見に左右されることはありませんでした。この決断をする以前に、ジャミーは弁護士に相談して職を失うことはないという証言を得、それから自問自答しました。

家族や友人や職場の同僚に反対されたら、別の生き方をしようと思うだろうか？　夢を捨て、みんなを喜ばせるような生き方を選べるだろうか？　その結果、子どもをもちたいという欲求と願望はこういう大きな問題よりもずっと強いことがはっきりとわかりました。

幸いにも、ジャミーは同僚たちの意外な反応に喜びました。彼女は質問に対してごまかさずにはっきりと答え、そのお返しに熱烈に支持されました。

ジャミーは、人工授精の難しさも、シングルの身で両親の役目をするという難題も十分に承知していますが、もう一度同じことをするかと問われれば、同じ選択をするにちがいありません。「まったく後悔していません」と、彼女ははっきりと言いました。シングルマザーにこのように多様な選択肢が与えられる時代に生きていけるのはとても幸せなこと、ジョシュがいなければどんなにか不幸だったでしょうと、次のように言いました。

自分の子どもを産むことができず、養子を迎える（それでも同じように幸せになれると思いました）こともできなかったら、どんなにか味気ない人間になっていたでしょう。子どもをもつことができなかったら、私の残された人生は悲しみに閉ざされていたでしょう。

中年になって子どもをもったほかの女性と同じように、ジャミーは若いころに自由と独立した生活を楽しみ、十分に意識してそれをあきらめる選択をしたのです。彼女（と、ほかの同じような女性）が自由を謳歌していたことは、束縛される絆を受け入れるという選択をかえって、容易にさせたように思われます。母親になるために長い道のりがかかったので、ジャミーは一瞬一瞬を楽しみたいと願い、多くの親が進んであきらめてしまうとき（たとえば、疲れはてているのに、子どもをベッドに寝かせるまでたくさん仕事があるようなとき）も、楽しみたいと思っています。現に、ジャミーは、シングルマザーという厳しい責任に直面する備えがない若いときに母親とならなかったことは幸いだったと言っています。彼女の40歳代は子どもをもつのにすばらしい時期だったのです。

タイミングがよかったので、私の決断は完璧でした。もっと若いときだったら、妊娠を嫌ったでしょう。けれども中年になって、本当に子どもが欲しくなったのです。だからこそ、母親業がほかの何よりも楽しいのだと思います。時間や自由など何かにつけて、あきらめることに苛立つ気持ちを必死で抑えることもありませんでした。親の務めを果たすことは何かを失う犠牲的行為だと思ったことはありません。得るものが多い選択だと思いました。

ケリーは、5歳になるアレックスを人工授精で授かったのですが、ジャミーと同じような熱っぽく、自身の体験を話してくれました。「彼をおいてそのために自分は生きていると思える人はほかにいません」と、彼女は明言しました。実際に、ケリーはアレックスを産み、育てるという経験を大いに楽しんでいるので、もう一度妊娠したいとさえ思うほどです。けれども、3年間努力をした結果、第二子の出産は不可能だという事実を受け入れざるをえませんでした。

ケリーが母親になることを一も二もなく気に入ったのには、さまざまな理由があります。まず、動物園や遊園地に行くこと、キャンプ、カヌー、野外料理といった「子ども相手の」ことをするのが大好きだということです。

私は変化に富んだ生活が好きです。彼はどんどん成長しますし、サイクルがとても速いので、目覚めたときと夜寝るときと同じ人間なのかわからなくなるほどです。

また、彼女はアレックスが示すユニークな人生の見方がとても楽しいと言っています。「子どもの目を通して世の中を見るのは、とてもすばらしいことです！　アレックスの見方はとっても違っていて、とっても不思議です」。さらに、ケリーはアレックスを出産してから、地域社会とのつながりを密接に感じるようになったとも述べています。一世代前にあったシングルマザーに対する強い風当たりを感じるどころか、シングルマザーになったことによって、ケリーは地域社会で受け入れられ、その一員であることを強く認識するようになりました。またアレックスが生まれるまで、保守的な郊外の女性たちとの共通点はほとんどなかったのですが、いまでは近隣の人たちも折り合いよく付き合ってくれます。「親であることは、多くの人との共通性をもたらしてくれます」と、ケリーは説明しています。

## 妊娠する選択――自然受精

人工授精は多くの利点があり、ジャミーやケリーのような女性にとって大きな喜びをもたらしますが、不都合な点もあります。自分の子どもを産みたいけれども、人工的に受精するという方法になじめないという女性もいます。子どもの父親がどういう人かわからないことに困惑する女性もいます。こうした女性は自然受精という従来の方法のほうがよいと言いますが、必ずしも結婚が前提という伝統を守らなければいけない、と思うわけではありません。彼女たちにとって、子どもの父親になることを承知した男性に頼むのが最良の解決策のようです。

たとえば、リアは母親になりたいといつも思っていました。自分がまちがいなく愛する夫が完全に参加してくれる伝統的な結婚生活のなかで子どもを産むことを夢見ていました。実際に結婚する前に、夫となる男性に子どもをもつ約束をとりつけていましたが、いざ結婚してみると夫はしりごみしました。まず自分は若すぎると言い、歳月が経つと今度は年をとりすぎたと言いました。リアは夫が親になることを拒否したのに腹を立て、裏切られたと感じました。夫婦関係のセラピーを受けても、2人の意見の相違は解決できず、リアは結局夫の許を去りました。動揺した夫は考え直して、和解を求めてきました。2人の撚りが戻った結果生まれたのが娘でした。やがて、夫はもうひとり子どもをつくるという約束を反故にしました。そのころには2人の結婚生活は決定的に破綻して、離婚したのです。

離婚しても、もっと子どもが欲しいというリアの気持ちは変わりませんでした。そして自分の母親に向かって、年齢的に決断すべき時期までに夫が見つからなければ、結婚をしないで子どもを産むつもりだと言いました。彼女は次のように話しています。

私はこう言いました。「ママ、たぶん私にはもうひとりの子どもの父親になってくれる男性を見つけられないでしょうけれど、結婚するしないにかかわらず、もうひとり産むつもりよ」と。母は私の顔を見て、お高くとまったイギリス風アクセントで「何ですって、私生児を産むつもりなのね」と言いました。数日後母は電話をかけてきて、「イボ族ではどんな赤ちゃんも歓迎されるわ。そこでは女が家長なのよ」

リアは、母が受け入れてくれただけでなく、自分が選んだ真っ当ではない道を支持してくれる別の種族のならわしを進んで探してくれたことに安心し、喜びました。そして9年前、彼女が「さあ今だわ。私には家も、仕事もあるし、もうひとり子どもが欲しいの」と言ったとき、母親が支えてくれたことに、一層の幸せを感じました。実際に、彼女の母は、1年間「おばあちゃんからの援助」として経済的援助もしてくれました。

リアはまず養子のことを調べ、旧友のマークと恋仲になったときに十分な情報をもっていました。マークを愛するようになったとき、少なくとももうひとり子どもをもつ計画であることを告げました。リアはマークが親として専念する気持ちはないことを知っていました。彼女自身も、もう一度結婚したいという熱意もなかったので、マークには、結婚や金銭的な援助、子どもの世話は頼まず、父親になってもらうことだけを頼みました。彼はこれに同意し、その結果生まれたのが娘のサリーでした。2人のこの経験はきわめてうまく進み、3年後にはベッキーが生まれました。

2人はずっと同居してきませんでしたが、ふつうの夫婦よりも安定した関係を続けているように思えます。マークは、サリーが生まれてから、土曜日の夜と日曜日をリアの家で過ごしています。この冬には、リアの負担が重くなったので、マークに毎週一晩だけ子どもたちを寝かせる手伝いをしてほしいと頼み、以来、マークは水曜日の夜に来て、夕食からベッドに入るまで子どもたちの世話を手伝っています。一緒に過ごす時間は短いのですが、愛情を傾けて子どもの相手をします。

さすがはパパという感じで、子どもたちも彼を愛しています。サリーは彼のことを「いちばんよく遊んでくれる人」と言っています。マークは、ブロックを積んでやったり、話し相手をしたり、絵を描いてやってから、帰っていきます。短い時間ですが、充実した楽しいひとときです。私もひとりでくつろぎたい時もあるので、毎日彼がいなくてもかまいません。そういう形がよいと思うし、自分の生活は自分で切り盛りしていきたいのです。

リアは、みんなの必要を一度に満たそうと努力することなく、またマークを忘れられた存在にさせまいと気遣う必要もなしに、自分専用の家で気兼ねなく子どもたちとの時間を過ごせる生活を気に入っています。彼女は、以前の結婚生活のせいで、「〝夫〟がそばにいるときは、子どもたちよりも彼に気を遣わなければいけないと思ってしまう」と言っています。異例とも思える取り決めによって、リアは自分が望んだ通りの母親の役割について妥協する必要なしに、マークとの関係を楽しんでいます。

夫の助けを借りずに3人の子どもを育てるリアは本当に幸せなのか、いぶかる人がいるかもしれません。たしかに、彼女の仕事量は苛酷で、時間を奪い、疲れさせるものにちがいありません。リアは実際に難題をかかえていることを真っ先に認めました。「ひとときも休めません。何より大変なのは自分の時間がもてないことです」。また、物価の高い大都市で、年間25000ドルの家計で自分と3人の子どもの生活のやりくりをするので、金銭的な問題もあります。サリーが生まれたころ、リアは大学で美術の教授をしていました。まもなく、その仕事に時間の大半をとられ、育児にお金の大半をとられることがわかりました。リアは野心家で、若いころはキャリアに熱意を燃やしていましたが、母親業が何よりも重要なので、大学に休職届けを出し、自分の家でデイケア・センターを始めたのです。さらに収入を得るために、最上階の部屋を学生に貸しています。ベッキーが生まれてからは、マークが毎月少ないながら生活費の足しに金銭的な援助をしています。

多くの難題があっても、リアはかけがえのない充実した生活だと思っています。とくに重過ぎる負担に打ちのめされそうになると、かつて母親になることを強く願っていた日々のことを思い返すようにしています。また互助的な女性のネットワークからも、多くの支援を受けています。とくに親しくしている3人の女性がいて、そのうちの2人はやはりシングルマザーです。1日に2、3回は話をして、子どものことを相談したり、連絡をとりあったりしています。彼女たちは「母親のような友だち」で、サリーとベッキーの出産の手伝いをしてくれたり、子どもたちの衣類にと「お下がり」をくれたりします。やはりシングルマザーのロジーとは、ヘッドホン式の電話で、夕食後に、山のようにたまる食器を洗いながら、話をしています。友人のひとりは、リアには伝統的な結婚をした多くの女性よりも、親業の手助けしてくれる人をもっているとコメントしています。

リアは、女友だちを頼りにするほうが、夫に家庭生活や育児について負担の平等を期待するよりうまくいくと思っています。子どもを育てるうえでは女性のネットワークに支えられる女世帯のほうが伝統的な核家族よりも、自然で現実的な方法ではないかと思ったりしています。いずれにしろ、大勢の子どもを欲しがっていた女性として、リアは最終的に望みを果たしました。生活は子どもを中心にめぐっているので、家には彼女の座るスペースもないくらいです。ごたごたと散らかった部屋で、泣きだしたベッキーをあやし、膝に飛び乗ってきたネコを撫でてやりながら、リアは「これまでの人生で感じなかったほどの幸せをかみしめています」と言いました。彼女は自分のやり方が誰にでもうまくいくわけではないことを承知のうえで、躊躇なく、こんなふうに話しました。「私は、これ以外の生き方など考えられないくらい、いまがすっかり気に入っています。年を重ねるにつれて、私たちにはそれぞれの人生物語があるのだとわかってきました。私の生き方は誰にでもうまくいくわけではないと思いますが、私にとって満足できるものであることは確かです」

## 養子を迎える選択——生涯をかけたブラインド・デート

中年になって養子を迎える決意をしたシングル女性の物語を聞くと、母親になるという強い決意に、誰しも感銘を受けずにはいられません。彼女たちは多くの障害にぶつかりますが、その最たるものはシングル女性に対する養子斡旋機関の否定的な態度です。たとえば、ヘレンは最終的にルーマニア生まれの子どもを養子にしたのですが、アメリカでは、彼女の年齢とシングルであることのために、「特段のニーズをもつ子ども」しか養子にできないことがわかりました。子どもを育てる経済的資力がややもすると乏しいシングル女性が、最も多くの問題をかかえた子どもを選ばなければならないという、皮肉な現象だと、彼女は言いました。母親になるもう一つ別の手段を選んだシングル女性と同じように、中年で養子を迎えた女性は、善意にあふれた家族や友人の悲観的な態度と戦わなければなりません。家族や友人は、身内の女性がこれから遭遇する困難を心配して警告するからです。また、本人自身も、自分の揺れる気持ちを処理しなければなりません――もしかするとまだその責務に対する「心構え」ができていないのではないかという恐れ、受け入れる子どもが予想もつかない、手に負えない問題に遭遇するかもしれない、あるいは養子に迎えた子どもが大きくなりすぎていて愛情がわかないかもしれない、子どもがなつかないかもしれない、と、不安のたねは尽きないからです。結局のところ、養子を迎えることは生涯をかけたブラインド・デートのようなもので、まだ会わないうちから生涯にわたる努力の決意をすることなのです。それでも、インタヴューに応じてくれた女性は、ジャミーやケリーやリアのように、母親になったことを幸せそのものと表現しています。次に紹介する話は、いずれも、養子を迎えるという選択に必要な忍耐と我慢強さ、そしてそれがもたらす喜びを例証しています。

エイプリルがそもそも描いていた人生計画は、結婚して、しばらく仕事をしてから子どもを産みたい、ということでしたが、子どもが生まれないうちに、結婚生活は破綻してしまいました。離婚して5年ほど経ったころ、彼女は子どもがどうしても欲しいのに、時間がどんどん過ぎていくことに気づきました。まだ30代の初めでしたが、「結婚はしていないし、早く子どもを産まなければ！」と、思いました。最初は、リアと同じようなことを考え、愛し合っていても結婚はしたくないという男性とデートをしていました。彼には何も言わずに妊娠することを考えましたが、子どもの父親になってくれないかと正直に希望をぶつけてみたところ、即座に断られました。彼は高校時代にすでに父親になっていて、自分がまったく知らない別の子どもの父親になるのはいやだというのでした。

「母親になる経験をせずに一生を終わりたくないと、心底思っていた」エイプリルはくじけず、母親になる別の道を探る決意をしました。よくよく考えてみれば、自分で子どもを産まなくても母親になれるではありませんか。世の中には、家族を必要としている子どもたちがたくさんいることを考え、彼女は養子を迎える方法を調べました。アメリカの斡旋機関では、シングルマザーの受け入れに消極的な姿勢が見られたので、国際的な養子制度に目を転じましたが、そこにもさまざまな問題がありました。最終的にインドの女の子を迎えることになったのですが、インドの手続きはあまり煩雑で完了までに4年余りの月日がかかってしまいました。

初めて子どもを紹介されたとき、孤児院に入ってきたばかりの6歳の女の子が選ばれたと言われました。エイプリルは興奮にわくわくしました。書類の手続きは遅々として進まず、その間に初めてきちんとした食事を与えられた子どもは急速に大きくなり、そのうちに子どもが小柄なのは年のせいではなく、栄養のせいだったとわかりました。実は、13歳か14歳だったのです。エイプリルは少女と手紙のやりとりをしながら、部屋を整え、学校の手配もすませていました。斡旋機関のほうで、最終的にこの縁組はうまくいかないと判断したとき、エイプリルは失意のどん底に追いやられました。子どもも、夢も、失われたと思いました。

数か月後、同じ斡旋機関から電話があり、18か月の女児を紹介されました。彼女は最初に紹介された子を失った悲しみにまだ沈んでいましたが、その申し出を運命の転機として受け入れるべきだと考え直して、新しい娘、ミンダを迎えるためにインドへ向かいました。

私にとって、インドから彼女をつれてくることがとても重要なことでした。自分こそが彼女の育つすべてのプロセスを世話してやれるただひとりの人間だという思いでいっぱいでしたから、旅の最初から最後まで共にしたかったのです。

エイプリルは、子育てがそれまで経験したことのない大変な責務であることを認めています。子育てのせいで自由が犠牲になったことも承知のうえです。「私はもうひとりでは飛びません」と、彼女は笑いながらインタヴューに答えました。

現在、自由気ままだったエイプリルのライフスタイルは劇的に変わり、制約されるようになりましたが、ミンダを受け入れたのは正しい選択だったに違いないと、思っています。母親であることはすばらしい、そして大切な経験だとずっと信じてきました。「子どもを育てることは、想像以上の満足感を与えてくれます。多くの責任が伴いますが、喜びも愛しさも、そして何ものにも代え難い母子の絆もあります。子どもと一緒の生活は楽しいものです」。エイプリルのように、生物学的な子どもを産むことができず、またそれを望まない女性にとって、国際的な養子縁組制度は、母親になるという夢を叶えるチャンスを与えてくれます。エイプリルは、頑張り通して、いまや希望していたとおりの聡明な美しい少女を手にすることができました。

キャロルも頑張りました。1年半かけて書類の手続き、授業、スクリーニングのための面接をすませ、可愛い女の子に恵まれました。その子と出会ってから、キャロルの生活がどのように変わったかを話してくれました。

初めてマリアと会ったときのことは忘れられません。2日がかりで、チリの南端にあるプンタ・アレナスにたどりつきました。空港でソーシャル・ワーカーの車に乗せてもらい、すぐに子どもの家につれていってもらいました。子どもがくるまで、玄関の脇の、寒い小さな部屋で待っていました。子どもについてわかっていることは、7歳で2年前からこのカトリックの子どもの家で育てられているということだけでした。何かとても不安で、恐ろしいような気持ちがしました。うまくいかなかったらどうしよう？　彼女は英語をまったく話せず、私のスペイン語も大したことありません。何と言おうかしら？　一生をかけたこのブラインド・デートに同意したのですが、いったい自分がどうしてこのようなことに夢中になっているのか、自分の気持ちをはかりかねている面もありました。

そのとき、尼さんが子どもを部屋につれてきたので、私の心は和みました。子どもはとても小さく、美しく、愛らしく、そして恥ずかしそうにしていました。この上なく愛らしい笑みを浮かべ、その笑みとしっくり合う優しい目をしていると、尼さんは言いました。それ以上儀式めいたこともなく、20分後に、私たちは――お互いに不安を覚えながら――歩き始めていました。翌日、裁判所に行って養子縁組の手続きを済ませましたが、それでもまだサンチャゴのアメリカ大使館の認証を受けなければなりません。でもそれはただの形式でした。それまでの過程が大変だと言われていましたが、すべてがスムーズに運びました。ちょうど1週間、お役所関連の手続きをして、ピッツバーグ行きの飛行機に乗り、大きく変わる生活へと永遠に続く道が始まりました。

マリアとの生活は、一緒に暮らすようになって3年間に着実によい方向に向かいました。私の仕事や旅行、読書の時間が減った代わりに、考えごと、心配ごとが多くなりました。実際、思った以上に心配ごとがありました。マリアのために何かを決めるたびに、これでよいのかと、不安になりました。誰かにいじめられていないか、彼女を傷つけないようにどうすればよいか、心配しました。彼女が必要とする限り、彼女の面倒をみるために、健康を保っていけるかどうかさえ心配しました。

以前はスポーツカーを乗り回し、ネコを飼い、外食をして、週末にはニューヨークへ出かけていってお芝居を見たり、骨董店で掘り出し物を探したりしたものでした。いまは家で食事をし、どこかへ出かけるとすれば、ディズニーワールドです。レディと名づけたイヌを飼い、7人の、にぎやかな女の子たちを乗せられるようにステーションワゴンに買い替えました。私の変身を最終的に完成するために郊外に引っ越しました。

しかし、いまではマリアのいない生活は想像できません。マリアは家中を笑いと騒ぎでいっぱいにしてくれます。私が何か別なことをしていると、詰問してきますし、そうすると私はなぜこれをするのか、自問することになります。以前のように気楽な生活ではありませんが、面倒なことと引き換えてもお釣りがくるほどだと思います。ある有名な詩人がかつて、子どもはあなたを人生の人質にさせる、と言いました。それはまさしく、彼女のために、そして世界を彼女が生きていくのにより安全なよい場所とするために、私が感じる責任を言い表していると思います。

養子縁組は誰にも適した方法というわけではないでしょう。なぜ他人の子どもを引き受けるのかと質問する人もいます。私はそのようには考えません。誰かが彼女に命を与え、今度は私がそれを守るのです。彼女に必要なことは私が見守っていくことです。別の女性が彼女の最初の母親ですが、いまは私が彼女の母親ですし、2人で一緒にすばらしい生活を送っています。

# 第17章 もうひとりぼっちではない

私は、息子に自分が与えられる最善のものを与えてきたと思っています。夜、ベッドに横たわって、今日は息子に最善のことをしたとわかれば、何の罪の意識も感じる理由はありません。

——リディア

私は、壊れた家庭のことを聞くと怒りを覚えます。私は結婚しませんでしたが、子どもたちのために造りあげた家に壊れたものは何もありませんでした。強くて愛すべき、支えになる、安定した家でした。子どもたちが家庭で必要とするものは何でもありました。

——ジュリア

子どもを育てるのに、男性は必要でないことを学びとった女性がたくさんいるのではないかと思います。

——グレイス

インタヴューに応じた女性のなかで、子どもをもつ女性たちは、母親となった経験をけして後悔しないだろうと言いました。中年という観点からシングルマザーとなった道を振り返るとき、こうした女性たちは、子どもたちに多くの贈り物と力と資源を与えることができたと思っています。シングルマザーという責務はかつて経験したことのない難しいことと認めていますが、母親になったことによってもたらされた数々の報いと喜びについても話してくれました。子どもたちが健康に、強く育つのに必要なすべてを与えられたことを、彼女たちは誇りに思っています。

多くのシングル女性と変わらず、インタヴューに応じた女性たちは多くの障害にぶつかりながら、立派に過してきました。最良の環境のもとにあっても、親の務めを果たすには膨大なエネルギーと忍耐力と、何よりもユーモアのセンスが必要です。子どもを愛し、育てる意欲と能力を保ち続けていくために、自分が子どもに与えるものに喜びを感じることが必要であり、地域社会から支えられ、認められていると思えることが必要です。残念ながら、多くのシングルマザーはこうした多くの必要な支援を受けていません。それどころか、こうした女性の子どもたちは第二級の子ども時代を送っているという、陰微な仄めかしがアメリカ文化にはびこっています。夫が離婚を決意したためにシングルマザーとして放り出された母親でさえ、こういう批判を免れることができません。数え切れないほどの研究やリポートが、片親の家庭の欠陥や女手一本による子育ての恐るべき結果に焦点をあてています。片親の家庭は、子どもが学業や仕事で成功する能力を妨げ、有意義な大人としての関係を築くチャンスを傷つけて、子どもをだめにする、と聞かされてきました。

ひとりで子育てをするという積極的な選択をした女性は、とりわけ、こうした批判の矢面に立たされがちです。離婚の結果か、人工授精や養子縁組、あるいは意図的に婚外子を得たのか、いずれにせよ、シングルマザーとなった女性は周囲の人々から利己的だと見られがちです。キャロルは自分の経験について次のように語っています。

私が養子縁組の話をもちだしたとき、友人の多くは反対しました。シングルマザーとなる選択は、子どもに対してよくないことであり、私の仕事のスケジュールからいっても、ひとりで子どもの世話はできないでしょうと言われました。私が責任をもつことになる子どもの要求よりも、自分自身の要求を考えているのだと言われました。少し年長の子どもを欲しいのなら、いくらか許せるし、それなら若いカップルから赤ん坊を奪うことにもならない、とまで言われました。

こうした考え方や態度は、シングルマザーを苛立たせ、傷つけ、彼女たちが子どもに与えるものの重要性を軽んじる原因にもなりかねません。まるで彼女たちが強い逆風に向かって飛び立ったために、自身も子どもたちも、地域社会の重要な一員として尊敬され信頼を得ることができないかのように、感じてしまうことがあります。

本書で紹介しているシングルマザーの物語は、ひとりで生きる女性も、子どもが健康に育つ上で必要なすべての要素を与えることができることを実証しています。彼女たちは、どうすればもっと上手な子育てができたのかといった、後悔や罪の意識は感じていません。子どもたちの必要に応え、両親の揃った家庭の場合と同じ愛情と支えと手本を子どもたちに与えています。しかも、子どもたちから母親ひとりの力では応じられない要求を出されたとき、彼女たちはさまざまな人を呼び入れ、手助けしてもらう努力をしてきました。彼女たちの経験から明らかなことは、片親での子育てに、欠陥も、破壊的な要素もまったくない、ということです。離婚してから2人の娘を育てたジュリアは、このことについていみじくも次のように語っています。「子どもたちには価値観を教えることが必要です。正しく、責任のある生き方を見せることも必要です。しかし、そのほかにも、親になるすぐれた仕方はたくさんあると思います」

## シングルマザーが子どもに与える贈り物

ダン・クエールが何を言うとしても、シングルマザーは子どもにユニークな贈り物をすることができます。両親の揃った家庭では簡単に手に入らないものさえあります。たとえば、シングルマザーはジェンダーにとらわれない行動を示すことができるため、子どもにとって、ますます問題視されてきた伝統的な男らしさ、女らしさという制約を受けずに、のびのびと育つことができます。シングルマザーは伝統的に双親に課せられている責務をうまくやりくりするので、子どもは自身の性ゆえに閉ざされている道があると決め込むことなしに育ちます。こうした柔軟性があれば、子どもたちが生涯を通じて直面していくにちがいない急速に変化する世界に立ち向かううえで、有利になります。エイプリルは、娘のためにロール・モデルになれるのが嬉しいと言いました。

片親の家庭では、明確な役割分担がある家庭よりも、多様性、柔軟性が多く見られます。私が育った家庭は、とても旧式な家でした。父と私たちが心の通う会話をしたことはありませんでした。お金を稼ぎ、道路の雪かきをし、車を修理をするのは父親と決まっていました。

アーリーンは、離婚したために地域社会から白い目で見られましたが、母親であり、かつ自己実現を求めるのは真っ当なことという信念をもつ女性のモデルを子どもに見せていると信じています。夫の決めたことをただ受け入れるやり方を捨て、独力で積極的に決断することによって、彼女は大切な遺産を子どもに伝えているのです。

> 私は子どもたちのロール・モデルです。子どもたちには、「あなたは大切だけれども、ママの人生には、この、もうひとつのことも必要なのよ」と言っています。そして私はただ口で言うだけでなく――それを実行しています。子どもたちには、自分のすべての夢をひとつの籠に入れることはできないのだと悟ってほしいのです。それでも、私は子どもも欲しいし、やりがいのあるキャリアも手にしたいのです――そしていま私は、このふたつを手に入れようとしています。

争いの絶えない不幸な結婚生活に踏み留まらず、ひとりで子どもを育てているシングルマザーは、もうひとつの重要な、それでいてあまり認められていない贈り物を子どもに与えています。人生に真正面から向き合い、まちがったことに立ち向かう、強い、独立心のある親としてのモデルです。こうしたシングルマザーの果たした重要な貢献が新しい状況喜劇『非難を浴びるグレイス（Grace Under Fire）』に描かれているのを見て、私たちはとても嬉しく思いました。息子の先生から、自分の「壊れた家庭」が息子の学業成績に与える影響について話を聞かされたとき、離婚したばかりのグレイスは「私の家は壊れていません。壊れていたのを私が修理したのです！」と、敢然として答えたという話です。グレイスが指摘しているることとまさに同じことを、現実のシングルマザーの多くが指摘しました。すなわち、両親の揃った家庭には明らかな利点がありますが、ある種の条件下では、片親で育てることは解決策になることはあっても、問題になることはない、というのです。

一家に2人の大人がいれば、たとえ幸福な結婚生活であっても意見の相違はかならず起きるものです。結婚がうまくいっていないときは、子どもが争いのたねとなって、意見の相違が角つき合わせる両者のあいだで砲弾のように行き交うことになりかねません。このような争いは、子どもには、とくにひどい害を与えます。ジュリアが15年前に離婚を決意したとき、2人の娘は5歳と8歳でした。その後、彼女は娘たちをひとりで育て、今日、自ら誇りと賛美の目で見つめるまでに成長させました。「2人とも自信に満ちた女性になりました――これ以上は望めないと思うほどです」。しかし、娘たちが自信をもちはじめたのは、自分が夫と別れてからだと、ジュリアははっきりと言いました。離婚は娘たちの心を傷つけたのではなく、健全な大人になれる道となったのです。

あのまま結婚生活を続けていたら、娘たちがいまのように自信にあふれた大人になれたかどうか疑問です。結婚していたとき、娘たちは不幸な、意に満たない、しかもいさかいの絶えない環境に暮らしていました。結婚に終止符を打つまで、娘たちの心の状態は改善されず、大人になることがどういうことかという点について違った見方をしていました。ですから、私の離婚は子どもたちに修復しがたい傷を与えたのではなく、彼女たちを救ったと思っています。

離婚によって子どもたちが傷つくのではないかと恐れ、不幸な結婚をやめることに抵抗する女性が多いのですが、ひとりで飛行しながら子育てするのは、ひどい乱気流に巻き込まれた機内に子どもたちを長いあいだ置いておくよりも、はるかによい選択となりうるのです。ペギーは次のように言っています。

子どもたちがあれほど容易に順応することがわかっていたら、もっと早くシングルになっていたでしょう。離婚が子どもたちに及ぼす影響を恐れたために、不幸な結婚生活に留まっていたのです。皮肉なことに、何よりも容易に、子どもたちは順応していってくれました。

ひとりで大空を飛び始めてみると、結婚していたときよりも惑わされず、対立のないやり方で、子どもたちの必要に目が向けられることによく気づくのです。グレタは、離婚後、子どもたちが必要とする、明確さを与えることができたと説明しています。「誰かと相談する必要もなく意思決定しやすいので、子どもたちにはっきりしたメッセージを伝えることができました」。アニタも、離婚したので、子ども中心か夫中心かという葛藤を感じなくなったと、いいます。アニタも夫も社交に忙しかったために、10代の息子のレスリング試合に行くことも滅多になく、フットボールの試合を見ながら、息子の友だちと話をすることもできませんでした。離婚後、息子のことや彼の大切な友人のことを知る時間が増えました。息子が家を出て大学へ進学する前に、息子と接する機会が増えてよかったと思っています――それは結婚生活を続けていたら、不可能だっただろうと、彼女は固く信じています。

## シングルマザーのご褒美――愛によるよりよい人生

片親で子どもを育てることを、アメリカ社会が否定的に見てきたために、シングルマザーが子どもに与えるもののみならず、親業の経験がシングルマザーにもたらす贈り物までぼかされています。シングルマザーは、ひとりで子育てすることは、とりわけ満足なお金もない場合、疲労、ストレス、心痛が少なくないことを認めていますが、その経験がどれだけ有難い結果をもたらしてくれたかを強調することも忘れませんでした。母親業が、それまで気づかなかった資質をひきだしてくれ、母親業が、少くとも自分がそれに費したものと同じほど多くのものを与えてくれた、と彼女たちは指摘しました。多くの女性が、自分で産んだ子どもであれ、養子に迎えた子どもであれ、思いがけないほどの深い愛情を感じたことを話しました。

女性たちは、子どもたちが「視野を広げてくれた」こと、思っていた以上に心の広い人間にしてくれたことを話しました。子どもは彼女たちの力を判断して、重要な岐路では、自分ができると思っていた以上に後押ししてくれた、というのです。報われた宝は測り知れないと、エイプリルは次のように語りました。

娘は、私が離婚後閉ざしていた、人を愛するやさしい心を掻き立ててくれました。私がそれまでにつきあった男性の誰ひとりとして私のそうした面を見てはくれませんでした。おかげで、私は以前よりもずっと心を開いて気持ちを分かち合えるようになりました。

ジュリアも、子どもを可愛がるうちに人を思いやるようになるという経験が味わえたことを強調しました。もしも母親にならなかったらどんな人間になっていただろうと想像するのは、辛いことだと言っています。

シングルマザーになることは、女性の最もよい面を引き出すことに加えて、動揺する時期には方向性を与えてくれるものでもあります。離婚して、育児に傾注することはジャイロスコープのようなもので、独立の暮らしに慣れるまで生活を安定させる役に立ったと語った女性が少なくありません。グレタも、そのときの経験を次のように話しました。「自分は2人の子どもを育てる責任を引き受けたのだという自覚をもって、何かもめごとがあっても、いつもそれが私の生きる目標となっていました」

またシングルマザーの任務を果たすために、仕事だけに夢中になりすぎていた生活にバランスをもたらしてくれたという女性もいます。キャロルはこう言っています。

私は自分のキャリアをとても気に入って、30年近く、それを何より優先していました。いまでも、それを全面的にあきらめるつもりは毛頭ありませんし、いまやっていることがとても好きです。しかし、母親になることは、別の面でやりがいのあることです。私の心を育て、いま現在必要な目的意識を与えてくれます。娘のマリアはほんとうにすばらしい。驚きや喜び、心配や難題を絶えず与えてくれます。私の何ものにも代えがたい関心の的で、飽きることがありません。子どもと一緒にいることは、資金調達のカクテルパーティに行くことや、ヘルスケア改革や外交政策問題の解決に夢中になっている友人たちと食事するよりもはるかにおもしろいという、秘密を知っているのは私だけではないでしょう。ときどき家にいるための、妙な口実をつくってしまう私です。

子どもをもつことは、女性を崩壊への道から救うことさえできます。リディアが、息子が危機にあると悟るまで、苛酷な結婚生活から脱出することもできず、夫の暴力から身を守ることもできなかったことを思い出していただきたい。息子の危機を悟ったからこそ、夫の許から逃れて、新しい生活を始める勇気がわいてきたのです。息子が母親を自立できない女性として見ながら育つことは避けたいと思ったからこそ、自分を変える強さがわいてきたのでした。また、息子が暴力をふるう男性をロール・モデルにして育つことを避けたいとも思いました。自分のためにはできなかったことが、息子のためならできたのです。

シングルマザーにとって母業の報酬は、アメリカ社会では残念ながらしばしば病的なものと見られます。大衆向け心理学書では、シングルマザーは子どもに「過保護になりがち」として批判され、母親としての本能があるのかと、多くの人から本気で疑われる結果になりがちです。過保護は片親の家庭に特有のリスクかもしれませんが、本書に描いた女性たちの生活では、ほとんどそうした問題は見られませんでした。女性たちの子どもとのつながりが強いことは事実ですが、排他的になったり、しばりつけたりする例はほとんどありません。辛く、難しい場合もありますが、彼女たちは子どもが相応の年齢に達したなら「自由に巣立ちさせる」健全な方法を見出してきました。子どもの独立を促す仕事を避けていると思われる理由は見られませんでしたし、子どもが親放れできないとか、独立に向かう努力を拒否したという話も、聞きませんでした。たとえば、オードリーは、娘たちを遠くの大学へ行かせ、独立した生活をさせる援助をしたのが最も難しく、しかも親として最善の仕事だったと語っています。

> 親として最も難しく、最もうまくいったのは子どもたちを独立させたことでした。大変なことでしたが、報われました。子どもたちを独立させ、過ちをおかしたり、苦しむのを見るのは辛いです。子どもたちが失敗したり、傷ついたりするのを防いでやりたいと思うのですが、自身で経験させることによって、子どもたちは間違いなく成長し、学び取っていくものであり、最後にはそのことを感謝してくれるでしょう。

グレンダは、息子たちが大学に在学中の少なくとも1年間は、家族の許を離れて暮らすようにさせたとまで言っています。家族としてともに耐えてきた苦労のせいで、息子たちは親元を離れがたくなっていたからでした。グレンダによれば、「私たちは多くの困難を切り抜けてきたので、まるで3人の愉快な仲間のようになっていました」というのです。その後、息子たちが大人として自立していったことに、彼女は深い満足感を覚えました。

> いまでは息子たちが成長したので、報われたと思えることがたくさんあります。私はだまって座って見ています。息子たちが何でもやりこなすのを見て、私から学び取ってくれたのだと実感します。自分で考えるように教えてきましたから、そういう面でうまくやってくれるのを見ると、わくわくします。

# 「母親の時間」という難題をこなす

ひとりで子育てをすることは母親にとっても、子どもにとっても多くの利点がありますが、これがたやすいことだとした女性はいません。母親の役割に要求されることを言い表す言葉は、情け容赦ないというものです。ティリー・オルセンはこの責務の核心を次のように表現しています。

> 母親であることは、いつでも割り込める、応対してもらえる、責任をとる存在ということです。子どもは母親をいますぐ必要としている……そうしたことは、義務ではなく愛情を必要としているということ、自分の分身と感じること、こういう必要に責任をもって応えてくれる人はほかにいないということです。子どもたちが最優先です。じっくり考えるのでなく、気を配るのが習慣になります。連続的でなく、割り込まれること、一定ではなく、突発する、骨の折れる仕事です。

母親業は一般に容赦ないものですが、シングルマザーにとっては一層情け容赦のないものになります。シングルマザーが直面する最大のチャレンジのひとつは、処理すべき義務のすべてをこなす十分な時間がないという思いです。ジャミーは、40歳で母親になったのですが、多くの女性を代弁して次のように言いました。「母親になったことについてまったく後悔していませんが、絶えず追いまくられる状態に備えのできている女性はいないのではないかと思います。とても想像もできないことですから」。
ケリーも、一度に四方八方に引っ張られそうな思いが絶え間なく、圧倒されそうになります。「空中に上げた全部のボールを必死に受け止めている」ような感じだと言います。精力を使い果たすほどだった仕事を減らし、友人と過ごす時間も少なくしたのでしたが、彼女はその苦しい状況を嘆いています。

　休暇をとるとか、国中を旅してまわるとか、新刊を読む時間のことを言っているのではありません。映画を見るといっても、ビデオで見るだけです。ケヴィン・コスナー主演の映画など何も見ていません——が、『ニンジャ・タートル』のことなら、何でも教えてあげられますよ。

キャロルも、ケリーと同じようなことを言いました。

　マリアと暮らすようになって最初の2年間は、大人向け映画をもう一度見られるのかしらと思ったものでした。いまでも、「大人向け」の映画はここ何か月も見ていませんが、『アラジン』や『アニー』、『美女と野獣』の歌詞なら、全部覚えています。

仕事と子どものどちらをとるかということも、多くのシングルマザーにとって重大なチャレンジです。労働環境が親業の要求にあまり応えてくれず、ましてやシングルマザーにとって一層厳しい状況だからです。働く母親、とりわけ高等専門職に就いている母親は、同僚たちのように、時間の融通が利き、要求に応えられるわけではないので、信用を失わないよう、絶えずプレッシャーを感じています。キャロルは、職場のほかの人たちが気安く受け入れたスケジュールに応えられなかったことが、過去数週間に少なくとも10回あったと言いました。事前に知らされず、午前7時半に召集された会合も二度あり、彼女は娘が7時45分にならないと学校に出かけていかないのに、その会合に出席するように言われました。午後6時半に予定された会合も3回ありました。多くのシングルマザーにとっては夕食と家事でいちばん大事な時間帯です。さらに悪いことに、町から遠い場所での会合が2回、町はずれでの会合が1回予定され、そのいずれも一晩泊らなければなりません。こうしたスケジュールの問題をさらに厳しくさせているのは、土壇場になって変更される場合が多いことです。しかも、シングルマザーが苦労して託児の手配をしたあとそうした事態になる場合が多いのです。

　このような要求が出されると、働いているシングルマザーは苛立ちを抑えるか、それとも、チームのメンバーからはずれた難しい状況に追い込まれるか、どちらかになります。彼女は仕事が好きなのでしょうか？　はい。子どものことが優先なのでしょうか？　はい、そうです。優先事項は両立しないのではないでしょうか？　両立はしますが、しないように思うときも確かにあって、つねに緊張があります。子どもをもつ女性は、いつも子どものことが頭にあります。アメリカの作家、マーガレット・カルキン・バンニングも言っているように、「母親は、子どもを一緒に連れてきていなくても、家に置いてきているわけではありません」。多くの女性経営幹部は、会社や組織を何より優先する態勢ができている同僚のようには、真剣に受け止めてもらえないことに気づいています。元イスラエルの首相だったゴルダ・メイアはこうしたジレンマについて、次のように述べています。

職場にいるときは家に置いてきた子どものことを考え、家にいるときはやり残してきた仕事のことを考えます。このような相克から解放されることがありません。心ここにあらず、という状態です。

シングルマザーにとって、時間だけが唯一の難題ではなく、最も重要な課題というわけでもありません。金銭が最大の難題だというシングルマザーも少なくありません。お金で幸せは買えませんが、シングルマザー業を健全にする方法を買うことはできます。清掃サービスを雇い、子どもを映画に連れていってもらったり、家庭教師を雇って宿題の手伝いをしてもらえる資力があれば、大きな違いになります。また、ごくあたりまえの要求をする子どもたちに、いつも「だめ」と言わなければならないのも、とても辛いことです。残念なことに、多くのシングルマザーは、家賃、光熱費、衣類、教材費など、生きていくのに必要なものを確保するために苦闘しています。おまけに、独立した女性と子どもを支援するために父親が支払う平均金額は減少しています。私たちのプロジェクトに参加してくれた女性も、例外ではありません。しかし、たとえそうであっても、結婚という「安全」地帯に戻る道を選ぼうという人はいませんでした。楽な道を選ぶだけのために、シングルマザーという経験を捨てるという女性はいませんでした。

片親であることによる物質的、金銭的な大問題に加えて、インタヴューに応じた女性はどんな親も経験する避けがたい心配や心痛があることを報告しましたが、とりわけ彼女たちが強調したのは、そうした負担を分かち合うパートナーがいないことでした。元の夫に戻って欲しいという女性はいませんでしたが、子どもが病気のときや問題が起きたときに頼りにできる大人が家にいてくれさえすれば、と思うときがあるようです。多くの女性は、子どもの成長を見る楽しさや喜びを分かち合う人がいないことを自覚しています。オードリーは次のように言います。

子どものことを私と同じようにすばらしいと思ってくれる人がこの世にいないのです。それがとても残念です。私と同じように子どもがすてき、と思ってくれるパートナーがいてほしいと、つくづく思います。

しかし、インタヴューに応じたシングルマザーの多くは、自分にないもののことを考えて時間やエネルギーを費やすようなことはありません。それよりも、シングルマザーが遭遇するチャレンジに打ち勝つ方法を見出しています。また、自分のための時間をつくることの重要性を強調した女性が大勢いました。家族問題の専門家がよく言うように、ひとりで過ごす時間やほかの大人と一緒に過ごす時間が、親としての務めを果たすうえでとても重要です。健全な両親の揃った家庭では、自分たちの時間を子どもたちにつぶされないようにします。大人の要求は大人の関係のなかで満たすようにします――シングルマザーもそうでなくてはなりません。この種の燃料補給の時間を、少なくとも時折もてないようでは、子育てという容赦のない責務をこなしていくことはますます難しくなります。離婚したばかりの女性にアドヴァイスを請われたら、何と答えるかという質問に、ペギーは即座にこう答えました。「子どもがいるとしても、全生活を子どもに捧げるようなことはしないこと」

働きながら子どもを育てているシングルマザーにとって、付き合いを続けることは言うは易く、行ない難いことです。必要な休息をとろうとするシングルマザーには、さまざまな障害が立ちはだかります。1

日の仕事を終えて疲れて家に帰り、子どもたちの夕食の支度をしなければならないとき、たとえベビーシッターがいても、外出する気にはなれないものです。グレンダがフルタイムの仕事をしながら学校にも通っていたとき、空いている時間があれば何よりも休息第一にしていました。金曜日の夜には、外出して友人と楽しんでくるように息子たちが勧めてくれましたが、1週間働きづめだったあとでは、居間のソファーでくつろぎたいだけでした。シングルマザーの多くはグレンダと同じ経験をしたと話しましたが、努めて付き合いをしている女性は、そういう活動が精神衛生の面から欠かせないと主張しました。グレタは、ベビーシッターに頼ることが必須条件だと言います。「お金が本当にないときでも、ベビーシッターは雇っていました。健全さを保つには、それを何より優先しなければいけませんでした」。

託児の費用まで余裕がないとき、必要な休息をとる助けになる友人や家族を求めることが、とりわけ重要です。たとえば、ジュリアは離婚後も、幸い元の夫が子どもとのかかわりを継続してくれました。どんなにストレスがたまっても、父親が週に二度面倒をみてくれたおかげで休息をとることができ、シングルマザーの生活を乗り切ることができたと思っています。「子どもに目をかけながら、そのなかで自分を見失わずにすみます」と、彼女は言っています。ティナは、ジュリアほど恵まれていませんでした。元の夫は離婚後、娘の養育にあまり責任を感じてくれませんでした。しかし、彼女はほかの家族たちの支援を仰ぐことができました。家計を補うために、彼女は2つの仕事をしなければならず、週末、深夜バーで働いたこともありました。昼間の仕事から夜のウエイトレスの仕事へ直行して、帰ってくるのは翌朝の6時。このスケジュールで、彼女はつぶれそうになりました。「そういう生活を6年間も続けてごらんなさい。日曜日が来ると、私はゾンビみたいになっていました。日中も、椅子から立ち上れず、めちゃめちゃでした」。この辛い年月をどうにか乗り切れたのは、夜間に娘の世話をしてくれる妹や弟がいたからでした。

長期的な展望をもつことも、シングルマザーの責務を楽にしてくれます。たとえば、リアは、母親業につぶれそうになったとき、自分はかねてからの望みだった「母親の時間」を過ごしているのだと自分に言い聞かせています。「いちばん辛いのは、自分の時間があまりないことと、絶えず4番打者のような気分になることです。しかし、それを裏返しの立場、つまり、いつ、そして果たして2人の娘をもつことができるのかわからなかったころと比べてみると、助かります」。「広大な絵」を見てみようと一歩下るなら、リアが言うように、「生涯で感じたことのない幸せを感じることができる」のです。

# 第6部

# 単独飛行の挑戦と勝利

# 第18章 飛行機の整備——シングルライフの維持管理

シングルの身にとって最も辛いことは、自分で何もかもしなければならないことです。自分以外に、ゴミを出してくれる人はいません。ちょっとしたことがいちばん難しいのです。いつも買い物をする人、いつも働きに行く人、いつも毎月の支払いをしなければならない人、それが私です。こうした責務を分かち合える人がいないとわかると、うんざりします。

——ティナ

私にとって最大の問題は、実際的なことでした。車の修理をしたことがないし、困難を切り抜けるようなことは何ひとつやったことがありませんでした——でも、それを全部勉強しました。

——エイプリル

立ちすくみ、おじけづくような、あれこれのことを経験して強くなり、勇気も自信もわいてきます……自分ではできないと思っていることもやらなければなりません。

——エレノア・ルーズヴェルト

リディアへのインタヴューは、改装中の彼女の居間で行なわれ、ペンキの垂れよけシートや空き缶などが散らかる中で、次々に質問しました。その最後に、彼女がもしこの本の題材としてシングル女性へのインタヴューを行なうとしたら、どんなことを質問したいか尋ねてみました。リディアは一瞬口ごもって、考え込むように室内を見回していました。それから話し始めましたが、寂しさや男性との関係には触れず、大声でこう言いました。「そうね、大問題はこれ、どうやって天井を塗り替えるか？です」

シングル女性は、単独で飛行する生活のさまざまな面を気に入ってはいますが、リディアのように、日常的な「機体の整備」ともいうべき面倒な仕事で苦労することが多いようです。ほかの何よりも――誰もが想像する孤独ではなく――士気を低下させるのは、ひとり住まいに伴う日々の雑用です。ひとり分の料理をすること、家計簿の管理、「盗み」をせずに仕事をしてくれる鉛管工や機械工を見つけること、重い家具を動かすこと、車が動かないときに出勤すること――などなどが、シングル女性を苦境に追いやるのです。こうした取るに足らなく見えても実際は本当に面倒な雑事のリストに加えて、映画に一緒に行きたい、夜の散歩に行きたいと思っても、身近な相手がいないという人もいます。おそらく最悪なのは、シングル女性が重病で寝込んだとき、チキンスープをもってきてくれる人やイヌの散歩に連れ出してくれる人が同じ屋根の下にいないことでしょう。

とくに、ひとり暮らしの厄介が重なってストレスが強いとき、夫がいてくれさえすればどんなに楽だろうと夢想する場合があります。2人のロマンティックな夕食のためにおいしいスフレをつくっている自分、そして彼は鉛管工や車の整備士を上手にあしらってくれている、そんな場面を想像するのです。幸せな結婚をしている姉妹にこういう悩みを話して、彼女たちに眉をつりあげ目を丸くして反論されても、夢想はなかなか消えません。姉妹たちは、鉛管工を呼ぶのも、車の修理をするのも、家計簿を管理するのも、納税申告書を作成するのも自分たちの役目だと反論し、なかには、重い家具を動かし、たとえ病気が重くても家族のためにチキンスープもつくれば、イヌの散歩さえするという人もいます。

既婚か独身かにかかわらず、女性の多くがさまざまなつまらない雑用を女性はしないですむと夢想するのも、結婚して母親になれという至上命令を受けて、「以後幸せに」なると考えてきたことのあらわれです。私たちは両親からこうした夢想を吹き込まれてきました。遺書を書くと死期が早まるという迷信のために書くのを引き延ばすのと同じで、私たちの両親の世代は、娘たちに日常的な機器を扱う術を教え込むことは、それだけ男性に訴える娘の魅力を損ない、結婚のチャンスを損なうと恐れたようでした。

その結果、生活を維持管理する仕事全体が夫の仕事に「囲い込まれ」てきました。女性はそうしたことを知る必要はないと信じるように育てられてきました。不機嫌な自動車整備工を扱う方法も、車の油の量やタイヤの空気圧をチェックする方法も知らなくてもよい、とされてきたのです。家計の管理法や納税申告についてもそうでした。引退後に安楽に暮らせる貯金の仕方を考える必要もないとされていました。女性は夫の身の回りの世話をし、おいしいスフレをつくり、ワイシャツを洗濯し、いつでもセックスに応じる見返りに、夫がそうした面倒な些事をこなしてくれると期待する、そのような育てられ方をしてきたのです。ジーンは、自分がすべきことと、しなくてよいことを頭に入れておくように、家族からいつも諭されていたと話しました。

覚えておきなさい、ジーン、お金のことは夫にまかせておくことです。生活の重要な事柄はすべて男が面倒を見るものです。おまえは家にいて、いつでもおもてなしができるようにリネンのお洗濯、銀食器を磨くのを忘れないこと。おまえはそういうことをきちんとこなす方法を身につけておくことが大切です。

多くの女性は、このように、神の摂理からして、車や浴室の修理、芝刈りは男の仕事、整備士や鉛管工、請負業者、銀行、納税などを扱うのも男の仕事だとひそかに信じて、大人になってきました。こうした維持管理の術をマスターすることへの抵抗が深く浸透していたために、女性には男性と同じようにこれらの術をマスターする能力があることに気づきませんでした。結局、1990年代以後に出現したハイテク世界は、男女双方をともに無能にしてこの種の男女不平等は均等化されました。生活を維持管理する多くの領域が高度に専門化されてきた結果、男女を問わず、ふつうの人には車の修理やビデオをテレビに接続する方法などはよく分からなくなりました。シングル女性がひとたびこうした技能をマスターする決心をすれば、男性と同じようにそれを身につけることができ、シングルライフの自由を楽しむことができるのです。

## 真剣に受け止められるか、受け流されるか

車や家の基本的な修理技能を身につけることに加えて、シングル女性は自分の希望を真剣に受け止めてくれて人をだまさない職人を見つける術も身につけなければなりません。有能な中年女性であっても、これは大仕事だと思うでしょう。女性は、生活のほかの面ではどれほど聡明であっても、こうした男性の仕

事とされていたことは理解できず、ましてや決定するのは苦手だというメッセージを受け取ってきました。たとえば、ジュリアは現在44歳、職場では大勢のスタッフを使い、多額の予算を要する仕事を管理していますが、「男のすること」となると、どうすればよいかわからないだろうと言われ続けている、とこぼしています。

鉛管工などに真剣に話を聞いてもらえません。頼んだとおりのことをなかなかやってくれません。たとえば、修理を頼んで、こうしてほしいとはっきり指示しても、「そうじゃあないだろう――おれがやってみるから見ていなよ」などと言われる始末です。

ポーリンも同じようなことを言っています。

率直に言って、具合が悪い箇所があるといっても、男の人に真剣に受け取ってもらうことができません。いまだに私たちは男性社会に住んでいるのです。その点は確かです。

シングル女性の話を真剣に受け止めないのは、修理工だけではありません。女性が自分たち自身のことを真剣に受け止めないことがしばしばあります。大工道具を揃えている男性がいないのに家をもつのは危険だといまだに信じているシングル女性が多いのです。エリカも、家を買うほうが経済的だとわかっていても、ひとりで実用的なことをこなす自信がないために、購入を先延ばししていました。ようやく一大決心をして家を買ったのは、38歳のときでした。私たちが会ったとき、その家に住んでまる4年になると言いました。以前は気に病んでいたさまざまな問題にこれからもぶつかるでしょうが、いまでは、そういうチャレンジに向き合うのも楽しいと思っています。

家を買ったのは、私にとってとても意味のあることです。長いあいだ先延ばししていた一歩を踏み出したのですから。よい意味のチャレンジだと思っています。あたり一面が水浸しになるとか、天井から水が漏れてくるといった泣きたくなるようなこともあるでしょう。世の終わりだろうと思うかもしれませんが、世の終わりのはずなどありませんわ！

エリカの言うとおり、世の終わりになどならないでしょう。実際に、こうしたチャレンジが、自分にもできることを実感させるのに役立つ場合もあります。サンディも、夫が出ていってしまったあと、どのようにやりくりすればよいのか悩みました。

2人の幼い子どもをかかえ、お金もなく、サンディは仕方なく夫がいつもやっていたことを自分で処理する術を身につけるしかありませんでした。そうするうちに、恐れや不安の種が、力を与えてくれることも発見しました。サンディに、シングルにはどんな満足感があるかと尋ねると、自分ひとりでさまざまな生活技術をこなせるようになったことだと、きっぱり話してくれました。

ひとりでも完璧だと思っています。私ひとりで必要なことをこなすことができます。精神的にも肉体的にも。子どもたちを養っていくこともできます。車を買いに行くこともできます。要求どおりに保険会社を変更することもできました。手狭になって、ポーチを部屋に改装することにしましたが、それも自分ひとりでできます。

ヘレンも、最近、新車を買った経験を誇りと自信に目を輝かせて話してくれました。

以前、車を買ったときは、みんなの笑いものになりました。友人は、自分の夫に手を貸すよう頼んでくれると言ってくれましたが、私は以前利用したディーラーに『コンシューマーレポート』をもっていきました。するとそのディーラーは、「うちで買い替えをしてくれたから、100ドルまける」と言ってくれました。「ほら、私よりうまくやれる人はいないだろう」と、内心思いました。

女性は、こうした「男の」技能をマスターできたとき、あるいは雇った人間に指示どおりにやらせることができたとき、興奮を覚え、喜びを感じます。道具を使って自分の家や車を修理した経験、請負業者や修理工に指示どおりの工事をさせた経験を話すときの女性には、明らかに自尊心と達成感があふれていました。しかし、こうした技能をマスターすることは、かならずしも容易ではありません。シングル女性は、技能を修得する前から、たいていは多くの「よい学習経験」を積んでいます。

スーザンは、何でも自分でやることをモットーに育てられましたが、パイプの詰まりを初めて自分で直そうとしたときの経験を好んで話します。彼女は、まず水道工事業者の許へ勇んで出かけていき、必要な道具とやり方を尋ね、大型のパイプ・スネイクと大きなスパナを買いなさいと教えられました。バスルームのシンクの小さなパイプにこの大きなスネイクを差し込む作業を始めましたが、迂闊にも、スネイクのもう一方の端がシャワーカーテンに巻きついてしまい、服が油だらけになってしまいました。バスルームの敷物にも黒いものが付着してしまいましたが、それはスネイクを包みから出したとき付着していたのを気づかなかったからでした。結局、骨折り損のくたびれもうけ。というのも、スネイクをシャワーカーテンからはずし、シンクのパイプから引き抜いても、パイプの詰まりは直りません。そこでスパナを使ってシンクのパイプの屈曲部分の詰まりを取り除けようとしましたが、スパナが重すぎたために、引き抜こうとしたときに誤ってパイプに穴を開けてしまいました。幸いにも鉛管工を呼ぶことができました。少なくとも、自分の限界は悟ることができたと彼女は言います。この経験の影響ではないと否定していますが、その後、彼女は修理のことなら何でも知っている家族の近くに引っ越しました。

## 「重過ぎる負担」の疲れ

必要な作業を上手にこなせても、来る日も来る日もなすべき家事や育児の面倒が多すぎて、シングル女性にとっては重い負担になりかねません。雑務をひとつひとつ処理し、決めるべきことをひとりで決める責任は重く、雲の上に上って不安の消えたパイロットのような心境にはなれません。それどころか、何機も飛び交うジャンボジェットの衝突を避けようと必死な航空官制官のような気持ちになります。

力仕事や家事をやりくりする女性は、夫よりも、妻が欲しいと思うことがあります。妻の有難さはあまり評価されていません。フルタイムで働く人は、男女を問わず誰でも妻が必要です。家にいて伝統的に妻が夫のためにしてきた必須の家事をこなしてくれる人がいれば、仕事をもつ身ははるかに楽になります。今日のように、多くの妻が仕事をもつ時代でさえ、家を管理し、家族の生活を維持していくための食料品の買い物、駐車場の管理、ＰＴＡの会合、クリーニング屋や郵便局へ行くなど、雑事の大半を妻がこなしています。こうした女性たちの努力がすばらしい安全ネットの役割を果たし、突然時間外勤務を迫られたときや町外れからの顧客を接待する夕食会を開くときなどに、不安を取り除いてくれます。家族問題のセラピスト、モニカ・マクゴールドリックは次のように言っています。

> 妻の存在意義たるや、もちろんとても大きいのです。家のこと、子どものこと、食事の面倒をみてくれるし、言われない先から、必要なことを予測してくれます。旅行に行くときは荷物を詰めてくれるし、帰宅したときはストレスや緊張を解きほぐす抱擁をしてくれます。子どもに言い忘れたことを善意をこめて伝えてくれるのも妻です。

シングル女性には妻がいません。自分と子どもを支えていかなければならないだけでなく、誰からの助けも借りずに、それをしなければなりません。有給のハウスキーパー、清掃業者、ベビーシッター、配膳業者は、いかにそれぞれの分野で有能であっても、妻の機能を果たすことはできません。シングル女性は、職務支援の分野ではまさに単独飛行しているのです。

子どもがいるかいないかにかかわらず、屋根の葺き替えをするかどうか、するとしたら誰に頼むかといった日々の決断を要する責任を分かち合ってくれる人はいません。エレーナが説明したように、「相談相手になってくれる人が一緒にいればよいのに」と思うことがあります。心の隅では誰かと協力できればよいのにと願っています。作業員を選ぶことであれ、お金の投資先についてであれ、責任を分かち合えるパートナーがいるととても都合がよいのです。結局のところ、惨めなときは、怒りの矛先を自分ではなく別の人に向けられるので、相手が欲しくなるのです。ペギーは、何よりも辛いのは孤独そのものではなく、こうした負担を分かち合う相手がいないことだと、言いました。

ときどきすっかり落ち込んでしまいますが、孤独のためではありません。車が故障して、修理の方法がわからないとき、あるいは家の中の何かがこわれたときなどです。こういった類のことは面倒だし、お金もかかるので、何よりも落ち込むきっかけになります。

ジーンも同じことを言っています。

車が故障したり、何か具合が悪くなったりするたびに、私は「これはあなたの仕事だからやってちょうだい！」と言いたくなります。私は何もかもやらなければなりません。いまでは、そういうことに慣れたので、若いときほど気にならなくなりました。でも最初は、すごいことのように思えました。いまでも、負担のいっさいが私の肩だけにかかっているという思いからいっときでも解放されれば嬉しいです。もちろん、結婚していようといまいと、現実は私にかかってくることはわかっています。

一歩下がって、自分の生活に責任をもつことの利点を考えることは、重すぎる負担を抱える女性にとって極めて重要なことです。ケリーは次のように説明しました。

「こういうことから誰かに救い出してもらいたい」と内心思い始めるときには私は間違っているのです。そういうときは態勢を整え直して状況の転換をはかる時期なのです。くじけるのは簡単です。

多くのシングル女性が正気を保てるのは、自分がしなければならないといつも思っていたことのなかには、大事でないこともあるという事実を知っているからです。たとえば、家をきれいにしておくことは、数十年とまではいきませんが、何年かあきらめていてもよい目標です。埃の塊に名前をつけて、ペットにしてもかまわないのです。衣服、化粧、髪の手入れには、時間をかけるのが楽しくなければ、それほど時間をかけません。子どもたちも、自分でできる領域もあり、家のまわりに手伝えることもあります。また、ときには苦手な雑事はお金を払ってしてもらえば、たとえ、そのためにほかのちょっとした楽しみをあきらめることになっても、ずっと楽になります。

## 金銭的な脆さ――ホームレスになることへの病的な不安

車の整備士や修理工との交渉も難事ですが、銀行や退職金口座、国税庁相手のことともなるともっと面倒です。現在中年の女性に最も欠けていたのが、金銭に関係する課題をマスターしようとする気持ちです。インタヴューに応じた女性の大多数が、金銭管理がシングルの生活で遭遇した最も難しいチャレンジだったと、報告しています。お金は力であり、力に関することを女性に教えるのは、不適切と見なされてきて、いまだにそう見なしている家庭もあります。女性たちは、自動車の保守管理の基礎を教えられませんでしたが、同じく、金銭管理についても何も教えられてきませんでした。多くの女性にとって、金銭を責任をもって取り扱うこと、とりわけ長期計画にかかわることは、独立への最後の前線です。シングル女性が日常の雑務という雲を越えて自由に飛行しているときでさえ、自分の金銭問題の取り扱いは、嵐の中へ飛び込んでいくような思いにさせかねません。衝突することは稀ですが、操縦は安定せず、恐怖を誘います。

シングル女性はたいてい、金銭的な問題を抱えたことがあるか、現在抱えているか、将来抱えるのではないかと恐れているかです。孤独と貧困の脅威は、不安感を生み、十分なお金があるかどうかという実際問題をはるかに越えて続く脆弱感を生み出します。メーガンも言っているように、「生活に必要なものを買うお金が十分にないという問題だけではありません。それに伴う危うさを感じることが問題です」。十分な収入があり、堅実な仕事にも就き、数百万ドルというビジネスを展開している例もあるようなシングル女性であっても、金銭的な脆さに脅えることがあります。こうした女性の不安はあまり現実の状況や経験に基づくものではありませんが、女性であるが故に金銭管理ができないのではないかと心配し続け、災難が起きたときに頼れる男性がいないので、貧乏になるのではないかと恐れているのです。エイプリルは、高学歴で高所得者ですが、多くの女性を代弁して次のように言っています。「私は自分でお金を稼いでいかなければならないとは夢にも思っていませんでした。ですから、お金のことはいつになっても問題です」。

ジーンは、『誰でもホームレスになる』と題する記事を読んだことを話してくれました。その記事には「シングル女性はどんなに金銭的に豊かであっても、やがてはホームレスになりさがり、地下鉄の駅で独り言を言いながらさまよう身になるのではないかとつねに恐れている」と書かれていて、彼女はハッとしたというのです。経済的に安定している女性の驚くほど多くが、こうした恐れを、しばしばホームレスのイメージを使って、口にしています。ネルも、6桁単位の所得があるにもかかわらず、見当はずれと思えるような、貧しさを恐れる話をしました。

> 離婚してから何年ものあいだ、私はお金を使うことを極度に恐れていました。夫が去ってから2年後のことだと記憶していますが、ある日、市場の通路をショッピングカートを押していたときのことでした。レタスを買いたいと思ったのですが、1個1ドルもしたので、それを買うのが怖くなってしまいました。「いったいどうしたというの？　立派な仕事をもっているし、サラリーもよい。レタス1個を買うのが怖いなんて、私としたことがどうしたのかしら？」と思いました。

なぜ女性は金銭の管理能力に自信がもてず、安定した将来の備えができないのでしょうか？　結局、ジェーン・ブライアント・クインがテレビ番組の「声を上げる女性」で指摘したように、金銭管理が苦手な男性も女性と同じくらいいるのです。女性が苦闘するのは、すでに述べたように、自活するという観点から考えるように仕向けられてこなかったからです。それに加えて、金銭的な「領域」は、いまなお女性に不利にはたらいています。同じ仕事をしても男性より収入が少なく、慢性的に、安定性の乏しい、低い地位にしか雇ってもらえません。おまけに、同じ製品やサービスに対して、男性よりも多くの支払いをしなければならない場合があります。『なぜ女性のほうが多額の支払いをするのか？』という本の中で、作者のフランシス・セラ・ホイッテルシーは、新車を買うとき、白人女性は白人男性よりも150ドル多く、黒人女性は800ドルも多く支払っていると、述べています。男性と比べて、女性は同じクリーニング・サービスや衣料品についても、男性より多額の支払いを求められると、彼女は主張しています。

インタヴューに応じた女性のなかに、現在非常に貧しい生活を余儀なくされている人が数人いましたが、過去には大多数がそうでした。若くして結婚し、ひとりで子どもを育て、高い教育を受ける機会をもてなかった女性は、限られた所得でやりくりに苦心したようです。多くの離婚女性が、離婚前に比べて苦しい生活に追いやられるという、広く知られた運命を経験しました。そうした女性たちは、別れた当座は、子どもたちの次の食事をどう準備するかもわからなかった日々があったことを、赤裸々に語ってくれました。サンディが鵜の目鷹の目で安い食料品店を漁っていたこと、グレンダが食事を1日おきに制限していたことを思い出してください。ジュリアは、現在は相当な給料をもらっていますが、同じような苦境にあったころを次のように回想しています。

離婚した当座は、とても貧乏でした。大学は中退でしたし、その時点では仕事もありませんでした。しじゅうお金のことを心配しているのは、とても辛いことでした。子どもたちの靴を買ってやれるかしら、光熱費を払えるかしらと、心配の種が尽きませんでした。

苦闘するシングルマザーが中年に達し、子どもが独立するころになると、ひとりで子どもを養う苦労から解放されてほっとします。老後のための貯金をするゆとりもでき、大人になってから初めて、自分の贅沢品にも少々のお金を使えるようになります。しかし、ようやく手にした低賃金の仕事に留まっていなければならなかった女性にとっては、子どもの衣料品や学資をまかなうことが先で、老後の貯金を考えることはまだ先の遠い夢のように思えます。たとえば、エマの場合、高卒の学歴しかなく、子どもが帰る時刻までに帰宅していなければならないので、学校の事務員として働いていました。笑みを浮かべながら、彼女は言いました。「退職後のことなど考えられません。たぶん、どんな思いをしてでも手にした仕事で働けるだけ働くつもりですから。きっと私は仕事の最中に死ぬのではないでしょうか」

経済的な不安定は、シングルマザーに限られた経験ではありません。メーガンは20代や30代のころは、いずれ夫となる男性が見つかるだろうと思っていたので、貯金をする必要性など考えたこともありませんでした。「正直な話、私はいつの日か結婚して、その人が生活費を払ってくれると思っていました。自活するようには育てられていませんでしたから」。ジェシーは、まさしく不安がいっぱいな自分の経済状態について、真剣に考え始めたところです。

家賃を払うことも、食べものを買うこともできない時期がありました。これは異例のことではありません。いつか路頭に迷うのではないでしょうか？　ずっとその日暮らしをしてきましたし、いまだに、たいていそんな感じです。今年も、税金を払うことができませんでした。ですから、いまだに続くチャレンジです。

女性がひとり暮らしを楽しむのに、それほどの大金が必要ではないことはわかりましたが、経済的におぼつかない気持を抱えて、シングルに幸せを感じることは難しいのです。ひとり暮らしの女性の多くは、ある程度の経済的な安定が欠かせない条件であることを認めています。その理由を、アリータはこう説明しています。「生活の質は、自分が望むことを自由にできるだけのお金があるかどうかに、かかっていますから」。オードリーも、経済的な能力があってこそ、本当に自立したと思えることを強調しています。「これまでの長い年月に、進んで再婚したシングル女性を何人か知っていますが、それは夢を叶える男性と出会ったからではなく、経済的な不安のためでした」。ジーンも同じような意見を述べています。「女性が経済的な安定を自ら生み出せれば、それだけ合理的かつ情報にもとづく選択をすることができます」。こうした女性たちはいずれも、エリザベス・キャディ・スタントンが以前に述べた「女性は自分の財布を握れるまでは、依存状態に置かれる」という言葉を実感したのです。

現実の、あるいは想像上の経済的な困難からもたらされる脆弱な状態は、克服できないわけではありません。エマのように、子どもたちの目前の要求を満たすために長期的な目標を犠牲にしなければならなかった女性の場合、早くから貯金を始めた女性のようなわけにはいきませんが。相当の収入を得られる能力のある女性は、ひとたび金銭問題を第一と決めれば、能力と自信をもって金銭問題を処理する術を学び取ることができます。女性が経済的に不安定で、安定を築く能力に欠ける理由のひとつは、この問題に注意を傾けたくなかった――つまり、女性自身の抵抗――という単純な事実です。毎月家計簿の帳尻を合わせ、クレジット・カードでの買い物のあとをたどるには、大した技能は必要なくとも、時間と忍耐を必要とします。一方、投資オプションについて勉強するには時間とエネルギーのみならず、未知の空を飛ぶ不安に立ち向かう熱意も必要です。

ちょっとした決意――ほかならぬ女ホームレスになることへの恐れから生まれる――をすれば、経済的な安定は達成可能です。車のトラブル処理や家の修理法を身につけるのと同じように、女性であっても、金銭問題を優先課題としてやりくりの方法を身につけることができるのです。たとえば、メーガンは、30代半ばで経済的な安定が必要なことをにわかに悟り、そのための結婚を待っているわけにはいかないと思いました。「こんなその日暮らしの生活を永久に続けるわけにはいかない――こんな暮らしはもういや」と自戒して、彼女は確かな収入が得られる高等職業を手にする決意をしました。以来、相当の収入を得られるキャリアを築いてきました。住宅の購入や退職後に備えた貯金をするまでには至っていませんが、ようやく正しい方向へ向かっていると思っています。

多くの女性が、金銭問題について実際に考え始めれば、それまで思っていたほど難しい問題ではなかったと言っています。ルースも、金銭管理について勉強しようと決意したら、ひとりでもうまくやれることに気づいたといいます。「いくつか健全な投資をしましたし、お金のことばかり考えるならば、それに専念して大金を稼ぐこともできると思います」と、楽しそうに報告しています。ショウナも、初めてじっくり座って自分の税務計算をしてみた結果、ビジネスについて修士の学歴を取らなくても、きちんとできることがわかって我ながら驚いたと、言っています。コンピュータ・プログラマーとして、収入がそれほど多いわけではありませんが、彼女は自分の金銭処理を上手にこなし、その方法を身につけたことを喜んでいます。ジュリアは、長年、夫が月々の支払いを記帳する複雑な表やグラフを作成するのを見ていたので、自分では簡単な家計の予算を立てることさえできないと思っていました。

ひとり暮らしになったとき、災難がふりかかると心配しました。差し押えられるかもしれない、と。しかし、やってみると金銭の管理は簡単でした。簡単なルールがあります。稼いだ額を全部使うな、ということです。自分で上手にお金のやりくりができることがわかって、驚きました。

これまでに、ジュリアは自分の家と投資用の貸家を2軒買い、子どもたちが大学を卒業したいま、退職後の資金をかなり貯めています。

女性が、自分で金銭管理の方法を学ぶのが難しい場合、社会的ネットワークに支援を求めることができます。スーザンは金銭問題については夫を頼りにし、夫が金銭問題についての知識を備えているに違いないと思っていました。離婚後しばらくして、彼女はそれまで退職後に備えた投資機会を与えてくれていた大企業で働くのを止めたため、安全な貯金方法がわからず、途方にくれていました。投資について相談できる相手もいません。最初は、株式と債券の違いといった基本的なことを尋ねるのも憚られましたが、聞くは一時の恥と考え直して、友人のだれかれを問わずに貯蓄の方法について質問攻めにしました。やがて実際に投資コンサルタントをしている友人を見つけて、相談に乗ってもらえるようになりました。こうしてスーザンは、投資のベテランというには程遠いものの、さまざまな投資形態について基本的な知識を身につけました。スーザンと同じように、エレーネもお金のやりくりに困っていましたが、金融管理の仕事をしているネットワーク仲間にアドバイスを求め、そこから得たアドバイスや情報をもとに、退職金積立てプランを真剣に考えるようになりました。ヴァレリーも、離婚したとき、シングル女性のネットワークにアドバイスを求めて、金融プランナーを見つけることができました。以来、毎年、貯金を増やしていき、いつでも自活できる備えができたと自信を深めています。

このように知識を授けてくれる友人がいない場合、資格をもつ人の助けを借りることができます。グレイスは、金銭管理がうまくできないことを認めていますが、それでも車も家も、数件の貸家ももつ身となり、かなりの退職年金を蓄積しています。どのような方法で成功したのでしょうか？　会計士と金融アドバイザーを雇い、その2人のおかげで知識の不足を補い、安定した将来を築くことができた、ということです。

しかし、インタヴューに応じた女性の全員がネットワークに頼り、あるいは試行錯誤の末に、金銭管理の術を習い覚えたわけではありません。若いころにそれを身につけたという女性もわずかにいます。オードリーは、女性も知恵と能力をはたらかせれば金銭の管理が完璧にできることを、大叔母のジェーンから教えてもらったという、恵まれた例のひとりでした。ジェーンはオードリーの父方の祖父母の家の隣に住んでおり、毎週日曜日、オードリーが家族と一緒に祖父母の家を訪れるたびに、ジェーンは居間のテーブルのそばに座って、株式相場を眼鏡越しに見ていました。ジェーンは賢い投資をして、豊かな財をなし、彼女の時代の女性にしてはとりわけ賞賛に値する成果をあげていた人でした。オードリーも、賢明な投資法をジェーンから教わっていました。今日、オードリーはそれほど給料がよいとは言えないながら、好きな仕事に就いて、旅行や靴のひそかな収集に熱をあげています。また幸運にも、伯母や両親からの遺産も受け継いでいます。多くのシングル女性と違って、彼女は、苦しい時代もありましたが、「経済的な凋落は自分には無縁だとわかっていて安心していた」と話しています。

## 有能になる

ひとりで飛行するにはさまざまなチャレンジが伴いますが、それをマスターするのは簡単だという女性は、もちろんいません。しかし、それが可能であることは間違いなく、シングルライフの送り方を身につければ、大きな報いが得られることを女性たちは述べています。たとえば、マリーは、夫が教え子と駆け落ちしてしまい、ひとりになって初めて直面したチャレンジを克服した喜びを忘れることができません。あるとき家にネズミが出て、専門の駆除業者を呼ぶだけのゆとりがなく、恐ろしさをこらえて彼女は自分で罠を仕掛けました。最初の1匹が捕まったとき、罠から出す勇気がありませんでしたが、結局、台所で死骸が腐り始めたため、歯を食いしばって取り出しました。そんなことは大した成果でないと言う人がいるかもしれませんが、マリーにとっては、フランス革命とアメリカの独立記念日が一緒にきたような感じでした。夫なしでは生きていけないのではないかという不安に立ち向かう第一歩を踏み出せたと、彼女は思いました。人生で初めて、彼女は「私には何でもできるような気がする！」と、叫びました。

シングルライフでは、どうしてもやりたくないことに遭遇しますが、ひとたびそれをやってみると（どんなことであれ）、誇りを感じ、それをこなせる能力と強さがあることに気づく女性が多いのです。車のオイル交換、水漏れする蛇口の修理といった、ささいなことやありふれたことをやりこなせることは、深い内面で変化が起きたことの象徴となります。小さな課題をこなすことは、もはや人生の問題すべてをこなしてくれる男性を待つ必要はないことを如実に思い起こさせてくれます。こうした小さな成功の積み重ねは、その女性にも単独飛行ができることを証明し、多くの場合、すでに巧みな操縦をしていることを実感させる力となります。

# 第19章　2人用のテーブルにひとり――シングル女性の個人的なチャレンジ

私のことを寂しいのではないかと思っているのでしょう――
お答えしましょう。もちろん、寂しいです。
飛行機はこの1機だけ、無線を頼りに、目指すは
ロッキーの山並みを越え、
青々と伸びる滑走路、
海原の上の飛行場なのだから。

エイドリエン・リッチ『岩礁へダイヴィング』からの「歌」

女性がひとりで生活していくとき直面するチャレンジは、実際的な問題ばかりではありません。公衆の中でひとりでも居心地よく過ごせること、性的な欲求を処理する方法を見つけること、孤独な時間をうまく過ごすことも、できなければなりません。インタヴューに応じた女性たちは、こうした社会的、心理的なチャレンジに対処できなければ、ひとり暮らしを幸せと感じることはできないことを知りました。幸いなことに、こうしたチャレンジをマスターすることは可能であり、予想していたより簡単にできる場合もあ

ることがわかりました。彼女たちの経験が示すように、女性はひとりでものごとをこなしていく術を身につけることもでき、孤独の問題は小さな問題である場合が多く、セックスの問題に完全な解決策はないとしても、性欲は不十分ながら対処する方法を見出せるものです。

## ルイ王朝風のアンティークに混じるイームスの椅子

世の中は、まるで大洪水に再び襲われ、我々全員がいつでも箱舟に乗らなくてはならないかのように、夫婦という観念を中心に組立てられているかのようです。長年シングルの身でいる人は、自分がペアの一員でないという現実、すなわち公衆の中に「同行ひとり」で出て行くという現実に対処できなければなりません。公式の晩餐会のようにエスコートを伴ってくると期待される場や、博物館に行くというような連れがいるほうが楽しい場合にも、シングルであることがとりわけ問題になる場合があります。この問題を男性よりも女性のほうが鋭く感じるのは、2人用のテーブルにひとりというのが女性の場合、社会的に受け入れられにくいためであり、しかも女性のほうが心理的に居心地の悪さを強く感じる場合が多いからでもあります。それ以外の面では、ひとり暮らしに満足している女性のなかにも、公衆の中にひとりでいることが他人の目にどう映るか気にする人がいます。

女性が思い切ってひとりで出かけていったとき、どのように扱われるかと心配するのも、無理からぬ理由があります。文化変動の先端で生きるときに問題となるのは、シングル女性が受け入れられる行為や場の普遍的なリストがないことです。ひとり身の女性は相手を探し求めていると一般に思われているために、同伴者のいない女性がどこかへ行ったり、何かをしたりすると厄介が生じることがあります。男性はいいカモが来たと思い、女性は自分の恋人が狙われていると思うのです。その女性が上手に相手を遠ざける達人になっていても、公衆の中にひとりでいる、そのことが憶測や疑いのタネになる場合があります。

2人用のテーブルにひとりという難題を克服するために、自分のまわりに小さな囲いをつくり、やさしく迎えてくれるとわかっている場にしか行かないという女性もいます。たとえば、マリーの場合、知人に会いに行くのは楽しくても、ひとりで見知らぬところへ行くことは避けています。市内では、その限界がわかっています。音楽会へひとりで行くのに問題はありませんが、ひとりで外食する気にはなれません。「誰かに約束をすっぽかされたような気がするし、ほかの人もそう思っているのではないかと気になります」と、彼女は理由を説明しました。これに対して、ジュリアは、ひとりで夕食を食べに行くのも、映画に行くのも意に介しませんが、公式の舞踏会や晩餐会のようにペアが揃うビジネス関連のお付き合いでは、とりわけ居心地が悪いと言っています。不本意ながら、シングル女性であっても、こうした行事を避けることができません。職場での成功がこの種の行事に参加することで影響を受けるからです。このような場合、ほかの人たちがシングル女性の扱い方をわきまえていないと、居心地の悪さは一層つのります。まるでルイ王朝風のアンティークばかりの部屋に、イームスの椅子があるような居心地の悪さをいやでも感じてしまいます。ジュリアは、ほかの女性よりもこうした状況を乗り切る術を身につけていますが、多くの職場につきもののシングル女性にとっての難しさについて次のように語りました。

仕事のうえで、クライアントを食事に誘い出すとき、私の連れがいないことはハンディキャップです。つまり、そのクライアントの夫人がいつも不愉快な気分になるということです。たぶんその女性が「いつも私の夫と一緒にいるこのシングル女性はいったい誰なのかしら?」と不審を抱いていることが、こちらにわかるのです。その男性にしても、妻と別の女性がいるのに男性は自分ひとりですから、何となく居心地の悪さを感じるでしょう。会社のパーティ、行事の点でも難しいのです。私はある部門の役員ですから、しばしばパーティがあります。私以外の人たちはみんなカップルです。でも、私はもう意に介しません。知っているというだけの男性と一緒に行くくらいなら、ひとりで行くほうがましです。そうは言っても、みんなは私をどう扱えばよいのかわからないようです。シングル女性にとって居心地のよいお付き合いの場はそんなに多くはありません。

シングル女性は、ただ場違いだというよりも、疑いの目で見られるのがずっと辛いと言っています。自分が紹介されたとき、会社の同僚の夫人たちに不信の眼差しがよぎるのを見たことが何度かあります。妻がやきもちをやくのを恐れて、社交の場に誘ってもらえなかったという経験をした人もいます。会社ではまずまず優しい態度を見せてくれる男性が、自分たちの不躾さ、残酷さをほとんど自覚することなく、不意に避けることもあります。スーザンの友人のひとりは、40歳で結婚したことについて、次のように話したそうです。「結婚したらすべてが変わったわ。社内の全員の私を見る目がいままでと違うの。デーヴと結婚してから初めて、私は——というより、私たちは——何年も一緒に仕事をしてきた同僚に招いてもらえるようになりました」

ひとりで何かをするには、カップルが当然と思われている場で違和感にとらわれない能力が必要です。そうした面で若いときから免疫を獲得している人もいます。そのような人たちは、例外的なほどに毅然として身を律することができるか、あるいは自分が他人の目にどう映ろうと意に介さないという女性です。進んでシングルの身を選び、それについて身構える必要もない女性です。そうしたひとり、ペギーは、シングル女性に関するマイナスのステレオタイプをあっさりと打ち消しています。「そういうステレオタイプについては気にしません。自分がやりたいことをたくさんやってきました。私のことを知っている人は、私が結婚したいと思えば当然結婚する人間だとわかっています」。カレンは、オーストラリアの奥地へひとりでトレッキングに行くほどの女性で、この問題を歯牙にもかけませんでした。「ひとりで十分楽しんでいます。ひとりで部屋に入っていくのも平気ですし、エスコートなどいりません」。

たいていのシングル女性は、カレンのようにあっさり片付けられるわけではありません。まずは、シングルであるがために様々な経験を逃すようなことはしたくないと決意することで、思い切って出ていけるようになります。自分の家や地域、守ってくれる友人の小さな輪の中に閉じこもることを厭い、小さな一歩を踏み出すことによって、単独飛行のチャレンジを乗り越える術を身につけていきます。ペギーやカレンにしても、自信にあふれていますが、初めてひとりで晩餐会に出かけたり、旅行に出かけたりするには勇気がいることを認めるでしょう。カレンにしても、初めてひとり旅をしたときの行く先はヨーロッパの文明都市、それから何年かしてオーストラリアの奥地への冒険の旅に出たのです。思い切ってやってみれば、ひとり旅も案外簡単にできて楽しかったと、女性たちは口を揃えて言いました。たとえば、ほかの旅行者が仲間に入れてくれたとか、宿泊先で気持ちよく歓迎されて、地元の魅力を紹介され、行事への参加を呼びかけてくれたと話す女性もいました。結果的に、ひとり旅のときは、却って大勢の人と出会えたり、地元の文化に触れる機会が多かったりしたようです。

幸いにも、ひとりでものごとに快適に対処していくのは、時が解決してくれるという、中年のシングル女性ならではのチャレンジです。女性は中年になると、男性をハントしているとか、連れ添ってくれる相手のいない可哀想な人と見られるのを恐れてではなく、自分の願望をもとに社会生活に関する決定ができるようになります。他人の反応に煩わされる必要はないという気構えができるのです。

## セックス——問題になる人もいれば、そうでない人も

ベティ・デーヴィスはかつてこんなことを言いました。「性行為は、喜びを与えてくれるものでしょうが、人間性についての神のジョークです」。おそらく彼女は、その悦楽に固有の、明らかに品位を欠く身体のねじれのことを言ったのでしょうが、もしかするとシングル女性がこの基本的な人間の欲望を満足させるために味わっている、社会的、心理的なねじれのことを言っているのかもしれません。性的満足と身体的な愛の絡みあった要求をコントロールする方法を見つけるのは、男女いずれもの独身者が直面するチャレンジです。

インタヴューに応じた女性たちの、性に対する態度や性行為は、移り変わる生活環境に適応していく方法がいかに多様であるかを示す証でもありました。ミケーレが説明したように、「セックスのないシング

ルの生活を楽しみ、満足している女性もいますが、この問題は、個々の女性によって違いがあります」。セックスと親密な身体的な愛情表現を強く求め、若い自分が積極的な性行動をあきらめる意志はないという女性も、もちろんいます。歌手のリーナ・ホーンのように、「セックスは墓場に行くまで終わらない」という人もいます。ペギーは、離婚してから初めて、こうしたことについてはっきり口に出せるようになったと指摘しました。元の夫以外の男性とのセックスがすばらしいとわかって、彼女は驚き、喜びを感じました。

私は、セックスが好きなのだと発見しました。夫以外にパートナーがいなかったら、セックスはいやなものだと思いながら墓場に行ったことでしょう。そんなことにならなくて、本当によかった！

全体的に、性生活をもてないことを嘆く声が女性たちからほとんど聞こえなかったのは意外でした。彼女たちがどんな欲求を感じているかは別として、性的関係をもたない女性は自身の性欲の問題に取り組む3つの方法を見出しています。同じ人でも、時によって異なり、どれか1つと分けられない場合が多いのですが、ここでの考察のために3種類に分けてみました。性感の減退を伴う禁欲を受け入れる、ゆきずりのセックス、昇華ないしは代用。こうした解決策でうまく克服しているという女性もいれば、性欲を処理する方法をいまなお求めている女性もいます。

## 禁欲とセックスとピーナッツの問題

セックスは、すべての女性にとって、満ちたりた人生には不可欠のものというわけではありません。セックスを楽しみ、心地よい性的関係が生活を豊かにする面があることを認めるとしても、インタヴューに応じた女性の多くは、人生における満足感と活発な性経験とを分けて考えています。グレンダはこう言いました。「幸せと活発な性生活をしていることとは何の関係もないと思います。性的には活発でも、それによってこの上なく惨めになることもあります」。こうした女性は、セックスが途絶えていると反動が来るというような強い性的要求は経験していません。愛人との7年間の関係にセックスが重要な役割を果たしていたというパミーラも、セックスそれ自体が生活の中心となったことはないと、言っています。「セックスは大事にしていますが、すべてに優先するわけではありません――たとえ男性とつきあっているときでも。すばらしいものだとは思いますが、それが私の原動力になったことはありません」

意志によろうと、そうでなかろうと、しばしの禁欲のあとでは、リビドーが冬眠状態になるようだと、多くの女性が語っています。自慰の欲望さえ滅多に起きないと言う人もいました。男性と関係を結んでいて、恋人が不在のときに、性行為を求めたいと思わないのと同じことだというのです。ジーンはセックスに対する姿勢をよく知られたピーナッツ現象にたとえています。「ピーナッツを1粒食べると、やめられなくなって、1袋全部食べたくなります。私にとって、セックスもあれと同じです。でも、禁欲していると、リビドーがどこかへ消えてしまうのか、つきまとうわけではありません」。エルシーも、セックスのない生活に問題はないと言っています。性的な要求があること、そうした欲望が大切なことは否定しませんでしたが、それに苦しむことはないというのです。ひとたびセックスのない生活を受け入れれば、先へ進めるとして、次のように言いました。

性的な欲求や衝動はありますが、自分の仕事をやるだけです。なぜなら、いまは事情が変わりましたから、それを受け入れています。

ヒラリーも、セックスのない生活を徐々に受け入れて、時が経つにつれて気にならなくなっています。

セックスのない時期をある程度ずつ乗り越えるたびに、大丈夫だと思えるようになります。これも新しい成長の経験ですし、「私にもできる」と思えるようになります。たぶん、セックスなしでも大丈夫でしょう。セックスがなくても、楽しい生活を送っている自分が想像できます。

クレアは、溌剌としたエネルギッシュな女性ですが、結婚経験はなく、宗教的な信条が婚外セックスを禁じているので、これまで性的関係をもったことがないと言っていました。他人は大きな損失と見なすかもしれないことに落ち込むどころか、彼女はプラス志向をとっています。

たぶん私は、セックスに関心がないのではないですか、よくわかりませんけれど。そんなこと問題になったことありません。もしかすると私は処女という絶滅品種の最後のひとりかもしれないと、笑っています。いまでは、禁欲などという言葉も滅多に聞きませんから。冗談ですが、とにかく私にとっては全然、問題ではありません。

## ゆきずりのセックス――ひとにぎりのピーナッツ

セックスのない生活をすべての女性が平静に受容できるわけではありません。性的な欲望が強く、無視できないという女性もいます。そうした女性にとっては、生活の満足感と性的衝動が密接にかかわりあっています。シングルでいることはセックスを排除しなければならないということだとすれば、シングルの生活に喜びを見出せなくなります。こうした女性はセックスに対して伝統的に「男性的な」姿勢をとることが多いのです。つまり、感情的なかかわりなしにセックスを求めたがる傾向があります。たとえ一時のことであっても、肉体と肉体との接触を感じたいのです。「そんなに長く禁欲を続けられません」とはっきり口にしたエレーナと同じ意見の持ち主です。こうした女性は愛やロマンスの問題と性欲とを別に考えようとしますから、結果はさまざまです。したがって、ゆきずりのセックスが受け入れられる解決策となりますが、さればと言って、ゆきずりのままに留めておくのは難しくなりかねません。

メーガンにとっては、セックスもシングルライフも大切で、これまでに「私の性的衝動は男性と同じものに変わり、ただ肉体的な接触を求めたくなります」と言っています。エリカは、シングル女性としての欲求を満たすにはゆきずりのセックスが1つの選択肢だと思っていますが、この方法にはまずい点があって不満だ、と言っています。それは関心ないと思っていたパートナーであっても、知らず知らずのうちに離れ難い感情に巻き込まれてしまうこと、社会が一般的に女性のゆきずりのセックスを受け入れないことです。しかし、彼女には、生活の重要な部分であるセックスを排除する意志はありません。完全な解決策は見出していませんが、シングルで幸せでありたいと思うなら、性的な欲求やエネルギーを処理する方法を見つける必要があると自覚しています。

このまま独身を通すつもりなら、周囲の人を傷つけず、しかもその人との結びつきを求めずにすむような方法で、セックスを組み入れる方法を考える必要があるでしょう。私にとって、性行為は「私を愛していないなら、体はあげない」といった清純な出会いではありません。男性と性交渉をもったあと、道義的にも、肉体的にも、感情的にも、あとくされがないような方法があればよいのにと思います。きっと誰かが何かいい方法を思いついてくれるのではないでしょうか！

エリカは男性との気まぐれな関係、性的な快楽を味わい、性欲の発散を第一とする関係をもちたいと夢見ています。あとを引くことなく、その後の生活にからんでくることのない、一種の男性との「快楽の儀式」といったものを想像しています。といっても、そのような関係ができる幸運に恵まれたことはほとんどありませんでした。

セックスが友情を傷つける例をいやというほど知っています。たとえ自分も望んでいたし、相手からも求められたことだったとしても、「その」あとの処理がとても難しいからです。性的な衝動を何らかの形で発散させたかっただけなのですが。

ハンナも、関係のしがらみや約束に汚されない、ゆきずりのセックスの快楽を好んでいます。彼女は性的な関係は、ほんの一時の、義務を伴わない形がよいと思っています。実際に、彼女の場合、前もってパートナーに多くを要求させない境界が引ければ、性的な出会いはとてもうまくいきます。彼女は純粋にリクリエーション的なセックスと、70年代の気楽な関係がなくなったことに憤慨しています。単純な性的関係が好ましいと思っていますが、エリカと同じように、障害があることも承知しています。

残念ながら、感情的に巻き込まれずに性的な関係をもつことは簡単にはできません。セックスのためのセックスは悦楽も大きいです。神秘的な結合などというセックスはつくりものです。そういうことは起こりえないものだとか、深いレベルでの結合の隠喩ではないと言うわけではありません。しかし、いつもそうした期待をもってセックスに向き合っていたら、気が変になります。

残念ながら、ハンナにとってあっさりしたさよならはありません。彼女は、最近では、男と寝ると、かならず翌日に空港から車で拾ってほしいといったようなことを頼まれる――まるで、男と寝たらいやでも彼を喜ばせる義務が生じるようになると、こぼしていました。そして友人、といっても本当に親しいわけではない友人の男性とセックスするのがいちばんよいと言い、本当に親しい友人関係を性的な面で面倒なことにさせてはいけないことに気づいたと、付け加えました。これまでの経緯を見ると、彼女のお気に入りの性的な出会いは、旅行中のものや、別の女性と住んでいるか結婚している男性とのもののようです。現在、ハンナはエイズを恐れて、ゆきずりのセックスに慎重にならざるをえなくなっています。肉体的な快楽の代わりになるものを探り、かなりの経済的成功で少なからず欲求を満たされています。ヨガの個人教師とマッサージ師についているので、そういう契約と同じように、性的な喜びを得られる契約ができたらよいと夢想しています。そうすれば、尊重すべき身許証明をもつ相手を見つけて、高額を支払ってもよいと言いました。罪悪感も覚えず、面倒もない、と。

カーラは、このようにビジネスライクにセックスの契約をしたいというハンナの言葉に眉をひそめるかもしれませんが、ゆきずりのセックスの快楽と面倒のなさがよいと思っています。彼女は遠く離れて住む男性と関係をもっていて、1年に数回の逢瀬を楽しんでいます。そのときはセックスライフを存分に楽しみますが、それ以外のときはお互いに何も期待していません。彼女にはこのやり方がうまくいっています。

3か月か4か月に一度会える友人がいます。彼は特別の要求をしないのでこの関係を気に入っています。しかも、その逢瀬で十分です。つまり、性的に満たされず、相手を探し回るという必要はないのです。その分のエネルギーを別のことに費やしているのでしょう。

## 昇華――「カラスがねぐらに帰るまで泳ぐ」

インタヴューに応じた女性の多くは、メーガンやエリカやハンナやカーラのように強い性的な欲求を経験していますが、かといって、ゆきずりのセックスは好ましいと思っていません。愛し合う関係でのセックスでなければ満足できないと、主張しています。このような女性にとって、性的な交わりは、愛や感情を伴った関係と切り離すことができません。若いころにはゆきずりのセックスを経験したかもしれませんが、いまではそれにあまり魅力を感じていません。エリーナが言ったように、「若いときにはもっと衝動的に行動していましたが、一夫一妻の関係がよいと思っています」。ヒラリーは、インタヴューに応じた女性のなかでは若いほうですが、セックスのない生活は受け入れたくないと言いました。しかし、ゆきずりのセックスでは解決策にならないこともわかってきたといいます。

セックス――あるいはそれがないこと――は、シングルライフの簡単な一面ではありません。正直に言えば、いままさに私はそのことを心配しています。エイズやそのほかいろいろ耳にすることがとても気になります。年を重ねるにつれて、賢くなれたのか確信できませんが、セックスのためだけにセックスをすることは、いまでは、よいことと思いません。もっと感情が必要だと思います。全然好きでもない人とセックスをすると、自分が否定されたように感じます。少しも楽しめないし、早く彼が出ていってくれればよいと思ってしまいます。

ゆきずりのセックスの不満足な体験が必ずしも彼女たちを挫かせないとしても、エイズの恐怖が女性たちを躊躇させていることは明らかです。ヘレンも、ヒラリーと同じような感情と懸念を口にしました。

誰とでもセックスをするのはいやです。以前はそういうこともありましたが、もう興味ありません。第一、危険でもあるし、第二に楽しめないからです。

リディアの言葉は、インタヴューに応じた女性の多くの気持ちを代弁しています。

私はセックスよりも友だちが欲しいのです。セックスも大切ですが、人との関係で求めるのは友情です。セックス第一の関係を少し続けたことがありますが、みんないなくなってしまいました。すばらしい友人関係を築き、そのために、セックスを楽しめたこともありました。

完全な解決策を見出したという女性はほとんどいませんでしたが、欲求のいくらかでも満足させ、冷静に受け入れるでもなく、ゆきずりのセックスにも頼らない方法で発散させる別の方法を見つけようとしています。たとえば、アリータの場合、結婚生活に戻りたいという気持ちは毛頭ありませんが、結婚生活の一部であるセックスや肉体的な接触を懐かしむことはしばしばあります。彼女にとって、セックスや肉体的な接触のないことは、シングルライフの最も不都合な点だと思えます。この難題をうまくこなす方法を探って、自慰によってある程度欲求を満たせることに気づきましたが、やはり肉体の触れ合いが欲しいと思い続けています。このように感じているのはアリータだけではありません。性生活よりも、抱いて欲しい、愛撫して欲しいと思う気持ちが強いと説く女性が多いようです。アリータはそういう欲求をいくらかでも満たすために、マッサージや親友との抱擁など、セックスによらずに肉体を接触する方法を見出しています。

性的な欲求のエネルギーを仕事に打ち込むことで解消し、昇華する方法を見出した女性もいます。ジョシーとリディアは、男性との関係をもたないとき、仕事に打ち込むことで性的な感情を発散させていると、話していました。野心のあるシングル女性にとっては、副次的な効果のある共通の解決策です。ジョシーは次のように語っています。

> 男性と本気で関係をもたないかぎり、セックスをしたいとは思いません。つまり、ゆきずりのセックスは望まないということです。また、知的な生活を送ることでそういう欲求を昇華させているのだと思います。私はほかの女性ほどそうした欲求はもっていません。誰かと関係をもったときだけ、そういうことを考え始めますけれど。でも、仕事で発散させていますから、かまいません。

リディアは、性的な欲求を強く感じていて、それを発散させるはけ口が必要だと認めています。仕事に没頭し、身体を動かすことで、発散させ昇華させています。「ランニングやハイキング、エアロビックス

――それがはけ口です。夏には、戸外で水泳をします。カラスがねぐらに帰るまで泳ぎます！」リディアはほかのことで落ち込んだとき、とりわけセックスのない寂しさに負けそうになる、といいます。

自分が哀れに思えたり、疲れたり、屋根の塗り替えをどうすればよいか考えたり、誰かに来てもらって、それを何とかして欲しいと思ったりしたとき、セックスのない寂しさに襲われます。もう何もしたくない、ただ抱いて欲しいという衝動にかられます。

そうした欲求が強いとき、身体を動かし、仕事をするという発散方法ではそれほど救いになりません。「仕事はある程度の達成感を与えてくれるし、幸せな気持ちになれますが、抱いて欲しいと思うとき、まさか法律雑誌をベッドにもちこむわけにはいきません」と、彼女は正直に認めています。リディアは性的な接触がない寂しさを強く感じていますが、年を経るうちに、ほかのシングル女性と同じように、そんな気持ちになる瞬間がしだいに少なくなり、すぐに回復できるようになりました。

## 寂しさの変容

シングルライフについての最も恐ろしい神話――真っ暗な夜に女性につきまとうもの――は、シングルの身は必ず寂しいということです。寂しさの脅威は、絶望の影を大きく投げかけ、数え切れないほどの女性を慌しく結婚へと促し、行き詰まった関係に閉じ込め続けてきました。寂しさという観念がシングルの生活としっかりと結びついているので、この相関関係に疑問を抱く人さえほとんどいません。押しつぶされそうな寂しさ、それだけで、どんな犠牲を払ってでも独身を避けたがる気持ちに駆り立てます。「男女を問わず大勢の人が独身でないのは、孤独が恐いというだけの理由からだと思います。ひとりでどう暮らすかということさえ、知らないのです」と、ある女性は説明しています。

インタヴューに応じた女性は、寂しさをそれほど恐れてはいないように思えました。シングルライフにセックスをどう取り入れるかというチャレンジを満足のいく方法で解決しようと努めながら、その一方で、寂しさを乗り切る努力をしてきたようです。寂しさは、心配していたほど深刻な問題ではなかったというのです。「強制的な解放」をさせられた人――ひとりになりたいと思ったことなどけっしてない人――も、寂しさの問題を嘆いてはいませんでした。それどころか、幸せに欠かせないとされている結婚生活をしていても、満足できず、寂しいときがあったと語った人もいました。リヴ・ウルマンは、「目が覚めてひとりの身を寂しいと感じるよりも、誰かが傍にいるときに目覚めて感じる寂しさのほうが辛い」と、述べています。

意外だったのは、インタヴューに応じた女性にとって寂しさはそれほど苦にならず、話題にさえしない人もいたことでした。寂しさは満足感を脅かすものでないと、極めてあっさりと切り捨てる姿勢が印象に残りました。アンジェラとの次のようなやりとりを考えてください。

「寂しいと思うときがありましたか?」

「静かに笑いながら」きのうの午後、4時ごろ、寂しいと思いました。ふいに寂しいと思ったのは、ここ何か月かぶりのことでした。

「寂しさをどうにかする必要があると思いますか？」

思いません。［笑い声で］

寂しさについてアンジェラと同じような考えをもっている女性が多く見られました。一日の仕事を終えたとき寂しさに気が滅入るわけではないとわかって、自分でも驚いたという女性もいます。ミケーレは生まれて初めて寂しさを感じた経験について、次のように話しました。

私は大事に育てられていた家から宗教的に非常に厳しい大学に進学し、それからとても大事にしてくれる夫と結婚しました。ですから、大事にしてくれる人がいなくなって、どうなるか、とても不安でした。「この家は広すぎる」と沈みがちになり、仕事を終えて帰ってくるのがいやでした。そのうちに、その生活がとても気に入るようになりました。食べたいときに食べられるし、やりたいことを計画できるし、どこかへ行くのも帰るのも自由です。とても解放された気分になれました。足を投げ出して雑誌を読み、「夕食の支度はしなくていいわ」とつぶやきながら、電話でピザを取り寄せても全然かまわないのですから。静かに、くつろげる時間がとても好きです。

だからといって、シングル女性が寂しいと思ったことがないというのではありません。多くの既婚女性同様、ときには寂しいと思うことがあります。しかし、インタヴューに応じたシングル女性は、そうしたちょっとした寂しさを乗り越える方法を見つけ出しています。友人に電話をかける、プロジェクトに没頭する、「感情のおもむくままにまかせる」など、方法はさまざまです。そしてひとりでいたい時間をいかに意のままにできるかわかってくると、孤独を恐れることはないと安堵します。しかし、寂しさを乗り越える方法よりも重要なのは、ひとりでいる時間を貴重なものと思える理由を見出していることです。たとえば、ジャミーはひとりの時間を恐れ、避けるのでなく、生活の当然の一部として受け入れられるまでに成長した過程を次のように説明しています。

私の学習過程の、もう1つの重要な点は、寂しいと感じる時間には何か得るものがあると悟ることでした。そういう時間から逃れるのでなく、生活の一部として生きていく術を身につけました。寂しいからといって、まったく打ちのめされるわけではないと思えるようになりました。ありのままに、ときどき生活に訪れる経験だと思えるようになったのです。

多くのシングル女性にとって、時間だけが資源であり、ひとりでいることの特典の1つです。鉛を金に変える錬金術師の夢がシングル女性に実現したようなものです。寂しさを恐れる気持ちが孤独を大切に思う気持ちへと変容したのです。多くの女性は時間だけを生活の満足感に直接に結びつけていました。彼女たちの言葉は、アン・モロウ・リンドバーグが述べた次のような言葉を裏書しています。

ある種の飛躍が孤独のときだけ湧き出てきます……。女性は自分の真の姿を再び見出すために孤独が必要なのです。それは人間関係を織り成す網目模様の不可欠な中心となる堅い糸のようなものです。

オードリーも言うように、「ひとりでいることは自分らしくすることです。自分のための時間をもてないなど、考えられません」。エリーナも、この意見に同意しています。

女性は、ひとりの生活を生き抜き、溌剌と過ごすことによって、大きな達成感と自尊心を手に入れていきます。自分の生活や、寂しさをコントロールすることによって、それまで感じたことのない流儀で自己を高く評価することができます。ひとりで過ごす時間に感じる居心地のよさは、結婚して母親になれという至上命令とそこから生まれた文化に浸る誰よりも大きいものです。王子さまの神話にしがみついている女性や待ち構えるクモの巣にかかった女性は、寂しさを激しい痛みとして経験し続けることがあります。しかし、孤独を生活の自然な一部として受け入れてきた女性にとっては、それが苦の種にもなれば報酬にもなる可能性をもっています。インタヴューに応じた女性のひとりが言ったように、「それをどう見なすかということです。寂しさと見るか、それとも自由と見るか、です」。

# 第20章　変化の翼に乗って

若いとき、喜ばせるために最善を尽くすのが、
私のやり方でした
そして、出会う若者ごとに、変えていき
彼の理論に合わせようとしました
しかし、いま、私は何がわかったかがわかり、
やりたいことをやります。
私にそうしてほしくないならば、
私の愛も、あなたとともに消えるのよ！

ドロシー・パーカー「インディアン・サマー」

これまで紹介してきた物語を聞かせてくれた女性たちは、生き生きとした生活を送っていますが、それはほかの人たちよりも不運に襲われなかったからではありません。アメリカ中西部の古きよき中流家庭のモデルとされる『オジーとハリエットの物語』のような家に生まれた人もいますが、子どものころ虐待され、放任されていた女性もいます。たいていは、私たちみんなと同じような家に生まれ、不景気や戦争、よく理解できない社会的変化を乗り切るために最善の努力をしてきた家族の人たちです。この社会変化の

激しい時代に生きていくのに活用できるロール・モデルを鑑として育てられてきた女性はほとんどいません。すべての女性が大きなチャレンジに直面しています。それでも、本書に登場する女性たちは、未来を導くモデルや地図もないままにシングル女性として生きる重荷は、とるべき飛行コースを自分で選択できるという心はずむ喜びで帳消しにされ、お釣りが来るほどだと説明しています。

本書で紹介したグレイス、サンディ、ジーン、リア、テリーたちは、女性の単独飛行は祝福できることを明らかにしています。彼女たちはドロシー・パーカーのように、ほかの人たちを喜ばせることに腐心する必要がなくなって、自分で決めたとおりの生活をしてきたのです。彼女たちは、幸せな生活を与えてくれるのを黙って待つことはするまいと決心したと、語りました。楽しくない相手に軽んじられ、心を満たしてくれる人を探し疲れて、二流の生活に甘んじることを拒否しました。愛と自由と冒険を求める情熱をもって、シングルの暮らしを続け、「以後幸せに」という言葉の新しい定義を示してくれました。

こうした女性たちによれば、ひとりで飛行できるかどうかは、心のもちかたにほかならないというのです。もちろん、女性には資力とチャンスが必要ですが、それを確保するにはまず自分には飛び立つ価値があると悟ることから始まります。それは若いころでも可能ですが、中年のほうが容易なのです。中年になれば、飛行の楽しさを感じるのに必要な自信も勇気も身につくからです。本書に登場した女性たちがいかにしてこうした自信と自分の価値を信じる場に到達したかは、以下の3つの点に集約されます。

## 自分を受け入れる

真の解放は投票で始まるのでも、裁判所で始まるのでもありません。それは女性の心から始まるのです。

——エマ・ゴールドマン

変化の翼に乗って飛行に成功する第一歩は、あるがままの自分を受け入れ、自分はどのように見られるかとか、どのようにして他人に印象づけるかを心配するのをやめることです。ジーンが言うように、「おめかし」をやめなければなりません。

おめかしをやめると、身の回りのすべてが変わるというわけではありません——身の回りのことに小さな嘘をつくのをやめるということです。誰に向かってもいい顔をしようとするのをやめることです。他人がどう言えば喜んでくれるか、どのように見せかけてほしいか、そのような思わくをやめるのです。自分の生活の中で人とどう接していくかは特別なことではありません。

マキシンは、背が小さく、色が浅黒く、やせていますが、「5フィート6インチあったら、金髪で豊かな胸があったら、マリリン・モンローになれたのに」と嘆くのをやめたとき、人生が大きく変わったといいます。私たちと同じように、マキシンも、かつては至上命令で培われた女性のイメージに照らして自分の価値を測っていました。しかし、ありのままでよいと心に決めたとき、力と自信がわき、夢を目指して前進できると感じたと、説明しています。これこそが新たな出発をしようとするとき、誰もが心に抱くべき重要な態度です。リディは自己を受け入れることが現在の自分の幸せの鍵だと語っています。

別の人間になる必要はありません。ただ自分らしくするだけです。それでよいのです。自分がどういう人間であるかを感じたからといって、そんなにひどいことにはなりません。これで十分よいと感じたことは一度もありませんが、何のために十分によいのか、わかりません。

自分自身を受け入れることの重要な部分は、過去と折り合いをつけ、できるだけ余分な荷物や未完成の仕事を取り除くことです。過去は変えられませんが、過去に対する考え方を変えることはできます。私たちがとることのできる最も力強く自己を是認できる手段は、自分がやったこと、やらなかったこと、勇気がわかなかったときのこと、あるいは「自分の魂を安売りしすぎたこと」について、自分を許してやることです。いま考えると拙いと思える選択をし、自分の要求を満たしてくれなかった男性、デートに応じてくれず、肉体的、精神的に暴力を振るう男性と抱擁したことがあるかもしれません。また、未婚のままでいる恥ずかしさを恐れ、あるいは人生の処し方がわからずに、結婚した人がいるかもしれません。過去の関係や結婚を振り返ったとき、頑張りすぎたとか、長く留まりすぎたとか、努力が足りなかった、早まりすぎたと思うことがあるかもしれません。もっと教育を受けておくべきだった、子どもを産むまえにキャリアを積む時間をもつべきだったと思う人もいるかもしれません。最後に退けた男性が、あとになってハリソン・フォードやケヴィン・コスナーやロバート・レッドフォードばりの輝きを見せるのを見て、後悔する女性がいるかもしれません。しかし、苦々しい思いを抱き、後悔しながら生きるのでなく、そのときには最善のことをしたのだとわが身に言い聞かせ、満足のゆく未来を築くための力と資力に目を向けて前進していくことができるものです。

ひとたびわが身を許すならば、自分を傷つけ、失望させた過去の関係や経験や選択を忘れることができます。悪かったものを否定せず、よいものも認めるという観点で、過去を見つめる術を身につけることができます。このようなバランスのとれた見方は、苦々しさや後悔を捨て去る方向へ大きく前進させてくれます。マキシンがその例となっています。

ある面で私の結婚は、万全に管理された牢獄に無実の罪で服役するようなものでした。しかしどんな絵も真っ黒だったり真っ白だったりはしません。物質的な利点は確かにあったのです。暮らしもよく、安全で、健康にも恵まれていましたから。

肉体的あるいは性的な暴力などの経験は忘れることができず、忘れるべきではないかもしれません。しかし、こうした痛みも和らいでいくものであり、成人として自分はもはやそうした出来事が起きたころのように無力ではないと知ることで、強くなることもできます。私たちは、いまや自分を傷害から守る力や弱さに負けない生活を築く能力をもっています。そうした経験から強く成長する方法を知ることもできます。ジャミーは、父親から性的暴力を振るわれた経験がありますが、次のように説明しています。

私の成長期はあまりにも抑圧され、制限されていたので、ひとたびそこから脱け出たとき、経験すべきことがたくさんあり、やることも見ることもいろいろあるとわかってきて、本当にそういうことができる自由が欲しかったのだとわかりました。私の子ども時代は暗いものでしたが、そうした暗い経験から脱け出すことで、力をつけたように思います。そのような力の1つは、自分の幸福と満足感は心の内からわいてこなければいけないと悟ったことです。

ひとたび女性が過去と折り合いをつけると、ありのままの自分を自由に受け入れられるだけでなく、自分の求めること、自分に喜びを与えることに合わせていくことができるようになります。アリータは自分がそうした段階に到達したことをはっきりと自覚しています。

私は必死になって別の人間になろう、という気持ちがなくなったところです。自分に喜びを与えてくれるもの、自分が興奮するとき、興味をもつとき、自分が豊かになれるときだけを意識しています。いま、あの扉から風が吹いてくるのを感じ、この家にどんな光が射しているか、そしてこの家がどんなにすばらしいかを感じ取っています。それは私にとって明白なことですが、かつてはいまと大違いでした。いまでは、自分が自分であることで十分なのです。

## 勇気をもって新たな目的地を夢に描く

自分で正しいと思えるコースを見つけることが各自の務めです。　──ゲイル・シーヒー

例の「夢」はもはや役に立たないかもしれませんが、何か夢をもつことは欠かせない重要なことです。夢をもつことによって、新しいコースにそった航路を描くことができます。自分を動かすインスピレーションとなるのです。中年になって直面する選択は変化するかどうかではありません。変化は避け難く、必要でもあるのです。問題はただひとつ、どのような変化の道をたどり、どのような変化に抵抗するか、です。そのためには、自分が何を求めているかを知らなければなりません。

リアは、前に述べたように、自分の夢に注目し始めたとき初めて幸せを見つけたと言っています。

私はとうとう自分自身に耳を傾けられるようになりましたし、自分が本当にやりたいことをやりました。いま自分は幸せだと思えるのは、「これこそ本当に私が望むこと」と言えるからです。

ひとりひとりの女性が、それぞれに違う夢をもっています。単独で大空を飛ぶのに正しい航路はありません。満たすべき標準も、自分自身のもの以外にありません。私たちの多くは、他人がコースを決めてく

れるのを黙って待つように訓練されてきたので、まず認識しなければならないのは、私たちも選択ができるということです。マキシンは両親からも夫からも励ましを受けたことがなく、若いころの窮屈な生活と、選択できると思い始めたころのことを次のように語っています。

両親と夫がいて、私が何かひらめいたりすると、すぐにつぶされました。それがあり方なのだと受け入れざるをえませんでした。しかし、ここ数年前から、私は選択ができることを悟り始めました。私にも選、、、択肢があるのだ！　屈服して、やみくもにのたうちまわってもよいし、自分で選択することもできるのです。しかもその選択は何でもよいのです！　海岸を散歩してもよいし、熱いお風呂に入ってもよいし、ドライヴに出かけてもよいし、絵を描いてもよいのです。

ひとたび自由があると気づいたとき、わくわくするか、自分の内面を静かに発見するかにかかわらず、最も大事なことは、自分の夢、すなわち自分のニーズ、人格、環境をもとに夢を選ぶことです。リスクや冒険を渇望している人もいるでしょうし、人並み以上に苦しみやドラマを経験した人は静かな安定したひとときを望み、それを手にする資格があります。エレーナは次のように指摘しています。

ある選択をしなければいけないからという理由で選択をしないこと、それが大切です。自分がどんな人間で、どうすれば幸福になれるかがはっきり分かってから、自分が幸せになれる確率の高い方法で人生に取り組むことが重要なのです。

ジャミーは、自分の夢を明確にする努力をしながら、多くの選択肢に挑戦することをアドバイスしています。

いろいろ違うことを試してみること、そして失敗を恐れてはいけません。自分の興味の対象を探り、何が幸せに通じるかを発見することです。私たちみんなが女性として自分の夢や目標や心を掻き立てられるものを追い求めて欲しいと思います。女性は自分の義務と考えることに陥りやすく、安心感を得るのに必要なことをすべきだと思ってしまいがちです。選択や自己探求の経験を重ねて、自分にも力があると自覚し、自身の生活を違うものにできると感じることが必要です。

## 行動をとる

旅立ちほど、恐ろしいものがあるでしょうか？　ひとたび発ってしまえば、もう大丈夫、でも最後は地震や痙攣にでもあったような気分、まるでかたつむりが岩からはがされてしまったような感じです。

——アン・モロウ・リンドバーグ

受身は、女性の心と魂の敵です。夢を抱いても、それを行動に移さない限り、どこにも到達できません。

しかし、多くの女性は自分が望み、必要とすることを追い求めることに慣れていません。自分の生活に責任をもつと、圧倒されそうに思えるかもしれません。しかし、人生は小さな瞬間の出来事から成り立っています。夢を一連の小さなステップに分解して現実へと転換していくならば、やがて自分が行きたいところへ導かれていきます。自分にまず下すべき指令は、自分の内なるレーダーに合わせ、そして浮揚する上昇気流を探すことです。そうして成功した暁には、自分に能力があるという自信が高まり、さらに多くのことを達成するのに必要なはずみが得られるでしょう。

自分の夢を実現しやすくするための計画には、取り組むべき要素が2つあります――お金と時間です。女性が最終的に結婚するつもりなのか、それとも独身を通すつもりかにかかわらず、まず自分を、アリータが言うように、「独立した経済的存在」と見なすことが必要です。単独で飛行するとき、よい飛行機を使うゆとりがあれば、ずっと楽になります。そして、未知の領域に予想もつかない着陸をする衝撃は、しっかりした資金があれば、かなり緩和されます。ジーンはこの点について明解な意見を述べています。

女性が最も賢明に動くためには、経済的に自立することです。世間は厳しいものです。娘やほかの女性に対して犯しがちな最悪のことは、「お金のことは心配しなくていいの。あなたは結婚するのだから、仕事に就かなくてもよいのよ」と言うことです。娘たちには、最初から選択肢があることを教えるべきです。

経済的な安全ネットをつくることに次いで、自分のことに時間をかけることが女性が手にできる最良の飛行保険になります。とくに、女性は古いやり方からはずれた新しい流儀で新しい関係を結ぶことに反対するアドバイスを受けがちですが、そうではなしに、女性も自分の夢を追うのに必要な経済的な独立を目指して、教育や訓練に時間をかけるべきだと教えることです。

## 飛行の贈り物

メーガンが話してくれたことですが、彼女は、結婚して母親になれという至上命令に従っても求めるものは得られないというメッセージを母親から受けていたものの、それなら代わりにどうすればよいのか、何の手がかりも見出せなかったというのです。そうした状況はいま変わってきています。エリザベス・テーラーのような文化偶像のなかには、再婚、再々婚を繰り返す人もいますが、アメリカの一般的な文化はようやく中年の独立した女性のロール・モデルを輩出するようになりました。シングル女性はもはや自分の生き方を恥じてはいません。女優のダイアナ・リグは、離婚した55歳のシングルマザーですが、すばらしいキャリアを積んで、悲しみにくれる離婚女性という役割を演じることを拒否しています。「とくによい役回りではありません、どうにもいやな台詞があるし、笑う場面はいっさいありません」と彼女は言っています。彼女は勇気と確信をもって単独で飛行を続け、「私は悲しい女性でも、寂しい女性でもありません。私にとって人生はすばらしく、ほかの生き方をしようとは思いません」と付け加えています。60年代の決して結婚しなかったスーパーモデル、ローレン・ハットンは、30歳前後で姿が見えなくなりましたが、現在、50歳のシングルとして、突如トップのモデル・エージェントに見出されました——自分のキャリアは終わったと思ってから20年後のことです！　45歳のダイアン・キートンは、すばらしい恋愛を経験しましたが、孤独も自由も味わいました。シビル・シェパードは、41歳で二度の離婚歴の持ち主ですが、「シングルでいることは、次の結婚までの待機期間とは思っていません。私にとってそれは結婚に代わるもの、本当に幸せなシングルです」と言っています。ティナ・ターナーは、暴力をふるう横暴な夫との暗い結婚生活から飛び出して、自立の道へと賭けに出ました。53歳のいま、成功しているだけでなく、以前よりもセクシーになりました。チアリーダーから女優に転向したジャナ・スナイダーは、11年間の結婚生活にピリオドを打ったあと、45歳のいま、サラエボでの「民族浄化」の恐ろしさを伝えるニュース・カメラウーマンとして活躍しています。過去5年間に、世界各地の18件の紛争を報道し、危険な地域での生活に伴う不利な状況をものともせずに、事件を追い求め続けています。54歳のジャネット・リノ、アメリカ司法長官として豪腕ぶりと公正な態度で名声を得ました。未婚の仕事中毒人間を自称するリノは、自分の夢を執拗に追い求め、最も尊敬される閣僚のひとりとなりました。彼女の成功は、シングル女性にとって現在どんなことが可能であるか、私たちに明白なメッセージを送ってくれました。

ここに挙げたような有名な女性は、すべての女性にとって中年のすばらしいロール・モデルとなっていますが、単独飛行の喜びをかみしめるのに、特別に金持ちであるとか、美しいとか、才能に恵まれているといったことが必要なわけではありません。本書に登場した女性は私たちのようにふつうの女性として、単独でうまく飛行しています。彼女たちがたどった道は、私たちを鼓舞し、ものごとが暗く思えたときにもそのままのコースをとり続けさせ、時代遅れの行動に代わるものを示してくれます。まごうかたない自己を確立したモデルであり――文化の変わり目に生きる難しさや不安定さにもかかわらず、私たち女性がひとりで満足できる生き方をつくりだせるという証拠です。本書の著者として、私たちは自らにも求めるように、読者のみなさんがアンジェラのような答えのできる女性になって欲しいと願っています。

「あなたにとって理想的な幸せな人生とは？」

いまの自分の生き方です。

「振り返ってみて、何か後悔することがありますか？」

全然ありません［なぜそんな質問を］！　それっておかしいですか？　私にはまったく悔いはありません。

# 訳者あとがき

本書は、Carol M. Anderson, Susan Stewart & Sona Dimidjian : *"Flying Solo——Single Women in Midlife"*（W. W. Norton）を翻訳したものです。表題の Flying Solo とは、〃単独飛行〃という意味ですが、ここでは、苦難や障害を乗り越えて、大空へと飛翔するシングル女性を象徴的に表す言葉として使われています。

共著者のキャロル・M・アンダーソンは家族問題の専門家でピッツバーグ医科大学の教授を務め、スーザン・スチュワートとソナ・ディミジアンは、いずれも家族問題や結婚問題に関するセラピストとして、開業あるいはクリニックで患者の治療にあたっています。アンダーソン教授らは、中年のシングル女性は不幸な寂しい生活を送っているという画一的な固定観念に疑問を抱いたことをきっかけに、一九九〇年から九二年にかけて、アメリカの東海岸、南部、中西部、西海岸の出身の未婚女性および離婚や未亡人となってシングルとして暮らす、四〇歳から五五歳までの女性九〇名を「中年のシングル女性」として対象に選び、インタヴューによる調査を行いました。こうして、学歴、所得水準、職業、ライフスタイル、家族状況などさまざまな面を代表する彼女たちが自身の中年期をどのように見据え、あるいは振り返っているかという視点で行われた調査結果を土台に、本書は構成されています。

一般的にアメリカの女性は日本の女性に比べて、いわゆる「進んだ」考えをもち、旺盛な独立心をもって職場にも進出し、自由を享受していると考えられているのではないでしょうか。しかし、本書を読むと、それほど遠くない過去の時代まで、アメリカの女性も、日本の女性と共通する伝統的な女性観の縛りを受けていたことがわかります——現在も受けている人ももちろんいるでしょう。女性は結婚し、子どもを産み育てるべきだということが至上命令のようにまかりとおり、そうすることが女性にとっては、「以後幸せに暮らせる」唯一の道だという考え方です。そのような圧力や教育を受けるなかで未婚のまま中年期に達した女性や離婚をみずから決意し、あるいは離婚に追いやられた女性たちは、自分をどう見つめ、遭遇するさまざまな障害をどう乗り越えていったのでしょうか。インタヴューを受けた九〇人のシングル女性たちは、アイデンティティの確立、男性との関係やセックスの問題、経済的な自立や職業の問題、子どもを産むかどうかという選択の問題、地域社会や友人による支援の問題などにどのように取組み、一般に流布する中年のシングル女性は寂しく暗い人生を送っているという誤った固定観念を覆して、いかにして選択の自由を享受しながら自己を確立し、充足感を味わえるようになったか、それぞれの経験がインタヴューの言葉を添えながら、著者たちの分析とアドバイスとともに綴られています。

インタヴューが行われた時期は一〇年余り前であり、現在のアメリカのシングル女性は本書に語られるよりももっと容易に、大空を単独で飛行する術を身につけていると想像されますが、そこにたどりつくまでのプロセスは、日本のシングルの女性たちにとっては無論のこと、既婚の女性たちにとっても、ひとりの女性としてどのように自己を確立し、幸せな人生を築いていくかという点で、示唆に富む知恵を授けてくれることでしょう。

本書に語られているアメリカの状態と共通して、日本でも、女性たちの結婚年齢が遅くなり、結婚や子どもをもつことを希望しない女性も、一方ではシングルマザーを希望する女性も増え、離婚するカップルにいたっては年間二〇万組余りにもなるという最近の新聞記事もあり、さらに女性の平均寿命が男性より一〇年近くも長いことを考えますと、大半の女性がシングルとして暮らす時期を経験することになるのではないかと思われます。訳者自身も、突然に夫と死別してシングルの生活を余儀なくされ、第二の人生に充足感を見出す努力をつづけている身として、本書に登場する女性たちがさまざまな悪条件を克服して、単独で大空を自由に飛行する術を身につけていく姿に勇気を与えられました。

本書の最後に、女性がみずからの人生に充足感を得るための三つの要点が書かれています。ありのままの自分のよさを認めること、目標を掲げ、夢をもって生きていくこと、行動に移すこと、という三点です。結婚して母親となることだけが女性に定められた幸せの道であるはずがなく、女性にもさまざまな選択肢があり、選択する自由を享受できることをまず悟り、自分の人生を自分で切り開いていくための指針を本書から読み取っていただけるならば、訳者としてこれに優る喜びはありません。

翻訳にあたり、訳文について忍耐強く、的確なアドバイスをしてくださいました新曜社の堀江洪氏に心からの感謝を申し上げます。

二〇〇四年九月

平野　和子

**訳者紹介**

平野和子（ひらの　かずこ）

東京生まれ，東京女子大学英米文学科卒業
翻訳家
主な訳書：『過去と闘う国々』新曜社
　『テネシー・ウィリアムズ』平凡社
　『競争優位のイノベーション』ダイヤモンド社
　『こうしてリーダーはつくられる』ダイヤモンド社
　ほか多数


女たちの単独飛行
中年シングルをどう生きるか

初版第1刷発行　2004年10月25日

著　者　C・M・アンダーソン
　　　　S・スチュアート
訳　者　平　野　和　子
発行者　堀　江　　洪
発行所　株式会社　新　曜　社


〒101-0051　東京都千代田区神田神保町2-10
電話 03-3264-4973㈹・FAX 03-3239-2958
URL　http://www.shin-yo-sha.co.jp/


印刷　三協印刷　Printed in Japan
製本　難波製本
ISBN4-7885-0922-9　C5036